对话百年：

经典阅读中的红色力量

沐 涛◎主编

华东师范大学出版社

·上海·

图书在版编目（CIP）数据

对话百年：经典阅读中的红色力量/沐涛主编.—上海：华东师范大学出版社，2021
ISBN 978－7－5760－1915－5

Ⅰ.①对…　Ⅱ.①沐…　Ⅲ.①书评－中国－现代－选集
Ⅳ.①G236

中国版本图书馆 CIP 数据核字（2021）第 118395 号

对话百年：经典阅读中的红色力量

主　　编　沐　涛
策划编辑　王　焰
项目编辑　刘祖希
责任编辑　刘效礼
责任校对　刘伟敏　时东明
装帧设计　卢晓红

出版发行　华东师范大学出版社
社　　址　上海市中山北路 3663 号　邮编 200062
网　　址　www.ecnupress.com.cn
电　　话　021－60821666　行政传真 021－62572105
客服电话　021－62865537　门市（邮购）电话 021－62869887
地　　址　上海市中山北路 3663 号华东师范大学校内先锋路口
网　　店　http://hdsdcbs.tmall.com

印　刷　者　常熟高专印刷有限公司
开　　本　787×1092　16 开
印　　张　14.75
字　　数　251 千字
版　　次　2021 年 7 月第 1 版
印　　次　2021 年 7 月第 1 次
书　　号　ISBN 978－7－5760－1915－5
定　　价　78.00 元

出　版　人　王　焰

（如发现本版图书有印订质量问题，请寄回本社客服中心调换或电话 021－62865537 联系）

本书编委会

主 任

王　伟　王宏舟　顾红亮

委 员

吕志峰　刘运辉　余　佳　沐　涛
陈业新　孟钟捷　赵正桥　赵景玮
栗蕊蕊　斯　阳　韩春红

前言

　　现呈现在读者面前的这部作品选,系 2021 年"品经典·读百年"长三角高校大学生书评大赛部分佳作。本届书评大赛由华东师范大学、上海市作家协会与上海市社会科学界联合会共同主办,旨在鼓励广大学生通过经典阅读与写作"铁肩担道义,妙手著文章",记录表达青年人的家国情怀和使命担当,献礼中国共产党百年华诞。

　　大赛从筹备到截稿历时六个多月,共计收到来自长三角地区 54 所高校的 1608 篇稿件。经过两轮匿名评审,50 篇作品入围大赛终审。经特邀专家评审,最终选出一等奖 3 篇、二等奖 6 篇、三等奖 9 篇与优秀奖 32 篇,并从中择优选取了 30 余篇,分"思维与精神""社会与个人""历史与人文"三个篇章,付梓成书、公开出版。

　　本次大赛是华东师范大学大夏书院卓越人才培养的一次有力尝试。感谢上海市中共党史学会会长忻平教授、上海市作家协会华语文学网总编辑刘运辉先生、上海交通大学马克思主义学院陈业新教授的鼎力支持,感谢所有书评作者的积极参与,感谢华东师范大学学生(研究生)工作处、教务处、出版社和华东师范大学教育发展基金会的大力支持。向所有关心、鼓励、支持本次大赛以及本书出版的同仁和朋友们致以最诚挚的感谢。

本书编委会

2021 年 6 月

目录

第一篇
思维与精神

《论持久战》中历史和主体的辩证法及其启示

吴宇昕

毛泽东同志的《论持久战》最先是一篇演讲,总结了我国彼时抗日战争进行了 10 个月来的经验,并且在对当时国内国际尤其是中日之间的局势进行分析比对后,提出了对抗战走势的预测以及更加具体的战略问题。事实证明,他的预测十分准确。《论持久战》一经发表,就产生了重大广泛的影响。华东师范大学哲学系创始人冯契先生深受其震撼,他曾说:"《论持久战》特别使我感受到理论的威力,它以理论的彻底性和严密性来说服人,完整地体现了辩证思维的逻辑进程。可以说,这本书是继《资本论》之后,运用辩证逻辑的典范。"这一评价不可谓不精准,也是启发我重新阅读这本著作并写下此文的原因之一。

马克思多次说要写一本书来讨论他的方法,他没有时间兑现这个诺言,但是却给我们同志留下了《资本论》等一系列数不清的著作,并把他的方法埋藏其间。《论持久战》也是如此。列宁说:"虽说马克思没有遗留下'逻辑'(大写字母的),但他遗留下《资本论》的逻辑。"我们也完全可以说,毛泽东同志留下了《论持久战》的逻辑。我们在今天阅读它,自然有必要至少部分地把握它——这篇书评就是一个尝试。

许多人在阅读马克思主义著作的时候或许都会产生一种困惑:马克思主义首先说自己提供了一种历史理论、一种规律性的认识,而规律一般而言是有着某种恒常性的,所谓"不以人的意志为转移"。但同时马克思主义对旧唯物主义乃至整个旧哲学最大的变革之一便是给予"感性的人的活动"以地位,是在那篇包含新世界观萌芽的提纲里提出的"环境的改变和人的活动或自我改变的一致,只能被看作是并合理地理解为革命的实践",也就是一种体现人自由自主的活动。人的——也就是主体的能动性和历史的规律性之间，似乎存在着某种紧张关系。

为了正确地理解问题，我们先阐明马克思主义理论框架的来源。人们所熟知的"生产力和生产关系""经济基础和上层建筑"两大社会基本矛盾等理论框架，主要还是来自后来第二国际和苏联理论家们的概括，并被马克思主义者所接受并普及。这种概括是有意义的，给许多人一个掌握马克思主义最基本原理的台阶。

但在《论持久战》里，我们基本看不到这些令人感到熟悉的词句，那里只有对现实的分析，也就是对"半殖民地半封建的中国和帝国主义的日本"的现状阐述与未来预测。总体而言，中国的反侵略战争是进步的，日本的侵略战争是退步的，得道多助失道寡助，长期看中国才能取得最终胜利；而后面进一步，文本也没有涉及抽象论述，只是直陈"我们的战争不是任何别的战争，乃是中日两国在二十世纪三十年代进行的战争"，是法西斯日本崩溃前夜的挣扎和已经有了经受革命考验的进步人民的中国的抗争等等现实理由。这些现实的原因就是毛泽东同志提出"持久战"，以反驳速胜论和亡国论的主要理由。

可是它虽然处处没有"理论"——这体现在文本大部分都是对于中日两国和世界局势的具体描述分析之上——但又处处都是理论。这首先是说，分析本身就体现了一种马克思主义的辩证方法、尤其是毛泽东同志本人对矛盾、辩证法的改造（这点我们放在后面谈）；其次是说，这种不像理论的理论本身就是理论。正如阿尔都塞在《保卫马克思》里重新诠释列宁对俄国革命的分析后指出的，"既然任何特殊都不说明规律，那么这一特殊是否无形中本身就是规律？归根到底，我们难道不是始终处于特殊之中吗？"这个特殊自然是相对于"普遍"的社会两大基本矛盾等一系列公式而言的，而教条主义式地死守这些公式将会带来怎样严重的后果，历史已经展示过了。

因为事实上我们并不生存在一个纯粹的、简单的世界里，在那里经济基础和上层建筑之间唯一的关系就是"决定"和"反作用"两个单调的箭头。事实是，我们甚至很难找到一个内部处处同质的生产方式、经济基础或者上层建筑的"个体"。比如彼时的中国是半殖民地半封建社会，这就首先包含了两种类型的生产方式；而中国又有了资产阶级和无产阶级，有了中国共产党和红军，同时也存在着顽固的封建主义等多种类型的上层建筑。其实早在《中国社会各阶级的分析》里毛泽东就有更细致的对中国状况的考察，这些具体的内容是无论复读书本多少次都得不出来的，可是能想象如果没有对这些情况的了解我们还能看到胜利的希望、乃至获得胜利么？

因而《论持久战》的启示首先就是实事求是，就是"发现作为规律的特殊"。它暗示的理论背景事实上就是《矛盾论》中的"在复杂的事物的发展过程中，有许多的矛盾存在"。也正是这一篇著作成为了阿尔都塞提出"多元决定"的重要启发。因为这许多矛盾之间是不可化约的，中国存在觉悟的群众和中国存在落后的封建势力之间自然不能说毫无共同点——在抽象的意义上它们都是上层建筑——但是，恰恰是使它们成为各自的那些特殊的规定性至关重要。进步势力要和落后势力之间发生斗争，它们都是势力这一共同点使得这种斗争无法避免。因而如果我们是进步的群众并且要在斗争中获胜，就不能用一个"上层建筑"或者别的什么词把两者包括进去。对于我们来说两者各自的特殊与差别才真正有指导作用。所以针对战争时长的疑问，毛泽东同志回答"要看中国抗日统一战线的实力和中日两国其他许多决定的因素如何而定"。我意在强调，完全可以说多元决定的思想已经隐含在毛泽东同志对局势的分析之中了。

因此，《论持久战》里看似琐碎的描述，其实也是一种理论。可以说它既是一种特殊也是一种普遍。和简化的马克思主义公式比起来，它自然是特殊的；而和现实本身，和中日两国那段时期的状况本身比起来，即使"（中国）已经不是完全的封建国家，已经有了资本主义，有了资产阶级和无产阶级……"这样的论述，仍然是抽象的，因为它不涉及四万万中国人中具体的某一个，也不涉及广袤国土上的任何一个具体地点。

但须知我们不是在事无巨细地统计，就像我们不需要计算每一个水分子的运动还是能喝下一杯水一样，这种理论的概括中间存在着一种限度，也就是像马克思在《政治经济学批判大纲》的导言里提到过的："生产一般是一个抽象，但是只要它把真正的共同点提出来，定下来，免得我们重复，它就是一个合理的抽象。"现实本身是任何理论代替不了的，但是理论的抽象如果满足了我们当时的需要，就是合理的。毛泽东同志本人也在开头直说："和持久战这个题目有关的问题，我都准备说到；但是不能一切都说到，因为一切的东西，不是在一个讲演中完全说得了的。"他恰好提出了抽象程度合理的理论，也使这篇讲演富于指导意义。"客观现实的行程将是异常丰富和曲折变化的，谁也不能造出一本中日战争的'流年'来；然而给战争趋势描画一个轮廓，却为战略指导所必须。"

可是到这里问题仍然没有解决。如果理论永远无法完全代替实际，那么理论何为？我们不能在高度复杂的现实面前束手无策。为解决这个问题，尤其要涉及毛泽东同志对辩证法的创新发展运用。

现实社会中繁多复杂的矛盾并不都具有同等地位——至少对于我们迫切需要解决的问题，例如抗日战争的问题来说，并非所有因素都是至关重要的。毛泽东同志说持久战"是从全部敌我因素的相互关系产生的结论"，如果所有因素都有同样的意义，那么现实简直成了一团乱麻。可是《论持久战》终究没有把现实当作乱麻。

《矛盾论》中另一重要的结论就在于"主要"也即"不平衡"的概念："任何过程如果有多数矛盾存在的话，其中必定有一种是主要的，起着领导的、决定的作用，其他则处于次要和服从的地位。因此，研究任何过程，如果是存在着两个以上矛盾的复杂过程的话，就要用全力找出它的主要矛盾。捉住了这个主要矛盾，一切问题就迎刃而解了。"所有别的因素，如把中国和日本的实际情况相比较，乃至各自的工业基础和双方在国际上的支持度等都是影响战争是否胜利的重要因素，但是并非最重要的决定性因素。亡国论和速胜论都只看到了某些因素，夸大了非决定性的因素，没有抓住主要矛盾，因而出了错误。

"兵民是胜利之本"，在我看来这就是毛泽东同志抓住的主要矛盾，关键是要把抗战发展为"全面的全民族的抗战"。只要能做到这一点，就算日本取得的优势再多一点，仍然影响不了中国人民的最终胜利。但《论持久战》又对《矛盾论》有所发展，虽然后者看到了现实中多种矛盾存在的复杂性和不平衡性，并指出要抓住主要矛盾，但是何谓"抓住"，却还需阐发。这也是我眼中《论持久战》最大的理论意义之一，也即对主体作用的勾勒。

我们不纯粹是历史的观察者。或许时至今日在历史距离下，我们可以用相对客观的眼光来看待抗日战争的历史，但是我们也置身自己的历史之中。置身其中就要和历史发生交互。主体既是历史的观察者，也是历史的行为者，是历史主体本身：历史无非是追求自己目的的人的活动罢了。其实在对"需要"的多次提及之中，我们早就接触了这个问题。理论的概括程度得满足我们的"需要"，我们更重视现实的哪些因素也取决于"需要"。需要固然不是纯粹思维的产物而有着物质的基础，但它却体现一种可能性，这种可能性潜藏于客观世界本身之中，并为人所意识。同时，现实本身有诸种可能走向——战争可能胜利，也可能失败。但我们往往只要一种，也即胜利。为此我们就会设法通过实践来满足需要，需要其实是实践的主观动机部分。"抓住"这个实践，并不是随意的,也需主观符合客观,而非臆造主要矛盾。

所以人不仅仅在解释世界,还要改变世界,并且问题在于后者。细致入微地刻画世界本身并不是我们的第一需要,而是服从于我们"保存自己,消灭敌人"的需要。如果主体介入了现实并通过实践满足了自己的目的,而纠结于理论的无限细化除了情况恶化之外带来不了什么,我们又何必死守后路?《论持久战》的目的本身是让抗日战争取得胜利,而不是给世界画一张精细肖像。

主体是大有可为的,尤其在战争之中:"力量对比不但是军力和经济力的对比,而且是人力和人心的对比。军力和经济力是要人去掌握的。"这段话体现出毛泽东同志完全超越了对历史规律的机械理解。关键在于,中国的特殊条件使革命具备具体的可能性或者说"相对的确实性",而人恰好可以争取把这个可能变作现实。这并非唯意志论,因为胜利本身"可以而且必须在客观条件的限度之内"。同时由于主体自身就是多元矛盾中的一元,就有可能通过发挥能动性,如孙子所说"择人而任势",取得胜利。至于矛盾的无穷复杂,当然需要不断研究。毛泽东同志把这一要求放在了"主动性,灵活性,计划性"的合理方针之中,留给指战员们具体地进行:在主体能动作用下,矛盾的无限复杂不再是阻碍认识的壁垒,反而是激励求索的条件。

通过分析,可以看到《论持久战》不仅把主要矛盾的理论灵活运用于具体形势之中,更通过对主体作用的阐述具体提出了某种多元决定的视角下历史与主体辩证关系的理论,是对唯物辩证法不那么易见但是十分重要的发展。

"自觉的能动性是人类的特点。人类在战争中强烈地表现出这样的特点。"在战争外不是没有主动性,我们仍然可以遵循此文的启示来发挥主体作用,何况我们也常将"战争"用作隐喻,如疫情防控阻击战和脱贫攻坚战等。正如《我们赖以生存的隐喻》所说,这种隐喻说明战争与别的一些行动包含了某种相似的结构。因此历史主体辩证法的结构也就有某种普遍意义,我们可以根据"需要"将这一理论灵活地用于指导实践,不论是在现在还是将来。

2021年,我们将迎来中国共产党建党百年。回顾过去,包括抗日战争胜利在内,我们于中国共产党的领导下取得了多少辉煌成就!《论持久战》中说到,中国的战争是正义的,因而必将胜利。这使我想起毛泽东同志的又一段话:"我们的事业是正义的,正义的事业是任何敌人也攻不破的!"中国特色社会主义的成就证明了这一点。同时我们的奋斗并未停止,新时代仍要进行伟大斗争,仍要像《论持久战》所要求的一样——不过是以另一种形式——不断发挥主体能动作用。我坚信在全国人民的努力下，中华民族伟大复兴的目的一定会达到。

"中国人民不屈不挠的努力，必将稳步地达到自己的目的！"

（作者学校　华东师范大学）

探寻社会学的哲学视野
——对于《共产党宣言》与马克思主义哲学的探寻与阐述

张明瑞

"资产阶级的灭亡和无产阶级的胜利是同样不可避免的。"如果我们需要用一句话来总结《共产党宣言》，我会选择这句话。对于马克思、恩格斯的主要观点，在本书的多个序言中已经有所强调：每一历史时代的经济生产以及必然由此产生的社会结构，是该时代政治的和精神的历史的基础；因此（从原始土地公有制解体以来）全部历史都是阶级斗争的历史，即社会发展各个阶段上被剥削阶级和剥削阶级之间、被统治阶级和统治阶级之间斗争的历史，而这个斗争现在已经达到这样一个阶段，即被剥削被压迫的阶级（无产阶级），如果不同时使整个社会永远摆脱剥削、压迫和阶级斗争，就不再能使自己从剥削它压迫它的那个阶级（资产阶级）下解放出来。① 而文章的主要论证重点——对于资本主义资产阶级、无产阶级历史前途的分析，都是为了说明这一斗争的必要性和急迫性。

文章从第二章开始，包括阐述共产党人与无产者关系、反驳对共产主义的责难、解释工人革命、评述各种社会主义和说明共产党人对反动党派的态度和阐明其政治策略，由于篇幅较短，历来不是关注和讨论的重点，在后文中我们也不会阐述过多。

总的来说，作者无论是对于阶级斗争的阐述，还是探讨劳动异化或者生产力与社会变迁，都是从社会学的理论角度进行讨论的。笔者今天试图从马克思主义哲学出发，从跨领域的角度阐述马克思在《共产党宣言》中体现的政治、经济和社会思想，用哲学视野探寻社会学，探寻《共产党宣言》的深刻内涵。

---

① ［德］马克思，恩格斯. 共产党宣言［A］//中共中央马克思恩格斯列宁斯大林著作编译局，译. 马克思恩格斯文集：第二卷［M］. 北京：人民出版社，2009：9.

一、 无产阶级与社会主义——对于《共产党宣言》的传统社会学思考

如果系统地阐述马克思主义，一般会解释为：马克思主义哲学、马克思主义政治经济学和科学社会主义。一般认为《共产党宣言》中对于科学社会主义和马克思政治经济学涉及较多，而马克思主义哲学则是蕴含在其下的。无论如何，我们需要先分析文本中的政治、经济思想，为后面的分析哲学做基础。

首先我们可以探寻《共产党宣言》中体现的马克思主义政治经济学，一般来说，这一思想的逻辑要点在于"五个一"，即劳动价值论、劳资关系、剩余价值、生产的社会化和生产资料的私人占有的对抗性矛盾、社会进步。尤其是剩余价值学说和对于劳资关系的分析，是这一思想的重中之重。

回到文本，文章中提到的资产阶级的产生和发展有一个结论：现代资产阶级本身是一个长期发展过程的产物，是生产方式和交换方式的一系列变革的产物。[①] 怎样理解这句话？生产方式的变革一般默认为是工业革命后的大工厂对于之前的手工工场制的变革，而交换方式的变革是在新航路开辟后的世界市场中逐渐形成的，这就是资产阶级产生的一个基础。对于主要矛盾的阐述文中也反复提及，马克思认为资本是一种社会力量，也就是说现代的生产，是借助了社会力量的个人获利过程，生产在这个过程中是社会性的，因为无论是生产工具还是生产者都是来自社会的，但是这些生产资料是属于个人的，包括劳动者，因为"无产阶级是指没有自己的生产资料，因而不得不靠出卖劳动力来维持生活的现代雇佣工人阶级"[②]。这一点就是两者的矛盾，是一个制度性的、改良难以解决的矛盾，解决这个矛盾的方法也被提出来了——消灭私有制。

上文在引入无产阶级这个概念的时候，提到了劳动雇佣，这就是经常提到的资本主义社会的独特劳资关系，可以说是资产阶级对于社会人际关系的最大改革，而这种关系就产生了"运用这种武器的人"——无产者。无产者的产生，是和资本家的剥削密

---

① ［德］马克思，恩格斯.共产党宣言［A］//中共中央马克思恩格斯列宁斯大林著作编译局，译. 马克思恩格斯文集：第二卷［M］.北京：人民出版社，2009：33.
② 同①，31.

切相关的。因为资本家找到了剥削剩余价值的好处,于是无意间推动了这个生产关系的变革,而劳动者在这个过程中劳动逐渐异化,成为了资本家的"所有物"或者说"奴隶",成为了无产阶级。

于是就出现了这种状况:工人生活水平不断降低,工人的联合使雇佣劳动的基础消失,经济的发展使生产力与生产关系、经济基础与上层建筑的矛盾不断加剧。也就是说,社会越进步,资产阶级所有制就越接近崩溃。

接着可以简单谈一谈《共产党宣言》中体现的科学社会主义,这里主要提到的就是无产阶级的解放与阶级斗争,包括共产主义代替资本主义的必然趋势与社会主义如何向共产主义转变。

就像在文本中提到的:资产阶级不能统治下去了,因为它甚至不能保证自己的奴隶维持奴隶的生活,因为它不得不让自己的奴隶落到不能养活它反而要它来养活的地步。① 作者反复论证了资产阶级覆灭的必然性,包括社会发展趋势、生产力的决定性作用、工人的联合与无产阶级的壮大和资本主义社会的现有危机等。但这并不是单纯的批判,而是提出了符合历史趋势的、正确的道路。

于是作者在第二章中,花费大量篇幅对资产阶级对于共产主义社会的指责一一进行反驳,包括消灭自由和所有制,消灭雇佣劳动,消灭家庭和教育、推行公妻制,取消民族和祖国,意识形态的指责,消灭宗教道德、废除永恒真理,也顺便说明了共产主义社会与共产党人,提到了无产阶级工人革命的前途与措施,尤其说明要先成为统治阶级实现革命,在消除旧的生产关系的时候,消灭无产阶级本身,实现个人的自由发展。这是历史发展的必然趋势,也是无产阶级实现解放的步骤。

对于反对的、保守的或资产阶级的、批判的空想的社会主义,马克思一一加以评价批判,此处不加以赘述,只是需要注意,在这里他反复提及了共产主义与社会主义的差别,强调了共产党人的使命和责任。也就可以看到,在这一阶段虽然马克思的科学社会主义理论未完全成形,但其基本的思想在文献中已经全部得到了体现。

以上对于《共产党宣言》中的马克思政治经济学和科学社会主义的阐述,是传统的社会学视角,也是我们后文哲学性探索的基础。在这一段落中,我们对于这本书的理论构架有了基本的认知理解。

---

① [德]马克思,恩格斯. 共产党宣言[A]//中共中央马克思恩格斯列宁斯大林著作编译局,译. 马克思恩格斯文集:第二卷[M]. 北京:人民出版社,2009:43.

二、 唯物辩证与矛盾统一——探寻《共产党宣言》中的马克思主义哲学

在正式分析之前，首先把基本的马克思主义哲学理论和背景叙述一下。马克思主义哲学主要由辩证唯物论、唯物辩证法、认识论和唯物史观构成，核心观点是实践观，后文阐述中主要提及的是唯物辩证法和唯物史观。

同时我想要点明马克思主义哲学的理论来源，或者说理论基础。一般认为，马克思主义的理论基础是英国的古典政治经济学、空想社会主义和德国的古典哲学，而马克思主义哲学很大程度上吸收了古典哲学的理论。但笔者认为，把这一点完全归功于黑格尔的辩证法和费尔巴哈的唯物论是缺乏准确性的。康德、费希特、谢林的思想，都是黑格尔辩证法的前提来源，包括认识的能动作用、主体与客体的对立统一、理论与实践的辩证关系等。黑格尔系统总结、升华了这些理论，创建了全面的辩证法。费尔巴哈在批判唯心主义、重新确立唯物主义的权威的同时宣告了德国古典哲学的终结。马克思主义哲学的形成，是建立在这些理论基础上的。

回到文本，"资产阶级在它的不到一百年的阶级统治中所创造的生产力，比过去一切世代创造的全部生产力还要多，还要大"①。马克思在论证资产阶级对于现代社会的影响时，不止一次地肯定了其积极性和创造的成就，并没有为了强调其观点而刻意地否定，这也是他对于资产阶级社会的辩证性理解。《资本论》中提到："辩证法在对现存事物的肯定的理解中同时包含对现存事物的否定的理解，即对现存事物的必然灭亡的理解。"在马克思阐述无产阶级社会替代资本主义社会时已经体现了辩证否定的这一观点。所谓无产阶级社会的建立，首先是无产阶级夺取政权加以革命，但这只是一个过程，在所谓的阶级斗争中消灭阶级这个概念，在社会的发展中消除社会主义实现共产主义。这就是用发展、联系的观点，揭示了事物自身对自身的否定。也就是说，马克思无论是在讨论旧社会的灭亡，还是思考未来社会的发展时，始终是一个辩证的、发展的态度，也即"从肯定性中思考它的否定性，但又在其否定性中思考它的肯定性"。

---

① ［德］马克思，恩格斯.共产党宣言［A］//中共中央马克思恩格斯列宁斯大林著作编译局，译.马克思恩格斯文集：第二卷［M］.北京：人民出版社，2009：36.

辩证法的核心观念——对立统一的矛盾观,也有鲜明的体现,原文中提到"资产阶级用来推翻封建制度的武器,现在却对准资产阶级自己了"①就是很明显的例子。矛盾双方是既互相依赖,双方共处于一个统一体之中,又互相贯通,在一定条件下可以相互转化。经济社会的发展在之前的条件下是资产阶级的武器,如今已成为了资产阶级的敌人。这体现了随着事物的发展变化,矛盾也是不断变化的一个过程。我们在理解这个事物的时候,需要的是在对立中把握统一、统一中把握对立,对于"它首先生产的是它自身的掘墓人。资产阶级的灭亡和无产阶级的胜利是同样不可避免的"②这句话也可以从这里出发。当然,还有对于矛盾本身的阐述,"至今一切社会的历史都是阶级斗争的历史"③,这表明了矛盾的普遍性决定了它贯穿于一切事物的发展过程始终,阶级斗争是始终存在的,无产阶级和资产阶级的斗争是这一阶段的表现形式。矛盾的普遍性决定了斗争在各个国家和民族都是存在的,而其特殊性表现在各个国家斗争的不同进程与形式,普遍性寓于特殊性之中,特殊性离不开普遍性,在推动无产阶级革命的实践过程中,需要把握其个性和共性,才能更好地实现共产主义目标,马克思主义的中国化就是案例之一。

　　对于《共产党宣言》中的唯物史观阐述,一般集中在生产力与生产关系、经济基础与上层建筑这两组关系上,正如文中反复阐述的:生产力发展推动生产关系的变革,经济基础发展要求上层建筑的变革,在此基础上,进一步论述在经济飞速发展的今天,这样的生产关系(私有制、雇佣关系、分配方式)和上层建筑(资本主义制度)已经不适应当前的生产力、经济基础状况了,无产阶级革命是必要且紧迫的。总结为一句话就是:对作为社会本体的物质环境进行革命是必然的。个人通过阶级实现社会变迁,这就是作者所期望的社会革命,而这一革命是从生产关系开始的。

　　但是同时这也提出了一个问题,《共产党宣言》中对于上层建筑和经济基础(也就是文化与经济)关系的论证,虽然精彩合理,但不全面精确,包括对于"决定"和"反作用"两个概念的延伸阐述,都是缺乏的。现代社会对于这个关系的思考有了不同角度的延伸与扩展,我们将在下一部分中对这个问题做具体阐述。

---

① [德]马克思,恩格斯.共产党宣言[A]//中共中央马克思恩格斯列宁斯大林著作编译局,译.马克思恩格斯文集:第二卷[M].北京:人民出版社,2009:37.
② 同①,43.
③ 同①,31.

三、 修正与延伸——探寻马克思主义与《共产党宣言》的现代性发展

严格来说,对于马克思主义的现代性发展和上面的问题并不是等价的,前者是偏向于全方位的发展,后者是对于经济和文化的深入思考,但共同点在于,两者都是基于传统的马克思主义所做出的现代性思考。

对于上面的问题,我们可以看到现代思想家们的各种思考。其中值得一提的是现代西方雷蒙德·威廉斯提出的文化唯物主义。他强调一切行为活动都是文化的具体表现,不能把"文化"设想为某种从杂乱无序的生活中过滤分离出来的特殊成分或高级品质,也不能将生活中的某些部门划入文化范畴,而将另一些领域排除在文化范畴之外。怎样理解呢? 也就是说他认为文化是具有物质性、实践性的,文化的生产过程,是一种物质过程,这就不同于马克思所说的"经济基础决定上层建筑,上层建筑反作用于经济基础"了,因为雷蒙德所想要强调的是不要把两者严格地区分开,或者认为两者是完全独立无关的,而是要结合起来理解。文化,是"一种整体的生活方式",我们绝不能忽视文化,或者说文化生产的物质性。当然,这也只是对于这种关系的其中一种深化思考。

马克思主义的现代性发展可以分为西方化和东方化两个方向,这两个方向又恰好是截然对立的。马克思主义的西方化,或者说当代化的结果是当代新马克思主义,他们的特点是:以人为出发点,以实践为核心范畴,把马克思主义哲学解释成一种人本主义的实践哲学,这一思想对于物质第一性、认识反映论、自然辩证法、历史决定论都是加以否定的,也就是它们所强调的是马克思主义的"可错性",但之所以认为其仍然坚持了马克思主义,就在于它坚持使用马克思主义的实践方法,实事求是地根据现代历史条件加以改进,可以说是对于马克思主义哲学的反方向扩展。马克思主义的东方化,此处以马克思主义的中国化为例,是我们今天所说的毛泽东思想与中国特色社会主义理论体系,就是把马克思主义基本原理同中国革命、建设和改革的实践结合起来,同中国的优秀历史传统文化结合起来,既坚持马克思主义,又发展马克思主义。由此可见,无论是东方还是西方,都坚持实事求是地对马克思主义进行运用,以现在的历史条件为转移。

《共产党宣言》作为人类历史上的经典，无产阶级的斗争纲领，未来社会的最佳蓝图，可读、可写的部分有很多，本文从传统的社会学角度、马克思主义哲学角度两方面对于文本进行分析思考，同时提出了马克思主义在现当代延伸发展的多种可能性，都是在试图带领读者，以今天的眼光去分析一百多年前的文本，期待发现不一样的可能性与结论，引发新的思考。现代社会的未来到底是怎样的，会不会如同马克思预想的一般发展，我们对于现代的事物又应该用怎样的态度去思考？《共产党宣言》给我们提供了一条思路，辩证地思考现代社会的未来，从矛盾出发，从实践出发，从肯定性中思考它的否定性，但又在其否定性中思考它的肯定性。像马克思一样思考。

（作者学校　华东师范大学）

与一位战士同行

——《马克思传》读书报告

严 顺

　　初入马克思主义理论大厦,常见的困惑有二:马克思主义理论究竟学什么? 我们要学习的马克思又是怎样的一个人? 而弗·梅林所著的《马克思传》为这两个问题提供了答案。列宁曾说:"梅林不仅是一个愿意当马克思主义者的人,而且是一个善于当马克思主义者的人。"①作为被马克思的女儿劳拉·拉法格夫人深深信任的挚友和作家,弗·梅林在撰写《马克思传》的过程中的确没有辜负这份托付,他在序言中写道:"我……不曾丝毫让步,并且……始终以历史的真实为依据……我的赞美,正和我的批判一样……这两者需要有同等分量。"②在接下来对马克思生平的描述中,他正是这样做的。

　　习近平总书记曾说:"马克思是全世界无产阶级和劳动人民的革命导师,是近代以来最伟大的思想家。马克思的一生,是胸怀崇高理想、为人类解放不懈奋斗的一生,是不畏艰难险阻、为追求真理而勇攀思想高峰的一生,是为推翻旧世界、建立新世界而不息战斗的一生。"③对于 21 世纪的青年人来说,这样的思想看起来似乎"高不可攀",以至于在当代青年人中谈论马克思主义都显出特有的距离感来,更不必提专门学习马克思主义了。但读完《马克思传》之后,曾经的假想和成见竟不攻自破,梅林的文字让我真正认识到了(虽不尽完整)马克思本人,究竟是怀揣怎样滚烫的热忱和笃定的信仰,

---

① ［俄］列宁.列宁选集:第二卷［M］.中共中央马克思恩格斯列宁斯大林著作编译局,译.北京:人民出版社,2012:363.

② ［德］弗·梅林.马克思传:上册［M］.樊集,译.北京:人民出版社,1965:3.

③ 习近平.在纪念马克思诞辰 200 周年大会上的讲话［EB/OL］.http://www.xinhuanet.com/politics/2018-05/04/c_1122783997.htm.

走在"最黑暗中"。他是一位可敬的战士,而战士不应该被塑成泥像放在高台,他永远在斗争中活着。因此,接下来要谈的便是《马克思传》中可见的马克思——一位有血有肉的英雄。

一、 实践中的战士

要谈马克思,首先要提到梅林在序言中所写:"马克思之所以无比伟大,主要是因为思想的人和实践的人在他身上是密切地结合着的,而且是相辅相成的。同样无疑的是,在他身上,作为战士的一面是永远胜过作为思想家的一面的。"[①]与那些遇到了当权者压迫与威胁便立刻缩回所谓理论的"外壳"中的空论家们不同,马克思不只是理论的巨人,更是实践中的战士,他从来都强调要与实际保持深刻又鲜活的联系,即对待每个问题实事求是的态度,他对德谟克里特的批判中也体现了这一宗旨,他认为德谟克里特缺乏"能动的原则",对事物、现实、感性,只是以客体的形式、直观的形式去加以考察,而不是主观地,作为实践、作为人的感性活动去加以考察。马克思是时刻准备投入到实践中去的,他"只要实际行动的时机一到,他就定会心甘情愿地搁下笔来,不再写他所知道的事了"[②]。他从历史流动的整个长河来观察社会、国家、人,他不在象牙塔里,而在麦田地上,挥动锄头,准备劳动。当代的中国青年,都不能不学习实践的原则——将课堂上、书本里习得的理论投入到实践中去,以求现实中的改变,这是年轻一代当行的大道。

二、 自由的捍卫者

马克思对实践的重视,包含了一个隐含的主体——人。在马克思看来,人的自由必须也只能在实践中实现。对这一点的解释是,马克思对实践的重视包含在对人的重视中。马克思关注的人,是认识和实践活动的承担者,是处于一定社会关系中从事实践活动和认识活动的现实的、具体的人。马克思对于人的关怀是崇高的,这是他的出

---

① ［德］弗·梅林.序［M］//弗·梅林.马克思传:上册.樊集,译.北京:人民出版社,1965:4.
② 同①.

发点也是归宿。人是社会的人，社会是人组成的社会，只有具体的、现实的人才能够感受到生命、尊严、自由和幸福美好生活的珍贵，因此，他在唤醒人本性的斗争中引吭高歌。而恩格斯想必也是站在同一立场上的，正如他本人的一段论述："人只需了解自己本身，使自己成为衡量一切生活关系的尺度，按照自己的本质去估价这些关系，真正依照人的方式，根据自己本性的需要，来安排世界，这样的话，他就会猜中现代的谜了。"①两位伟大的先驱者永远用满含温情的目光注视着人民。与狭隘的封建地主、刻薄的资产阶级不同，马克思目光所及是全人类，他的关怀是对全人类最高的关怀，他维护的是最广大人民普遍的利益，他正在为全人类的解放而斗争。"马克思能为了'人类的伟大目的'而超然于最痛苦的不幸之上。"②这是马克思的伟大的心灵，而"伟大的心灵总是要战胜渺小的智力的"③。

于是，马克思着重对人的自由进行了论述。1844年施蒂纳在《唯一者及其所有物》中提出自己的自由观，但施蒂纳依然被局限在绝对的利己主义和抽象的自我人性形成的桎梏之中，这样的自由依然不曾反映在个体的实在中。马克思认为施蒂纳对自由的认识依然是肤浅而粗鄙的，过于纠结利益层面，他在基于对德国社会实际考察后提出了对施蒂纳的批判，由此，马克思从青年黑格尔派转向了社会主义，他拨云见日，从浅近的二维转变成三维；他看见了自由背后的物质根源，为"自由为什么会变得不自由"挥毫落纸写下答案。

在马克思的论述中，自由是人的存在方式——自由的自觉的活动是人类本质，而自由的丧失是人异化的体现。"没有一种动物，尤其是具有理性的生物是戴着镣铐出世的。"④马克思认为，首先，自由的主体不是启蒙思想家所说的抽象个体，而是用实践力量改变世界和改变自身的人。其次，自由是人自我实现的能力，是人认识和改造世界能力的一部分。马克思曾说："自由不仅包括我靠什么生存，而且也包括我怎样生存；不仅包括我实现着自由，而且也包括我在自由地实现自由。"⑤这一点，《宪政文明史》课程中关于社会民主主义思潮的部分亦有提及：社会民主主义思潮把"平等和公

---

① ［德］马克思，恩格斯. 马克思恩格斯全集：第一卷［M］. 中共中央马克思恩格斯列宁斯大格著作编译局，译. 北京：人民出版社，1956：651.

② ［德］弗·梅林. 马克思传：上册［M］. 樊集，译. 北京：人民出版社，1965：75.

③ 同②，114.

④ ［德］马克思，恩格斯. 马克思恩格斯全集：第一卷［M］. 中共中央马克思恩格斯列宁斯大林著作编译局，译. 北京：人民出版社，2006：171.

⑤ 同④，77.

正"与"自由"放在了同等重要的地位上,每个人一开始就处于一定的社会环境之中,而社会主义民主追求的是通过社会平等实现社会公正,最终实现人们的自由,如果某些机会和条件是实现个人自由所必需的,那么这些机会和条件本身就是组成自由的一部分。关于自由的最后一点则是自由的丧失,马克思认为自由的丧失是人异化的表现,他在《1844年经济学哲学手稿》中指出,人是自由自觉的类存在物。在资本主义社会,工人的劳动发生了异化,工人把自己的生命活动变成了维持自己生存的手段,从"我活着因此我能这么做,我想这么做"变为"我不得不这么做因为我要活着",这便是自由的丧失。在马克思那里,对自由的憧憬和追求,恰恰源于不自由的现实。

此处可联想到《马克思传》中关于政治解放和人类解放的论证。马克思这样表述了自己的思想:"政治解放一方面把人变成市民社会的成员,变成利己的、独立的个体,另一方面把人变成公民,变成法人。"[①]"只有当现实的个人同时也是抽象的公民,并且作为个人,在自己的经验生活、自己的个人劳动、自己的个人关系中间,成为类存在物的时候,只有当人认识到自己的'原有力量'并把这种力量组织成为社会力量因而不再把社会力量当作政治力量跟自己分开的时候,只有到了那个时候,人类解放才能完成。"[②]宗教解放带来了政治解放——即国家的建立,但是在阶级社会中,国家发生了异化,不再能保护公民的权利,于是它不是普遍的人的解放形式。但尽管如此,政治解放依然是人类解放的前提,它带来了人自我意识和社会意识的觉醒,让人在自己的"类存在物"中认识到自己。"政治解放当然是一大进步;尽管它不是普遍的人的解放的最后形式,但在迄今为止的世界制度内,它是人类解放的最后形式"[③],尽管政治解放偏向于一种形式上的自由,但往往真正自由的诞生希望,就是从形式上开始的。

三、伟大的革命家

马克思致力实现的自由,是全人类的自由,是包括着贫苦阶级的自由。马克思对

① [德]弗·梅林. 马克思传:上册[M]. 樊集,译. 北京:人民出版社,1965:97.
② [德]马克思,恩格斯. 马克思恩格斯全集:第一卷[M]. 中共中央马克思恩格斯列宁斯大林著作编译局,译. 北京:人民出版社,2006:443.
③ [德]马克思,恩格斯. 马克思恩格斯文集:第一卷[M]. 中共中央马克思恩格斯列宁斯大林著作编译局,译. 北京:人民出版社,2009:32.

贫苦阶级的关照是他的思想维度远远高于绝大部分理论家、思想家的原因。事实上，马克思出生于莱茵省特里尔城的一个律师家庭，他的祖父是一名犹太人律法学家，他的父亲也是律师，后来又做了司法参事。可以说，马克思的家庭背景足以给他提供优渥的学习生活环境，而他在早年的生活中也确实得到了这样的待遇。恩格斯就更不必说了，他的父亲是工厂主，为他安排了辉煌又平坦的商途。恩格斯的财力水平足以让他在资产阶级里得到足够的尊重，但他却被思想的光芒吸引了，从享受上流社会生活转向为贫苦大众作斗争。或许可以说，没有恩格斯的接济，马克思呈现在我们面前的远不会有今天看到的这样辉煌。除此之外，在《马克思传》中还出现了很多生活富裕的马克思主义者们，很多本不属于无产阶级队伍却信仰共产主义的思想家们。

在《共产党宣言》中，有这样一句话："在阶级斗争接近决战的时期……甚至使得统治阶级中的一小部分人脱离统治阶级而归附于革命的阶级，即掌握着未来的阶级。所以……现在资产阶级中也有一部分人，特别是已经提高到能从理论上认识整个历史运动的一部分资产阶级思想家，转到无产阶级方面来了。"[1]这样的思想家，包括了马克思恩格斯这样伟大的革命者，他们带着教育因素即反对自身的武器——也就是启蒙和进步的新因素——投入到进步的、掌握着未来的阶级中去。这样的转变需要魄力、需要远见卓识，最重要的是对真理的信仰和对最广大人民的关怀。唯有实现了这个"蜕变"，才能摆脱落后的、压迫剥削人民阶级属性和直面这个阶级中顽固分子的抨击为另一个阶级进行"离经叛道"的战斗。当下，面对西方意识形态的渗透和霸权主义、强权政治的倾向，马克思这样的先驱理论家为我们拨云见日，也为我们提供了发展理论、丰富实践的圭臬，而马克思主义、社会主义、共产主义等旗帜理论领域更是"鼙鼓已闻，良将安在"？作为当代青年，我们不论为国家的哪个领域贡献智慧，都应该"知马、懂马、信马"，而不是与先进的理论保持距离，只做"原子式"的直线运动，这也正如习近平总书记在给复旦大学《共产党宣言》展示馆党员志愿服务队全体队员的回信中提到的那样："心有所信，方能行远。"[2]

---

① ［德］马克思，恩格斯. 马克思恩格斯文集：第一卷[M]. 中共中央马克思恩格斯列宁斯大林著作编译局，译. 北京：人民出版社，2009：41.

② 习近平. 给复旦大学《共产党宣言》展示馆党员志愿服务队全体队员的回信[EB/OL]. http://www.xinhuanet.com/politics/leaders/2020-06/30/c_1126176482.htm.

四、 坚定的批判者

作为思想家的马克思,永远保有着对批判的忠诚,他不仅对别人的思想做批判,对自己同样极为苛刻。梅林对马克思性格的概括是:不知餍足的求知欲迫使他迅速地投身于最困难的问题,而无情的自我批判精神却妨碍他同样迅速地解决这些问题。① 除此之外,还有一句有趣的描述:"马克思对于无论是合作者还是出版人都不是一个与人方便的作者,但是却没有人把他的这种迁延归咎于疏忽或怠惰,因为这种情况只是由于马克思的思想过于丰富和不知餍足的自我批判精神而造成的。"②

而批驳鲍威尔及其同伴的著作《神圣家族》则是有个极具代表性(代表着马克思对各种错误思想的批判精神)的名字——《对批判的批判所做的批判》。这样的批判,反映在马克思批判精神中。习近平总书记曾说:"彻底的批判精神是马克思主义本质特征,马克思主义就是在同各种错误思潮的不断斗争中开辟道路的。"③

马克思的批判经历了从运用以黑格尔哲学为底色的所谓理性哲学进行的理性批判到对理性自身的基本原则、理论逻辑及其社会存在的科学批判这样一个过程,从而形成了具有自己特有内涵的、作为马克思主义组成部分的批判精神。马克思的批判可以被归纳为三个内涵:其一,"批判不是头脑的激情,它是激情的头脑。它不是解剖刀,它是武器。"④马克思的批判,是为无产阶级、人的自由、人的全面发展斗争的武器。其二,批判是基于实践的批判,不是简单的否定,而是积极的扬弃,即"取其精华,弃其糟粕";不是完全的否定,而是否定中肯定;不是为了批判而批判,而是通过批判得出时间的结论;不是简单地否定旧世界,而是要科学地构建新世界。其三,马克思的批判是历史的、运动着的。它通过对宗教的批判来弘扬人的自我意识,通过对政治解放的批判来启发人类解放的真正内核,通过对空想的批判来确立唯物主义和辩证法。

---

① [德]弗·梅林. 马克思传:上册[M]. 樊集,译. 北京:人民出版社,1965:38.
② 同①,49.
③ 习近平. 思政课是落实立德树人根本任务的关键课程[EB/OL]. http://cpc. people. com. cn/n1/2020/0831/c64094-31843368. html.
④ [德]马克思,恩格斯. 马克思恩格斯文集:第一卷[M]. 中共中央马克思恩格斯列宁斯大林著作编译局,译. 北京:人民出版社,2009:6.

联系当下，在抗击新冠肺炎疫情这场全球性重大突发公共卫生事件面前，全球性的意识形态冲突不可避免地达到了顶峰，中国在向世界贡献抗疫的中国智慧时，一些西方国家却不断变换方式恶意诋毁和攻击中国人民的抗疫成果，也警示了我们意识形态领域的斗争会持续的曲折复杂。我们应当认识到斗争的长期性和严肃性。此时此刻，新时代的中国青年更应大力发扬马克思的批判精神，牢牢把握正确的斗争方向，在危机中育新机、于变局中开新局，目光如炬，步履坚定。

结语

《马克思传》的最后，是恩格斯向他所致最后的告别词——马克思发现了人类历史的发展规律，也发现了现代资本主义生产方式以及由它所产生的资产阶级社会的特殊运动规律，"一个人能有两种这样的发现，已可说是不虚此生了……可是马克思在他所研究的每一方面……都有独到的发现。"①从《马克思传》中，我们看到的是实践着的、革命的、关注着最广大人民生活的、批判的马克思，不在云端跳舞，而在泥土中前行。他丰满的人格，始终是我们每一个青年人应该致意的彼岸。

读《马克思传》，重新发现马克思、重新认识这位伟大的战士，也愿当代青年人，与这位伟大的战士同行，以习得马克思的热忱、坚定，永远向前，朝气蓬勃，目光锐敏，孜孜不倦，又能保有"那种同热情而勇敢的青年十分相称的可爱的稚气"②。

（作者学校　复旦大学）

---

① [德]弗·梅林.马克思传：下册[M].樊集，译.北京：人民出版社，1965：677.
② [德]弗·梅林.马克思传：上册[M].樊集，译.北京：人民出版社，1965：145.

一场哲学革命：从思辨哲学到实践哲学？
——论《黑格尔法哲学批判》的思想定位

唐林焕

一、引言

《黑格尔法哲学批判》(以下简称《批判》)是马克思早期的一本著作。本文正试图从思想史考察，也即思想定位的角度出发，通过对《批判》的解读论证，说明比较马克思主义的实践性与西方学说的批判性之根本意义在于：这是一场"从天国降到人间"又"从人间升到天国"的、从"解释世界"向"改造世界"转变的哲学革命，而《批判》中马克思所做的全部努力不仅吹响了这场革命的冲锋号，成为清洗黑格尔思想残余，开创自身哲学体系的开端，而且成为一种新的辩证法、唯物主义和政治经济学的孕生起点，其中隐伏的思想线索也成为那彻底的理论为群众所掌握，进而转化为巨大的物质力量，为改造世界奠定了基础。

二、概念考察与界定

凡欲对某文本或命题作思想史分析，必需对其所涉核心概念进行相对清晰的界定。如此，问题的讨论才不是零散跳跃的，相反，是被纳入了哲学家思想继承与超越的具体语境的。在本文中主要涉及以下四个概念：

首先是"黑格尔法哲学"。简要概括，所谓"黑格尔法哲学"在文献上归属其《哲学全书》，主要体现在《法哲学原理》一书中；而从哲学体系角度观之，主要是指以其逻辑学作存在论和方法论基础，囊括法权、道德和伦理三个环节，主要考察道德伦理、家庭、市民社会和国家等内容的"客观精神哲学"。①

其次是所谓"批判"。在本文看来，此处的"批判"至少涵括两层解释——语义的和哲学的。前者通俗易懂，即类似于对观点的"反驳""批驳"，而后者主要是在康德的意义上来谈的——在他那里纯粹理性批判是一门单纯评判纯粹理性来源和界限的科学。② 此处马克思对黑格尔法哲学的"批判"也就在于对其前提条件、适用范围的厘清与划界。

再次是"思辨"。"思辨"一词同样也有语义和哲学上的分野，本文主要侧重对其作德国古典哲学内部的思想史考察（下文对"实践"的说明亦是如此）。"思辨"与"思辨哲学"密切勾连、不可分割，《韦氏大词典》将后者定义为"（首先）它奠基于直观的或先天的洞见，尤其是对绝对者或神性的洞见，在更广泛意义上，它是一种超越的或缺乏经验基础的哲学；其次它是与论证性哲学对立的理论哲学"。③ 所谓思辨哲学，自古希腊起，而在德国古典哲学内部主要涉及斯宾诺莎、康德、谢林、黑格尔等人，以至于使得"思辨性"成为与马克思主义相"对立"的西方学说的特征。在康德的哲学体系中，"思辨的"与"纯粹的"意义相近，他认为与"实践理性"相区别的"思辨理性"具有一种"把知性范畴运用到总体性超验的对象上去，从而自然而然地陷入谬误之中"的内在趋向。④ 而黑格尔在否定康德之界定和对"思辨"一词的滥俗理解的前提下，认为该词"在哲学方面的根本含义是'从对立面的统一中把握对立面，或者说，在否定的东西中把握肯定的东西'"。⑤ 这便是对思辨哲学的逻辑学理解，或者说两者在黑格尔那里根本就是同一个东西，而马克思所批判的法哲学正是这样一种演绎和同一的产物。

最后是"实践"。想必"实践"一词于中国读者已是耳熟能详，"改造世界的活动"甚至可脱口而出，而教科书式的理解也大多局限于毛泽东在《实践论》中界定的物质生

---

① 张东辉. 德国古典哲学的实践品格[N]. 中国社会科学报,2018 - 03 - 20(002).
② 俞吾金,汪行福等. 德国古典哲学[M]. 北京：人民出版社,2009.
③ 俞吾金. 论马克思对黑格尔思辨哲学的批判[J]. 马克思主义哲学研究,2001(2).
④ 同③.
⑤ 同③.

产、阶级斗争和科学实验的"三分法"。然而,置于德国古典哲学的思想脉络中去考察,"实践"的含义则丰富得多,学者张东辉在《德国古典哲学的实践品格》一文中就对其有精炼总结。他认为:康德哲学的实践品格主要表现为实践理性(绝对道德律令)优于理论理性;而费希特在对康德的继承之上进一步认为知识学就是实践学,作为自我本质规定的"本原行动"就是一种原初性的实践行动,绝对自我通过实践这种本原的自我设定活动获得存在根据,同时通过设定"异化"的"非我"来实现其主体性,由此自我行动的本性与行动本身合二为一;在黑格尔那里,绝对精神的自我运动和异化展开成就了它自身以及之外的一切存在,或者说概念本身就具有了实践性和现实性——可以归结为其一句振聋发聩的哲学呐喊:"实体即主体"。总的来说,以上实践品格可以归结为三个特征:(1)具有系统性和逻辑性;(2)着重展现自由的精神和人的自我实现历程;(3)强调概念过渡至概念的实现的应然性。① 至于马克思的实践观,本文第三部分中将有详细阐述和具体运用。

综上所述,本文的分析重点——马克思对黑格尔法哲学的批判及其哲学革命之开端大体就落在以上概念框架和思想脉络中。

三、 文本解读与分析

作为马克思的早期著作,一般认为《批判》写于他 1843 年在克罗茨纳赫居住期间(故又被称为《克罗茨赫纳手稿》),即退出《莱茵报》编辑部到同年 10 月移居巴黎前的这段时间(具体时间存在争议)。本文并无意对马克思在此之前的活动轨迹和思想状况做细致梳理,但有至关重要的两点需要明确:一、马克思曾是一个热忱的黑格尔信徒;二、他在《莱茵报》工作期间就"林木盗窃案""摩泽尔地区农民状况"等现实议题与官方的论战为其思想转向和哲学批判提供了重要诱因,而这一转向就意味着对黑格尔法哲学乃至其整个哲学体系的质疑和清算。也就是说,正是其信仰的黑格尔法哲学无法解决"真正的国家"和其遭遇的"现实的国家"间的张力,马克思在"物质利益发表意见"这件事上得了失语症,只好从"社会舞台退回书房",撰写《批判》以解决其苦恼和

---

① 张东辉. 德国古典哲学的实践品格[N]. 中国社会科学报,2018-03-20(002).

疑问。①

　　当然,马克思这种关注现实生活的思考取向由来已久,而其"离开黑格尔"的思想萌芽甚至可追溯至其博士论文之中。② 但我相信,凡是对"林木盗窃案"和马克思的历史唯物主义、政治经济学批判有一点了解的读者,此处已经可以窥见或发掘出所谓"实践"的影子了。需要提醒的是,此处并不意图引入列宁式的认识论或物质观——他在《哲学笔记》中所谈的"复写、摄影、反映"很可能沦为前康德时代的独断论和机械反映论。而如果我们以后见之明观之,"林木盗窃案"中地主阶级、新兴资产阶级以私有化的法律确证为资本原始积累辩护——本质上意味着对自然资源的垄断、盘剥以及对人的主体性之漠视——导致劳动者与自然和生产(生活)资料相分离,这在《1844年经济学哲学手稿》(以下简称《手稿》)和《资本论》中的马克思看来,无疑是感性的对象性活动——实践——的主体,即劳动者异化的开端,也预示着沾染肮脏血污之资本的降生,而远非黑格尔法哲学想象的所谓普遍理性之政治国家凭立法权得以实现与市民社会再度融合的美好图景。

　　回到《批判》本身,我们可以发现马克思对黑格尔法哲学的批判可以粗略概括为"一条主线,三个方面"。一条主线是指马克思一以贯之地对黑格尔法哲学的前提——家庭、市民社会与国家的关系进行批判和解构,三个方面是说马克思分别从法哲学的具体内容——王权、行政权、立法权三方面指出了黑格尔的矛盾之处,进而有力地支撑了其核心观点——"实际上,家庭和市民社会是国家的前提,它们才是真正的活动者;而思辨的思维却把这一切头足倒置""黑格尔要做的事情不是发展政治制度的现成的特定的理念,而是使政治制度和抽象理念发生关系……这是露骨的神秘主义"③。

　　没错,抨击"神秘主义",这是马克思批判和攻击黑格尔法哲学堡垒使用次数最多也是最为锐利的武器。要理解马克思批判之要害所在,就必须把握黑格尔对于家庭、市民社会与国家间关系的论述。

　　实际上,黑格尔法哲学是其逻辑学中"正题—反题—合题"辩证法思想的应用。以绝对精神为例,既是实体又是主体的绝对精神在不断运动中将自我实现的内在冲动以异化之形式——即不断将自身对象化,生成为世界万物及历史,最后一切又必将复归

①② 杨学功. 马克思《黑格尔法哲学批判》研究读本[M].北京:中央编译出版社,2017.
③ [德]马克思.黑格尔法哲学批判[M].中央编译局,译.北京:人民出版社,1963.

于其本身。在这里绝对精神是第一性的,也是能动的,这就是黑格尔的客观唯心主义。同样,家庭、市民社会与国家间也存在类似关系:"国家是前提;以国家为基础,家庭和市民社会得到充分发展;国家又是家庭和市民社会的最终目的。"①需要明确的是,这三个紧紧相扣的环节之根本基础——也是为黑格尔和马克思所共认的,法国大革命建立的现代国家意味着市民社会与政治国家的分离,而能否弥合此种分离却关系着市民社会的存亡安危。

在黑格尔那里,作为抽象概念(理念)的国家是先决性的存在,概念的内部运动产生了政治国家(现代意义上的"国家")和物质国家(市民社会)的异化,前者是普遍性(普遍利益)的代表,而后者意味着特殊性(特殊利益),最终概念的运动又必将达到普遍性与特殊性的同一。马克思正是从后两个环节对法哲学进行批判的,而其借助的武器正是费尔巴哈批判黑格尔时所用的"主谓颠倒法"。

对于正题——国家如何产生家庭和市民社会,马克思直斥黑格尔思辨哲学的颠倒本质,即将原来作为谓语的国家(理念)以神秘主义的巫术方式当作第一性的主语,而把真正实在的、现实的市民社会倒置为第二性的谓语。这一过程在马克思看来本质上是不可论证的、任意的、思辨的,因而是神秘的、唯心的。而我们知道,在超越费尔巴哈之后的历史唯物主义看来,经济基础,即市民社会之存在和活动才是上层建筑——国家及其机构的决定所在。而对于反题——家庭和市民社会如何过渡至国家,马克思毫不留情地揭露了黑格尔过渡之路径的虚伪性,即以纯粹观念领域的必然性向自由过渡来掩盖现实转换的难题。②

总而言之,以前述的德国古典哲学实践观为标尺,马克思以其系统、逻辑的分析对黑格尔神秘主义虚构的概念的自我运转及其实现做了无情抨击。而揭开这一面纱的正是马克思之"实践"的根基——唯物主义,尽管他此时还未完全跳脱费尔巴哈的人本主义。

至于合题,即市民社会如何复归国家,两者间的对立和分离怎样弥合,在马克思看来,黑格尔给出了立法权、行政权和王权三个实现环节——分别代表普遍性、特殊性和单一性,而本文认为马克思从"思想的推演"和"现实的反驳"两个层面对上述三个环节的实践意义做了揭露和批判。至于推演结果如何以及现实怎样反驳,学者张双利已经

---

①② 张双利. 再论马克思对黑格尔法哲学的批判[J]. 哲学研究,2016(6):35—41,128.

进行了详尽分析,即王权思想的政治实践必然意味着君主立宪制,而后者只能带来政治国家与市民社会的分离以及统治与被统治的关系;行政权的政治实践必将以封闭且腐化的官僚政治收场,意味着社会中的私人与国家事务无缘,市民社会与国家的彻底分离且后者根本无法维持其普遍性(普遍利益),最终堕落为空虚的形式主义。①

本文真正感兴趣的是立法权之批判部分。黑格尔构建的立法权思想涵盖君主权、行政权和等级要素三部分,而其认为市民社会中以同业公会为代表的等级要素组成两院(贵族院和众议院)行使立法权才是自下而上沟通国家,实现特殊利益和普遍利益相融合——即消弭市民社会和政治国家之对立的中介途径。而马克思的批判关键在于,他认为此种安排必然导致等级要素内部特殊利益的固化,进而就是向前现代政治——等级制的倒退,"而等级制只是一种虚假的解决,它企图制造出市民社会中等级就是政治等级的外表,但却无法触及市民社会与政治国家之间的真实对立"。② 这是从思想推演角度得出的结论,而现实之中长子继承制的实践效果——土地对人的奴役和对自由的束缚也给出了强力反驳。

有意思的是,马克思针对此问题给出的替代方案是"代表制"——"……代表制的意义就不在于一个人代替另一个人,而在于利益本身真正体现在自己的代表身上,正如代表体现自己的客观原质一样"③,而这样的代表制就要求今日代议制下的议员普选。既然代表市民社会的议员参与国家事务与被代表者之利益别无二致,那么自然,市民社会-政治国家的"跳跃"和抽象就完成了。抽象的政治国家自然解体,而作为矛盾的另一面——市民社会也必然消融。

但似乎"分裂"出现了,伯恩施坦等修正主义者鼓吹的"两个马克思"仿佛证据确凿。《批判》中主张代议制普选的"青年"马克思是否真的是作为"改良家的马克思"呢?马克思真的存在"改良"与"革命"两种面向、两幅面孔吗?

本文对这种论调是坚决反对的,根本原因在于两方面:一是追求目标的一致性,二是认识活动的历史性。一方面,马克思主义在萌生和成熟阶段皆主张消除市民社会与政治国家的分离和对立,只不过因不同历史时期马克思本人的研究方法、认知水平以及社会矛盾的展露程度不同而导致其所得结论和解决方案有所差异。这本质上是

---

①② 张双利. 再论马克思对黑格尔法哲学的批判[J]. 哲学研究,2016(6):35—41,128.
③ [德]马克思. 黑格尔法哲学批判[M]. 中央编译局,译. 北京:人民出版社,1963.

不可避免的,也是符合历史唯物主义之内在规定性的。

　　具体而言,则是同《论犹太人问题》《手稿》暂未超越费尔巴哈的人本主义,直到《关于费尔巴哈的提纲》《德意志意识形态》产生才真正确立历史唯物主义的原因类似,即"可能是由于政治经济学方面知识的欠缺⋯⋯""但由于缺乏充分的事实材料和经济学上的论证,这种结论仍然在某种程度上带有抽象的空想的性质"。[①] 一旦马克思以政治经济学批判破解了资本主义运转之谜——剩余劳动与剩余价值,那么此时克服黑格尔设想的等级要素意欲解决的问题,即市民社会的原子化——在马克思历史唯物主义那里是工人面对资本家和资产阶级国家的原子化,根本上就不再是复归等级制,也不是实行代议制普选了,而是阶级以及暴力革命。因为此时的市民社会已经日益分裂为两大相互对立的阶级——资产阶级和无产阶级,而前者通过私有制下生产力的掌握将本阶级的特殊利益上升为国家制度性安排,由此市民社会内部分裂了,市民社会中的无产阶级与作为资产阶级暴力统治工具的政治国家间的对立和分离也愈发彻底。资本家和资产阶级国家都成了资本的代理人,而无产者不仅为了克服原子化,也根本上为了克服异化就必须唤醒阶级意识,自觉形成无产阶级,通过暴力革命消灭资产阶级和私有制,至此市民社会与国家同步瓦解。当然,这在列宁那里是呼唤先锋党的诞生,卢卡奇认为需要为之注入阶级意识,这都是后话。

　　由此看来,无论从立场转变、方法革新,还是从问题意识方面考察,《黑格尔法哲学批判》这部马克思的早年著作都堪称一场史无前例的哲学革命的天才萌芽,这正是本文认为其在哲学史上应有的思想定位。

（作者学校　复旦大学）

---

① 俞吾金,汪行福,王凤才,等. 德国古典哲学[M]. 北京:人民出版社,2009.

对"两个必然"的阐释——重读《共产党宣言》

都　蕾

　　《共产党宣言》(以下简称《宣言》)是马克思与恩格斯为共产主义者同盟起草的纲领性文献。也正因这一点,《莱茵报》主编出身的马克思在写作时就努力地让表述更加简练,读起来更通俗易懂,情感也更趋向于炙热的感召。然而,在具体阅读时如果仅仅局限于此,很可能忽略《宣言》背后缜密的逻辑,也忽略了《宣言》与过去、现在、将来的密切联系。

　　对于中国读者,对于《宣言》最熟悉的部分往往是"两个必然"——即资产阶级必然灭亡,无产阶级必然胜利。如果单如此理解,很容易陷入宿命论的误区。因而,了解"两个必然"的一些问题是本次重读《共产党宣言》的目的。

一、"必然"还是"不可避免"?

　　如上所述,许多中国读者对"两个必然"的理解是资产阶级必然灭亡,无产阶级必然胜利。翻看原文,马克思和恩格斯实际上是这样表述的:"资产阶级的灭亡和无产阶级的胜利是同样不可避免的"①。

　　这里的"不可避免"和"必然"虽然从中文语义上存在略微的差异,但是笔者在此认

———————————

① 马克思,恩格斯.共产党宣言[M].中共中央马克思恩格斯列宁斯大林著作编译局,编译.北京:人民出版社,2014:40.

为以"两个必然"简略表明"资产阶级的灭亡和无产阶级的胜利是同样不可避免的"是合理的,也基本涵盖了马克思与恩格斯的思想。

第一,"必然"是一种正面描述,"不可避免"是一种侧面描述。"必然"更能揭示出马克思笔下资本主义社会的二元性:其中一者是,资本主义社会不断地发生危机造成对生产力单纯的破坏,又不断以改良的方式解决表面危机,继而不断引发下一个危机的循环,体现的是资本主义体系表面上看似"自然"的不变。另一者是,资本主义社会的危机必然导致对过剩生产力的破坏,就必然导致过剩人口的出现,也就必然导致这些过剩人口(往往是工人)被甩出资本主义体系。在此前提下,工人们逐渐脱离了过去"都只是劳动工具"的自我竞争的逻辑,逐渐联合起来。又由于"资本的条件是雇佣劳动。雇佣劳动完全是建立在工人的自相竞争之上的。资产阶级无意中造成而又无力抵抗的工业进步,使工人们通过结社而达到的革命性联合代替了他们由于竞争而造成的分散状态"①。这样产生的无产阶级就拥有了改变资本主义体系的能力。"不可避免"中同样暗含了这一二元性,但由于其倾向于侧面的词义、加之较为口头的表述,需要深入阅读才能发现这一点。

第二,"必然"是一种较哲学层面的表述,而"不可避免"更倾向于口头表述。考虑到《宣言》的纲领性,为了达到宣传的目的,马克思和恩格斯在选择措辞时会更倾向于口头表述。

二、"两个必然"实质上是"一个必然"?

我曾经看见有人(学者)认为"两个必然"实质上是"一个必然",这个必然就是共产主义代替资本主义的历史必然性。该观点持有者的证据是马克思和恩格斯为《宣言》写的 1882 年俄文版序言中指出:"《共产党宣言》的任务,就是宣告现代资产阶级社会所有制必然灭亡。"②我认为这种观点存在一定缺陷。

首先,上文已经提及马克思笔下资本主义社会的二元性——资本主义体系本身无

---

① 马克思,恩格斯. 共产党宣言[M]. 中共中央马克思恩格斯列宁斯大林著作编译局,编译. 北京:人民出版社,2014:40.
② 同上,6.

法避免生产力危机,而无产阶级却蕴含着改变资本主义体系的力量。如果单单把"两个必然"归结为"一个必然",会忽略这种二元性。

其次,马克思在批判资产阶级时,提出了危机理论。但是细读《宣言》,就会发现危机有两个层次:生产过剩的危机与意义的危机,前者马克思重在历史性批判,后者重在原则性批判。生产过剩的危机是指生产资源不断被制造,但无法返回社会而表现出来的商业危机;而意义的危机则是资本主义社会强调的建立在私有财产制上的"自由"原则在市民领域、家庭以及国家领域本质上是对自由原则的取消。在危机理论的基础上,马克思指出无产阶级革命必然是政治革命先行以带来新的统治阶级,然后再进行社会革命从而对现实机制进行彻底变革。也就是说,无论是资产阶级必然灭亡,还是无产阶级必然胜利,这"两个必然"内部都蕴含着两种层次,因而"两个必然"既意味着无产阶级必然取代资产阶级成为统治阶级,也意味着无产阶级必然彻底改变资本主义社会的内部结构,从而形成"每个人的自由发展是一切人的自由发展的条件"①的一个联合体。如果以共产主义代替资本主义的历史必然性作为"两个必然"的实质,就很可能遗漏《宣言》中最重要的两条线索——政治革命与社会革命。

但是同样不可否认"两个必然"实质上是"一个必然"的观点有其合理性,即它参透了阶级的概念。《宣言》中的阶级,同时连接着两种社会形态——资本主义社会和共产主义社会,也同样连接着两种意识形态,资产阶级为统治阶级的意识形态,与正在形成的以无产阶级为统治阶级的下一个意识形态。而这个观点就反映出阶级斗争的两个方面——资产阶级的灭亡与无产阶级的胜利,也就是说无产阶级胜利的"必然"包含了资产阶级灭亡的"必然",反之亦然。

三、 为什么"两个必然"这个预言是科学的?

马克思和恩格斯指出的"两个必然"的预言,常被读者默认为背后靠着某个铁打的规律,于是读者往往会产生"既然是预言,为什么背后一定会有规律,又为什么一定是科学的"这样的疑问。

① 马克思,恩格斯.共产党宣言[M].中共中央马克思恩格斯列宁斯大林著作编译局,编译.北京:人民出版社,2014:51.

首先，必须意识到，"两个必然"的预言性并不是黑格尔曾提及的"知性逻辑"的预言性。也就是说，"两个必然"绝对不能撇开事物内在联系，只抽取资产阶级、无产阶级这几个部分做相对静止的思考。所以，马克思和恩格斯的意思绝不是我们只需要坐享其成，等待着"两个必然"的到来。

相反，"两个必然"的预言性在于观察到当前资本主义社会存在的自我否定趋势，然后在这种自我否定的矛盾中寻找到蕴含在当下、能够解决矛盾的结构可能性。这种可能性是现实的，因而是具有预言性的。

而为什么说"两个必然"这个预言是科学的，就先要明晰何为科学。在此，我认为马克思和恩格斯的科学社会主义和空想社会主义最大的区别绝不是前者参透了"知性逻辑"的客观规律，而是理论与实践的关系。马克思和恩格斯的科学社会主义，必须要先有资本主义体系内部的矛盾和危机的存在，才有共产主义运动，在这些前提条件下才能有对这些运动原则性的思考，这种思考再反过来促进无产阶级革命。也就是说，科学社会主义不是从理论推出革命，而是在概念的高度上把握现实。相反，空想社会主义是纯理论的，其萌芽的年代，虽然资本主义社会的弊病已经暴露，但是资本主义内部具有阶级斗争色彩的运动还没有出现。因此，空想社会主义者是首先在资本主义体系内部建立了乌托邦，然后企图通过各种实验达成社会主义的实现。所以，当具有阶级斗争色彩的工人运动已经成为现实，空想社会主义必然只能依附于资本主义体系内部的要素，因而就逐渐转向反动。

在明晰科学性后，就可以发现马克思和恩格斯在提出"两个必然"前已经做足了其前提条件的论述——置资产阶级于死地的武器与运用这种武器的人。武器指的是充分发展了的社会生产力：生产本身具有从社会劳动出发的价值，而在资本主义的生产方式不断合理化的过程当中，必然会带来机器对于人的排除，导致资本主义体系下人成为了机器的附庸，其技术甚至还比不上封建时代的农奴。因此，每一个劳动者心中就有了与资本主义对抗的逻辑，"因而资产阶级用来推翻封建制度的武器，现在却对准资产阶级自己了"①。运用武器的人，毫无疑问是无产者，无产者需要工人摆脱自我竞争的逻辑，"成为阶级，从而组织成为政党"②。此时，工人与资本的关系不再是资本对

① 马克思,恩格斯.共产党宣言[M].中共中央马克思恩格斯列宁斯大林著作编译局,编译.北京：人民出版社，2014：34.
② 同上,37.

人的绝对掌控,而是两个阶级的较量。只有在这两个前提条件下,才会有"两个必然"。也正因为这两个前提条件,马克思和恩格斯才会在《宣言》的末尾写下"全世界无产者,联合起来"的呼吁。

四、 结语——"两个必然"的长期性

从"两个必然"与原文中的"不可避免"的比较入手,结合了对"两个必然"是一个"必然"的辩证思考,可以发现"两个必然"兼具预言性与科学性。而这最终解释了"两个必然"的长期性:"两个必然"前提条件形成的长期性——无产者联合起来付出了多少牺牲;资本主义作为一个社会形态走向灭亡的长期性——多少次资本主义依靠改革短暂解决了危机;政治革命的长期性——自《宣言》写作以来,有多少次社会主义的政治革命被暴力镇压;社会革命的长期性——当无产阶级成为统治阶级,苏联以及东欧国家又是如何逐渐远离共产主义的原则,最终剧变。

因而,"两个必然"绝不是一条康庄大道,它需要坚定的信念,才能经过漫长的历史过程最终成为现实。也正是因为"两个必然"的坚定信念,才经得起历史漫长的等待。

（作者学校　华东师范大学）

管窥毛泽东的经典阅读

——读《毛泽东谈读书学习》随笔

蔡思源

一

中国共产党建党一百年来，中华大地上涌现出无数英才俊杰，他们都为中华民族的伟大复兴创下了不可磨灭的功绩。其中，若论影响最全面、最深刻与最长久者，毛泽东同志当属其中之一。

毛泽东可供后人学习的方面是多种多样的。不必论其政治思想、军事战略与决策规划，单看诗词书法、文章讲演与言语评论，都足以垂名青史。然而，每个人在社会中扮演的角色是不同的，职务责任有大有小，精力能力有强有弱，上述诸多方面的学习，大多数人难以面面俱到。但是，如果从个人的卓越品格与良好习惯上来说，毛泽东的读书态度恰是每一个人都可以借鉴的。而读书一事的影响，又体现在毛泽东一生事业的方方面面。

关于这一点，《毛泽东谈读书学习》一书的序言概括如下："纵观毛泽东的一生，一个显著的特点是：始终把读书学习作为生命中最宝贵的要件，始终把书籍作为须臾不可离开的精神食粮。真正做到了嗜书如命，以书为伴，生命不息，读书不止。"这本书正是基于这一点，将毛泽东有关读书学习的谈论、讲话、报告、文章、通信、回忆录等进行分类整理，分为"求知""尊师""博览""攻读""方法""批阅""读报""工具""实战""接力"

十大类。读者分类以求，细心体会，自能从书中较为全面地发现毛泽东的读书态度并完善自身。

《毛泽东谈读书学习》一书共五十万字，各类条目总计四百条有余。抄撮读毕，已属不易。而笔者学识有限，欲综辑挈领，却总是难以割舍。每次读之，只觉开卷即有益，条条都有警醒策励之功效，页页皆可领略毛泽东的魅力神采。

时值建党一百周年，倡导四史教育，复兴传统文化。精神重塑，文教大兴。阅读经典，蔚然成风。笔者所学为中文，故姑且以传统经典为指向，挑出四百余条中于我感受最深、触动最大者，挂一漏万，稍加阐述，以展现毛泽东的阅读人生与其对经典阅读的重视。

二

谈及毛泽东与中国传统经典的关系，最为人津津乐道的恐怕就是《资治通鉴》了。据说一天午后，毛泽东对孟锦云说："孟夫子，你知道这部书我读了多少遍？"不待孟锦云回答，他便接着说道："一十七遍，每读一遍都获益匪浅，一部难得的好书噢。恐怕现在是最后一遍了，不是不想读，而是没那个时间啰。"我初读到此也怀疑这一则故事，毕竟像《资治通鉴》这样的巨著，常人读完一遍也不容易，怎么可能读十七遍呢？但这则故事其实还有下文。

毛泽东接着说："这部书要从头读到尾，认真读上一遍，得好几年时间呐。"毛泽东当然知道这部书分量很重，读完非常不易，但他还是劝孟锦云读这部书。孟锦云担心自己没有"毅力"。毛泽东十分认真地说她用词不当，读书不应该靠"毅力"，而应该靠"兴趣"。兴趣所至，越读越有兴味，自然不会觉得读完一部书不容易了。

我们往往关注阅读可量化的收益，比如遍数。但对于真正爱读书的人来说，读书本就像放松休息一样容易，又哪里会以遍数为目标呢？毛泽东这里强调的"兴趣"，就是阅读《资治通鉴》的关键所在。

三

当然，阅读经典仅仅有兴趣是不够的。对于历史故事与古典小说，很多人恐怕也有非常大的兴趣。但毛泽东却于此兴趣之外另有用心。

毛泽东对《红楼梦》的喜爱是人们所熟知的。人们对《红楼梦》的阅读往往停留于其中前后登场的诸多人物与发生在他们身上的爱恨情缘。稍进一步的，或许会感慨：王朝家道，盛衰有命；茫茫大地，世事无常。这恐怕也近于《红楼梦》的作者想传达的了。

但毛泽东不同，他总将《红楼梦》视作封建社会的代表，他说《红楼梦》"写了贪官污吏，写了皇帝王爷，写了大小地主和平民奴隶。大地主是从小地主里冒出来的，麻雀虽小，五脏俱全。看了这本书就懂得了什么是地主阶级，什么是封建社会。就会明白为什么要推翻它"。

对于现代的学术研究来说，这无非是某种文学批评的范式。有了一种范式，我们便可以将这种范式应用到各种小说上。有了阶级斗争的理论，分析起《红楼梦》这样的小说自然是水到渠成。但毛泽东有所不同，他并不将《红楼梦》单纯地视为文学理论的对象，而是他切实参与改造之社会的一个缩影，他毕生奋斗之理想何以实现的一个参照。这种有血有肉的阅读，这种与人生事业息息相关的体察，与学术研究客观冷静的分析是有区别的。

此外，毛泽东其实一直对古典小说有很深的感情。在井冈山胜利后，毛泽东在谭延闿的家中搜得《三国演义》一部，毛泽东觉得"快乐不可言"。在艰难的长征路上，毛泽东又叫警卫员去打下来的地主庄园里找《水浒传》。1938年10月，在党的六届六中全会的一次休息时，毛泽东对贺龙说："中国三部小说《三国演义》《水浒传》《红楼梦》，谁不看完这三部小说，不算中国人。"以上种种，都表明毛泽东对古典小说极深的喜爱。

正因为如此，毛泽东常常能凭其特有的灵感与记忆，将小说与现实结合起来。例如武松打虎同斗争精神、周瑜挂帅同干部政策、西天取经同目标一致、贾府衰败与美苏困境、刘备取川与团结地方干部等等。毛泽东与古典社会及其小说的复杂关系，一如那一代革命者与旧社会和旧社会之文化的关系，显然不仅仅是阶级分析与批判改造所能概括得完的。

四

中国古代的经典分经史子集四部，书籍浩若烟海，难看亦难记。据说曾国藩年少时看到《四库全书》，一时失据，改变了一生的志向。而目录学家余嘉锡在其《四库提要辩证》的序中也说自己年轻时志气很高，但读了张之洞的《书目答问》，看见历朝历代密密麻麻的书目后，才懂得谦虚向学。类似的故事还有好些，大抵是教人不要自视甚高，得知道历史积淀之重与历代书籍之多。现代社会，专门化的学者越来越多，很多人都知道隔行如隔山，所以守在自己的一亩三分田内，于谦虚一道可谓做得很好了。谦虚固然是好的，但舍此谦虚外别无一分阅读的智慧，没有一种勇猛精进的态度，恐怕亦是不妥。毛泽东在读书上广收博览，经史子集，无不寓目，且往往读一本书就有一本书的独到见解。这与他读书的精神与方法是分不开的。

早在 1915 年 6 月 25 日致湘生的信中，毛泽东就谈道："为学之道，先博而后约，先中而后西，先普通而后专门。"而在 9 月 6 日致萧子升的信中，他也认为读书必须有所选择，所择之书"必能孕群籍而抱万有"，读之如"干振则枝披，将麾则卒舞"。这是他自小从胡汝霖那里学到的"先立乎其大"的读书方法。

此外，毛泽东青年时代读了胡汝霖给他的《御批通鉴辑览》之后，觉得学校教育不如独自看书学习，遂订立一个自修计划，每天图书馆一开门就去学习。这一段自学的过程让他对世界有了更深入的了解。故而终此一生，毛泽东都推崇自学。

但自学之事，非常人所能为，除过人的意志之外，还须有学习的方法。毛泽东不动笔墨不读书，每次读书必有勾画批记，用不同的符号加以标识。而且读到赞同的地方往往会批上"此论甚精""言之成理""此论甚合吾意"等说法，而不赞同的地方也极鲜明地标明，如批上"不通""荒谬""陋儒之说也"等。据说线装的《二十四史》从头至尾都留下了他的记号。可见，读书做记号也是使人投入看书并坚持的方法。

五

毛泽东除了以书为师外，往往还以书为友、以书为乐。我们都知道毛泽东一生爱好诗词，其诗作词作均有名篇。能写出这样的作品，可以想见，毛泽东对诗词是相当热爱的。事实上，诗词也确实是传统文化中最易被传承且被大众喜爱的方面之一。孔子说："不学诗，无以言。"《毛诗》"大序"也讲"诗"可以"经夫妇，成孝敬，厚人伦，美教化，移风俗"。传统文化之复兴，诗词是不可忽略的。

"文革"后期,古典文学在大学里几乎销声匿迹,毛泽东得知书店中竟买不到古典诗词的书,当即对工作人员说:"我想编一部书,选他500首诗、500首词、300首曲、20篇赋。"这一心愿在当时并没有完成,不得不说是一个遗憾。但改革开放以来,我们已经有数不胜数的诗词曲赋选本,而人们以新的媒体形式改编诗词的热情越来越高,在某种程度上也可说实现了他的愿望吧。

当然,毛泽东对古典文学的重视喜爱也是贯穿他一生的。不必说尽人皆知的开国大典前从容不迫地翻看《唐诗别裁》的故事,也不必说1958年毛泽东在南宁遇空袭读《离骚》不去防空洞的故事,单是临终前13天仍要求借阅《容斋随笔》一事,就表明了这一点。

这种热爱往往也转化为独到的见解。胡乔木要为毛泽东的诗作注,哪想到准备出版时毛泽东批上一句:"诗不宜注,古来注杜诗的很多,少有注得好的,不要注了。"这短短的一句话,如果不是对古典诗词有极广泛的阅读与极深刻的体会,是断然说不出的。

毛泽东因此也相当关注文化事业。《辞海》《辞源》《资治通鉴》《中国历史地图集》等书就是在毛泽东直接关注下修订出版的。作为一国的最高领导人,细心地关注这么多书籍的出版,是相当难得的。

六

古往今来,读书的领导人很多,但像毛泽东一样,有说不完的读书故事流芳后世者,也是极为罕见了。孔子说:"取乎其上,得乎其中;取乎其中,得乎其下;取乎其下,则无所得矣。"虽然我们大部分人都难以达到毛泽东的读书境界,但向伟人靠近一些,也是受益无穷的。今日文化昌明,有这样一位在中华民族伟大复兴的征程中在读书一事上烛照后人的先驱,我们每个人都应该感到莫大的欣喜。

(作者学校　华东师范大学)

平等与文明的冲突和现代思考
——基于卢梭《论人类不平等的起源和基础》

葛婧婧

18世纪的欧洲涌现了无数的思想家,卢梭是其中极为罕见的在享受文明福利的同时又批判文明的思想家,启蒙时代极受重视的平等与文明在卢梭《论人类不平等的起源和基础》一书中产生了冲突。序言中卢梭就已经指出要找出人与人之间不平等的起源。在卢梭看来,自然状态中的野蛮人处于孤独的自由之中,却在私有制观念诞生之后走向了堕落的文明状态。"不平等现象在自然状态中几乎是不存在的;它之得以产生和继续发展,是得助于我们的能力的发展和人类知识的进步,并最终是由私有制的出现和法律的实施而变得十分牢固和合法的。"①不平等的起源正在于文明,而平等与文明之间的关系也不是完全的对立。

伏尔泰曾批判卢梭这本书在提倡人类回归"四脚爬行的野蛮状态",但是卢梭的思想内涵却是试图通过对不平等现状的反思从而寻找出最合理的文明形式,即合理的契约与法律。卢梭在其《爱弥儿》《论人类不平等的起源和基础》以及《社会契约论》等书中体现的"主权在民"思想也成为了法国大革命时期领导革命的重要思想之一。

不得不说,卢梭对于文明的批判在当时具有极其重要的革命性意义,也是人类社会的一大重要财富。而在现代文明的背景下,虽然在革命的作用下已经摆脱了18世纪的封建社会压迫的人们已经步入民主社会,但民主的社会制度建立却并没有完全实现卢梭在《社会契约论》中提到的阻止理性的异化,实现真正意义上的平等的契约自

① [法]卢梭.论人与人之间不平等的起因和基础[M].李平沤,译.北京:商务印书馆,2011:126.

由。归根结底,西方现代民主制度并没有完全达到卢梭的要求即政府完全服务于公民的集体意志,还存在很多不完善之处。争端、冲突仍然在上演,看似享受着平等的契约自由的人民之间的不平等却还在拉大。而卢梭所构建的理想社会能否完全实现还涉及平等与文明的二元冲突论。

一、 无知又孤独的自由——无法逃脱的自由终结

卢梭酷爱自由,在书中卢梭表达了其对自然状态下野蛮人的生活状态的向往。"野蛮人既然成天在森林中游荡,没有固定的工作,没有语言,居无定所,没有战争,彼此从不联系,既无害人之心,也不需要任何一个同类,甚至个人与个人之间也许从来都不互相认识,所以野蛮人是很少受欲念之累的。"[①]在卢梭的笔下,野蛮人孤身游荡,自给自足。在自然中孤独却满足地生活着,也没有多余的欲望。卢梭的描述表现出启蒙时代重视人的意义的鲜明特点。在他的笔下,自然早已为人类设计好了一切,思考反而是一种多余又愚蠢的行为。

自爱心与怜悯心是野蛮人共有的两个先于理性的天性。"只要他不抗拒怜悯心的内在的冲动,他就不会伤害其他的人,甚至不会伤害任何一个有知觉的生物,除非在他的生命受到威胁的时候,他才不得不先保全自己。"[②]在卢梭的描述中,野蛮人所表现出的温顺不好斗与霍布斯的观点产生了极强的冲突。但是卢梭的一切推论却也是建立在没有实际依据的推测之下。"我只能凭猜测来加以选择。但是,当这些猜测从事物本身的性质看来是极有可能,而且是发现真理的唯一途径时,它们就变成可靠的论据了。"[③]确实,我们无力去推测几十万年前的情况,但是卢梭虽然批判霍布斯的观点,却也几乎和霍布斯一样表现出了"整全思维",即过分极端且片面地肯定或否定人的某一天性。这种"整全思维"在当代社会认识到人的立体性之后显得极为不适用。卢梭对于自然状态下野蛮人行为的猜测更像是为自己的政治蓝图"铺线"。这种对于祖先的自由生活的幻想正能够作为被压迫被异化的人们追求平等和自由的重要依据。事

---

① [法]卢梭.论人与人之间不平等的起因和基础[M].李平沤,译.北京:商务印书馆,2011:85.

② 同①,44.

③ 同①,88.

实上,在法国大革命的过程中,基于卢梭提出的人类原初状态下的自由也是"主权在民"思想的重要基础。

卢梭在分析野蛮人的自由生活状态时,指明这种自由离不开野蛮人的孤独。在卢梭的眼中,自然赋予了野蛮人独立获得生存资料的能力。人与人之间的依赖才会带来对多余财富的向往,从而滋生私有制观念。"从一个人需要别人的帮助之时起,从他感到一个人拥有两个人的食物是大有好处之时起,人与人之间的平等就不存在了,私有财产的观念就开始形成。"[①]但是卢梭低估了在原始自然中野蛮人的生存困境,他的分析带有天然的乐观色彩和自身强烈的主观情绪。人与人之间如果完全不合作,仅仅凭借自身的力量要想在危险丛生的自然界存活是十分困难的。人与人之间的合作依赖不可避免,进化论决定了人类只有合作才能更好地生存。而财产占有超过自身所需的欲望一旦与他人合作便会产生。合作带来的福利也将激发人的欲念,从而终将指向对更多占有的渴望。那个圈起第一块土地的人也不过是私有制观念的牺牲者。卢梭笔下孤独无知的自由势必会消失在人类自我完善能力所带来的智力进步上。这种智力上的进步是决定人类迈向文明社会的重要因素。人类理性的思考为我们带来了更多的知识,摆脱了野蛮人的无知状态,但同时也为人类带来了诸多谬误,使人类在不平等不幸福的路上愈走愈远。

二、 不平等带来的堕落——理性的异化

人与人之间的不平等体现在生理和精神两个方面。生活在自然状态下的野蛮人之间最初只存在生理上的差距这种并不大的不平等。今天的我们知道,这种不平等来自基因,是造物主的杰作。这种不平等增进了基因多样性,表现了优胜劣汰的自然法则。而精神或政治上的不平等则伴随文明的萌芽而诞生。上文中我们已经指出野蛮人的自由无法避免终结的命运。而合作与依赖带来进步的同时也助力了在不同人比较之中优劣强弱意识的滋生。所谓"他人即地狱",一旦比较就有差异和不平等。

"人生而自由,却无往不在枷锁之中。"卢梭在《社会契约论》一书中提出的著名论

---

① [法]卢梭.论人与人之间不平等的起因和基础[M].李平沤,译.北京:商务印书馆,2011:99.

断被无数人引用。在这里的"枷锁"一般被认为是国家。事实上，也可以代指许多其他的因素。例如，卢梭在《爱弥儿》中指出的人的软弱。若不是因为人的力量不足，人与人之间不会联合，还生活在无知又孤独的自由中。卢梭指出"枷锁"的存在正是在为我们指示出寻求自由之路的方向。

原始社会不断发展，人与人之间的合作越来越多，家庭随之诞生，之后人又产生了最初的偏爱心、虚荣心和羞耻心等等。人与人之间的不平等由自然状态下差距并不大的生理性的不平等又增加了精神上的不平等。合作促进的社会分工也加剧了这种差距。正如马克思在《哲学的贫困：答蒲鲁东先生的"贫困的哲学"》中引用的亚当斯密的观点，人与人之间天赋的差距并不大，看上去担任不同社会分工的成年人之间所展示出的才能的差异看似是分工的原因，但其实更是分工的结果。无论是家庭还是族群，团体中的分工使得个人原有的天赋出现明显的指定性变化，分工的不同也影响了地位的变化。

卢梭认为所有的不平等最终还是要归结于财富的不平等。事实上，一旦比较就有差异。随着人与人之间活动区域的接近以及其他的偶然性因素，人与人之间的差异越来越显著。当第一块土地被圈起来之后，更是迎来了贫富差距被不断拉大。不只卢梭提出的冶金和农耕这两种技术推动变革，更准确地来说，是整个人类社会生产方式的大变革带来的生产资料的富足更进一步拉大了这一差距而进入文明社会之后自然的不平等更会因为人的受教育机会的不平等而呈现出加速的扩大。可以说不平等的进程从开始之后就一直走在不断加剧的过程中，并未在人类的哪段历史中呈现出明显且持续缩小的趋势。

反映到卢梭所在的 18 世纪，资本主义的原始积累已经基本完成，大资产阶级与普通工人之间的财富差异和地位差异上升到处于被压迫地位的人们不得不反抗的地步。"被败坏了的可怜的人类，既无法返回原先的道路，又舍不得放弃已经到手的不义之财"[①]，财富地位不平等带来的严重社会冲突之下，卢梭极具前瞻性地看到了问题的本质在于社会制度本身。他反思了人类在自然状态下的生活状态（尽管多半是基于猜想），指出了人类在进入文明社会之后这种理性异化带来的不平等的加剧需要一种正确的社会制度来扭转，并提出了解决的途径。

---

① ［法］卢梭. 论人与人之间不平等的起因和基础［M］. 李平沤，译. 北京：商务印书馆，2011：104.

在经历了法律将私有制和财产不平等合法化的第一个阶段之后，行政官出现并进一步地维护了私有制。当合法的权力转变为专制的权力之后，不平等现象到达顶点。卢梭极力批判某些认为具有天生的奴隶和弱者的观点。但是无论是在卢梭生活的时代还是在现代，穷人与富人、强者与弱者的认同甚至形成了一种具有欺骗性质的社会文化，如所谓的"贫穷文化"和强者对于弱者的默认的合理性打压。当这种差距演变成主人与奴隶的关系时，即使在身处十八世纪的卢梭看来，世界也正在呼唤一种新的社会。①

三、 社会契约——拯救理性的异化

　　在私有财产出现之后，人与人之间的贫富差距开始逐渐拉大，争斗冲突也层出不穷。按照卢梭的观点，富人为了避免争斗保护自己的私有财产，而与其他人签订了契约，将原来的敌人变成自己财产的保卫者。卢梭这种说法有点阴谋论的味道，这种约定的存在尽管在卢梭看来野蛮并且有点狡诈，但也不该如此地具有戏剧性。我更倾向于《理想国》中格劳孔所说的，激烈的争斗导致各方不胜其害，从而都愿意达成一种妥协，寻求某种平衡。无论达成这种"穷人的枷锁"——国家的雏形是如何形成的，最终都进一步推动了不平等的社会进程。

　　依照正确的社会契约论，契约的条件只对一方有利是不实际的，偏偏在文明社会的发展中，走向专制的政府都多少扭曲了平等契约。契约与法律本是集体意志的结晶，但是当少数有权势的人扭曲契约，抹杀集体意识，利用契约为自己谋利时，不平等的现象非但没有消减，反而加剧并且得到了稳固。"社会和法律就是这样或应当是这样起源的。它们给弱者戴上了新的镣铐，使富人获得了新的权力。"②

　　卢梭在《社会契约论》一书中明确地表达了自己理想中正确的社会制度。他否认合法的政治权威——"既然任何人都不拥有对其同类的自然权力，且武力并不能产生任何权力，那么只有契约才可能成为人与人之间所有合法权力的基础。"③在卢梭笔

---

① 杨国庆，张津梁. 自然状态与公民道德——卢梭社会理论的双重指向[J]. 社会理论与社会建设，2015，17(4).
② ［法］卢梭. 论人与人之间不平等的起因和基础[M]. 李平沤，译. 北京：商务印书馆，2011：107.
③ ［法］卢梭. 社会契约论[M]. 黄小彦，译. 南京：译林出版社，2014.

下，理想政府中有三个主体：一是主权者代表着公共意志，二是行政部门执行集体意志，最后是形成集体意识的公民。公民放弃了个人的自由换来的是属于集体的平等的契约自由。卢梭的契约论中，个人自愿置于普遍意志的领导之下，并为之服务。每个人付出的代价相同，得到的自由权利也相同，在这种社会中，每个独立的主体没有明显的区分，享受着相等的福利。可是这种福利与之前不同主体享有的权利具有相对的不平衡甚至是严重的落差，这就为卢梭笔下的理想社会埋下了巨大的隐患。

契约论的发展过程中，霍布斯、洛克、卢梭分别站在生命权、财产权、自由权的角度论述了资产阶级专政的必要性，都认为国家是人民订立契约的产物，以提出"主权在民"思想对抗封建王朝的"君权神授"，争取民主社会的到来。

四、 结语： 现代文明的反思——平等与文明的出路

卢梭认为不平等的起源来自哪里呢？简要精炼地概括起来就是文明。卢梭深知人类不可能倒退到自然状态中，虽然他对人的自然自由显出极大的向往。在他的几大著作中都致力于勾画一个理想的社会制度的蓝图——"它用道德和法律的平等替代了自然所赋予的人与人之间身体上的不平等，从而尽管他们可能在力量和天赋方面存在不平等，但是根据契约和权利，他们人人平等"[①]在十八世纪启蒙时代，卢梭等思想家的理念可以说极具前瞻性和超越性，但是放在现代文明的背景下还是显得单薄和过于理想化。

现代文明将平等自由视为人类社会的终极目标和人的应有权利。文明诞生自对平等的追求之中，但是在文明的建设之中却很难保证绝对平等。文明社会是合作的社会，人人有彼此的分工注定了社会差异和等级的存在。文明与平等之间存在的紧张关系决定了二者的不可共存。在继续发展的文明与纯粹的平等之间，人类必须做出选择。这就几乎从根本上否定了卢梭所提出的终极平等且自由的社会。

但是二者之间也不是单纯的对立关系。事实上，对于平等的追求激发了人类的不断探索，促进了文明的发展和完善。文明的进步在满足了人类的物质需求的同时，也

---

① ［法］卢梭. 社会契约论［M］. 黄小彦，译. 南京：译林出版社，2014.

为人们对于不平等的斗争做了更充足的其他方面的支援。文明的进步带来思想的繁荣和一种博弈。即社会上不同人群之间差距的拉大所进一步带来的对平等社会追求的探索和不平等现状之间的博弈。① 而这种博弈从历史的角度来看对于人类社会的进步大有裨益并且具有极其重要的价值。

"人民需要首领,为了保护自由。"卢梭的观点过于局限在人的自由,文明社会构成中其他的很多因素都被他放在了次要的位置。当然这与他生活的时代背景脱离不开。在极端的压迫之下自由与平等被自然地推到更高的地位。《论人类不平等的起源和基础》一书是推动 18 世纪欧洲革命乃至后来诸多革命的思想武器,固然有卢梭自身强烈的主观情绪存在,且在现代文明的视角下也存在思想上的局限性,但不可否认的是它在思想上的进步性和革命意义,其对推进现代民主建设也有着一定的借鉴作用。

(作者学校 华东师范大学)

---

① 何怀宏. 平等与文明——重温卢梭《论人类不平等的起源和基础》[J]. 山西师大学报(社会科学版),2020(1):20—26.

刑罚是易感触的力量
——读《论犯罪与刑罚》有感

方彦博

　　"《论犯罪与刑罚》这本小书具有宝贵的精神价值,好似服用少许就足以缓解病痛的良药一样。当我阅读他时真感到解渴,我由此相信:这样的一部著作必定能清除在众多国家的法学理论中依然残存的野蛮内容。"法国启蒙思想家伏尔泰如是说。贝卡利亚,当之无愧的"刑法学之父",生活于 18 世纪封建蒙昧的意大利,此时的世俗社会正受到封建君主和宗教教会的双重压迫。法律是宗教和君主控制的,用于禁锢人们思想,限制人们行动自由和言论自由的工具;与恐吓的目的相对应,其刑罚手段也是残忍至极,火刑、轮刑等残忍的死刑执行方式层出不穷,公开行刑更是成为在公众面前的一种杀鸡儆猴式的表演。

　　贝卡利亚在《论犯罪与刑罚》一书中驳斥了这种旧形式制度的蒙昧本质,指出这是非人道的。他首先肯定了刑罚出现的必要性,即"任何雄辩,任何说教,任何不那么卓越的真理,都不足以长久的约束活生生的物质刺激所诱发的欲望",同时也对刑罚做出限制使其有别于 18 世纪的滥刑和重刑主义,他认为"易感触的力量就是对触犯法律者所规定的刑罚",而"人对人行使权力的任何行为,如果超越了绝对必要性,就是暴虐的"。所谓"易感触的力量",在我看来,包含两个方面的内容,一是刑罚本身是具体可感触的,符合罪刑法定的原则;二是刑罚带来的效果能够震慑其他潜在的犯罪者使其放弃犯罪,即预防犯罪,正如贝卡利亚所言"预防犯罪比惩罚犯罪更高明,这乃是一切优秀立法的主要目的"。贝卡利亚还在书中依据人性论和功利主义的哲学观点分析了犯罪与刑罚的基本特征,明确提出了后来为现代刑法制度奠基的三大原则:罪刑法定原则、罪刑相适应原则和刑罚人道化原则。这些原则今日虽耳熟能详,但当他们出现在一本 18 世纪的文章中时,仍然使我感到惊叹。

贝卡利亚是一位坚定的社会契约论者,在《论犯罪与刑罚》一书当中,他也不断强调法律就是社会契约,认为社会的各个成员都受到以法律为代表的社会约束,而社会约束的本质就是通过一项互尽义务的契约将各个社会成员联系在一起。他基于社会契约论提出:"人们为了享受自由才割让出自己的一部分自由,人们割让出的自由的综合,组成国家最高权力。每个人都希望交给公共保存的那份自由尽量少些,只要足以让别人保护自己就行了,正是这一份份最少量的自由的结晶形成刑罚权,一切额外的东西都是擅权,而不是公正,是杜撰而不是权利。"贝卡利亚从社会契约论的视角为法律和刑罚做了合法性论证,指出法律和刑罚的根源仍然是公民对自身权利向政府国家这个社会集体的让渡和授予。因此"法无明文规定不为罪,法无明文规定不处刑"的罪刑法定原则成为国家行使刑罚权时应当遵守的准则。

贝卡利亚作为"刑法学之父",首次提出了所谓"刑罚阶梯"的理念,可以看作是近代罪责刑相适应原则的起源。刑罚不再是根据立法者和司法者本身的喜好所制定的,而是加入了对于社会公共利益损害的情节考量,并以此量刑。在贝卡利亚看来,违背罪刑阶梯的法律将会带来灾难性的后果。犯罪带来越大的利益,人们从事犯罪的驱动力也越强,相应的也需要更加强有力的刑罚提供威慑力,使人们放弃可能的越轨行为,这是贝卡利亚罪刑阶梯的前提。贝卡利亚曾设想"人们能找到由一系列越轨行为所构成的阶梯,它的最高一级就是那些直接毁灭社会的行为,最低一级就是对于作为社会成员的个人所可能犯下的、最轻微的非正义行为。在这两极之间,包括了所有侵害公共利益的,我们称之为犯罪的行为,这些行为都沿着这无形的阶梯,从高到低排列。赏罚上的分配不当就会引起导致刑罚的对象正是它自己造成的犯罪"。

如何理解"赏罚上的分配不当就会引起刑罚的对象正是它自己造成的犯罪"是初次阅读本书时我的一个困惑。现在看来,我对这一句话产生了两种理解。第一种理解更加侧重赏罚不当的结果,即赏罚不当使社会成员失去了对自己行为的合理预期,其结果就是难以发挥刑罚预防犯罪的作用,反而造成了犯罪的横行,以至于"刑罚的对象正是它自己造成的犯罪";第二种理解则是从刑罚本身所具有的"恶"的性质来看,耶林语"刑罚如两刃之剑,用之不当,则国家与个人两受其害",刑罚本身是必要的恶,但刑罚超出必要限度,刑罚就失去了正当性,本身就应当受到制裁,即"刑罚的对象正是它自己造成的犯罪"。虽然理解的角度不同，但是最终都回归于合理化刑罚，罪责刑相统一的出发点上，本质上是对国家发动刑罚的一种限制，是对公权力的限制，批驳了当时仍在欧洲大陆盛行的滥刑主义和重刑主义。贝卡利亚的罪刑阶梯原理，也为后来的刑法提供了强大的理论支撑。

面对18世纪欧洲的重刑主义，贝卡利亚意识到残忍的刑罚对于保障社会公众的利益并无益处，反而是加剧了司法权任意侵害公民人身财产和自由的可能。贝卡利亚从此开始呼吁刑罚的谦抑性，提倡刑罚的宽和。他坚持认为："刑罚只是社会防卫的必要手段，只要刑罚的恶果大于犯罪所带来的好处，刑罚就可以收到它的效果。这种大于好处的恶果中应该包含的，一是刑罚的坚定性，二是犯罪既得利益的丧失。除此以外的一切都是多余的，因而也就是暴虐的。"

贝卡利亚所秉持的刑罚人道化与他的犯罪预防理论有千丝万缕的联系，他认为"预防犯罪比惩罚犯罪更高明，这乃是一切优秀立法的主要目的"。因此，他认为一切惩罚犯罪的刑罚是为了防止罪犯再重新侵害社会公共利益和公民，并且规诫其他人不要重蹈覆辙。残忍的刑罚除了会使罪犯为了逃脱惩罚而犯下更多的罪行，还会使刑罚与犯罪之间实质的联系遭到破坏，无论多么殚精竭虑地翻新刑罚的花样，刑罚仍然逃脱不了人类感官的限度，一旦到达这个极点，面对更加凶残和有害的犯罪，人们就找不出更重的刑罚作为相应的预防手段。贝卡利亚主张刑罚应当保持宽和、人道，以达到预防犯罪的目的。同时，贝卡利亚也反对滥用耻辱刑。这与现代刑罚观念中的刑罚人道化理念是一脉相承的。

贝卡利亚反对严酷的刑罚，自然，对直接剥夺公民生命权的死刑也持否定态度。他认为，只有两种理由才能把处死一个公民看作是必要的。一是某人在剥夺自由之后仍然有某种联系和某种力量影响着这个国家的安全，或者他的存在可能会在既定的政府体制中引起危险的动乱；二是当一个国家正在恢复自由的时候，或者当一个国家的自由已经消失或者陷入无政府状态的时候，混乱取代了法律，因而处死某些公民显得有必要了。

贝卡利亚认为死刑破坏了社会契约，是"一个国家和一个公民之间的战争"，他的这个观点可从以下四个方面进行阐述。首先，贝卡利亚基于社会契约论认为君权和法律是一份份少量私人自由的总和，它们代表作为个人利益共同体的普遍意志，但没有人会将自己的生杀大权让渡给整个集体，因此不能基于君权和法律剥夺任意一个社会成员的生命。其次,贝卡利亚基于犯罪预防理论认为,对人类心灵发生较大影响的,不是刑罚的强烈性,而是刑罚的延续性。因此,贝卡利亚主张适用终身苦役刑。再者,死刑给人们提供残酷的榜样,会毒化人们的心灵。"体现公共意志的法律憎恶并惩罚谋杀行为,而自己却在做这种事情:它阻止公民去做杀人犯,却安排一个公共的杀人者,我认为是一种荒谬的现象"。最后,死刑会引起人们对犯罪者的怜悯和同情,而且一旦发生适用错误则无法挽回。贝卡利亚的主张一言以蔽之,即在公正法治的社会中彻底废除死刑。

死刑的存废问题是贝卡利亚留给后世的一个值得讨论的问题。贝卡利亚废除死刑的基础是他所秉持的社会契约论,表现出贝卡利亚对于孟德斯鸠和霍布斯的尊崇。贝卡利亚的社会契约论与卢梭的社会契约论有所不同,贝卡利亚的社会契约论主张让渡部分自由是为了保护剩余的自由,即个人仅向国家让渡最低限度的自由和权利形成国家权力。卢梭则是主张人们让渡所有自由以达到"自然状态"向"文明状态"的转化。因此,若是由卢梭的社会契约论来理解贝卡利亚的观点,不可避免地会产生矛盾。

站在当代中国社会的视角来看,死刑仍然有其存在的必要性,主要体现在以下三个方面。首先,反思贝卡利亚的理论,贝卡利亚反对报应主义,认为报应主义是感性和野蛮的,刑罚的目的还是预防犯罪。但过度地反对报应主义、忽视报应的预防很可能导致国家刑罚权的滥用,乃至对没有犯罪行为的犯罪者实行"特殊预防",这显然违反了"罪刑法定"的原则。而报应主义可以满足人们朴素的法感情,可以假想,在国家废除死刑后,面对严重的犯罪行为,在国家无法通过刑罚来满足人们要求报复的心理的时候,私力救济就会大行其道。私力救济的泛滥无疑是对国家基础法律体系和社会运行的巨大挑战。正确的方法仍然是在报应的基础上考虑预防,所以死刑还是有存在的必要性。其次,死刑也体现了对生命的尊重,当一个人犯下了严重的罪行,唯一可以补偿的就是自己的生命。无论是对犯罪人或者是被害人而言,都是对他们生命的一种尊重。黑格尔曾说:"犯罪行为不是最初的东西、肯定的东西,刑罚是作为否定加于它的,相反的,它是否定的东西,所以刑罚不过是否定的否定。"犯罪分子用犯罪行为对国家法律表示否定,而法是不容许否定的,故国家运用死刑对犯罪分子严重违反法律的行为加以否定,即"否定的否定"。这被黑格尔称为"自在的正义",在否定之否定中,受害者的生命及其权利受到尊重;犯罪分子也借此得到了国家对其自身理性的尊重。最后,中国社会正处于千年未有之大变局之中,社会转型期间也是各种违法犯罪活动的高发期,死刑的保留对中国进入风险社会的现状具有现实的震慑作用和现实意义。

但我们也要看到,死刑的废除是未来发展的趋势,世界大部分国家已经取消了死刑或者在事实上废除了死刑,这也是实践贝卡利亚刑罚人道化的显著表现。当代中国在仍然需要死刑的基础上,应当坚持死刑执行的审慎化,在执行方式的选择上多选择适用缓刑。司法机关在审判时应当坚持少杀、慎杀的方针,坚持刑罚的人道化。

贝卡利亚的这一部书,奠定了其作为"刑法学之父"的地位,其书中阐述的很多概念、理论在今天仍然具有极大的实践价值。也许我们今天还是没有任何一部刑法能够完全满足那个贝卡利亚对于法治社会的设想,但是我们正在一步步地向着那个看似遥不可及的目标坚定地前进着。"对于一切事物,尤其是最艰难的事物,人们不应期望播种与收获同时进行,为了使他们逐渐成熟,必须有一个培育的过程。"我愿以培根的这段话作结,即使平凡如我们每一个人,只要心中还有对正义、公平的渴求,我们就在孕育我们心里那一个理想的世界。

(作者学校　华东师范大学)

评列文森《儒教中国及其现代命运》①

何映辉

一、作品内容

《儒教中国及其现代命运》讨论的是近代以来儒教对于中国的影响及其在现代走向衰落的过程。书中所述的这种颓势可以概括为儒教在中国话语中从"普遍的"到"中国的"再到"阶级的""历史的"的变化过程。

全书分为三卷，第一卷讨论儒家思想在近代中国的传承性问题，作者首先指出儒家思想忽视科学、反专业化的特点与西方冲击下近代中国维护自身的现实需要相矛盾，由此集中分析了近代以来中国人维护传统或在传统与"西学"之间取得折衷的种种努力与尝试，在此期间，对儒家思想的定位从"普遍的"逐渐变为"中国的"；书的第二卷讨论儒教中国君主制衰亡的问题，作者围绕儒教与官僚、君主的关系，分析了官僚士大夫与皇权之间相互制约的关系及其带来的活力，并指出太平天国的拜上帝会对这种紧张关系的消解作用使得儒教与君主制双双衰落，这一卷展示了儒教在中国"阶级的"的运作特征；书的第三卷讨论儒教在现代中国的命运与历史意义问题，作者认为，儒教指为"阶级的"，并将其安置于"历史的"的位置，取得了一条折衷的道路，也使儒教在退出历史舞台的同时永远进入历史，成为被架空现实文化作用的历史展品。

---

① ［美］约瑟夫·列文森.儒教中国及其现代命运［M］.郑大华,任菁,译.桂林：广西师范大学出版社,2009.

纵观全书,在列文森看来,儒教被认为是"中国的",是西方冲击近代中国的结果,而其转向"历史的"则是西方冲击下中国寻求共产主义、发展共产主义的结果。虽然占据的仍是 19 世纪以来西方史学家主流的"西方中心"的分析立场,但列文森对于儒教中国至共产主义中国的思想史与社会史的特质及其关联的把握是敏锐的、细致的和富有洞见的。

二、 作品价值

《儒教中国及其现代命运》不仅是列文森本人最重要的学术著作,也是美国中国学研究中公认的中国近代思想史研究巨著。虽然列文森并未对在他以前的相关研究作一概述,但在书中仍可看到韦伯和费正清对他的影响:韦伯在《中国的宗教:儒教与道教》中论述了儒教对专家精神的排斥与儒家士人阶层的身份性格特征,在《新教伦理与资本主义精神》中将理性主义与现代资本主义精神等同起来,认为中国缺少这种精神;费正清在《美国与中国》一书中提出儒家思想是官僚的思想意识、儒家倡导对人生的研究而忽视对科学的观察等观点。二人的论述在列文森笔下得到了进一步的发挥,其中尤有三处最富新意:一是将明代和清初士大夫的南宗审美倾向与其本质的反职业化倾向联系在一起,指出"业余精神"对儒家知识分子的深刻影响;二是指出"磕头礼"对于儒家官僚与君主的双向制约,借此进一步说明二者间充满张力的关系;三是用"博物馆"作比喻,说明儒教在现代中国的命运,借此论述共产主义中国在现代化过程中对儒教采取的策略。这三处分布在全书的三卷中,对于每卷的论述都起到了组成和"点睛"的作用。

研究角度上,列文森在保有韦伯与费正清西方冲击的外部视角的同时,还着重从内部分析了中国知识分子从传统思想走向现代化的复杂的考量过程。书中围绕这一思路的具体论述是开创性的,也是深入的。列文森展现了他独到的观察,如:他分析了中国历史上"经"如何从典则变为历史资料;中国的现代化历程中"国家"怎样逐渐取代"文化"成为人们关切的第一对象;"中国"的所指如何从"天下"变为"国";民族主义兴起后,传统怎样从"被信仰的"转变为"依赖于保护的";中国人反对基督教的原因如何从反对其非中国传统变为反对其非现代性,这与儒教的命运如何对照;以及知识分子在儒教中国与现代中国作用的"目的"与"手段"之辩等问题。对这些问题的清楚分析离不开列文森对一系列概念的细致辨识。

除了内容的开创性价值,列文森写作史学著作的笔法也非常新颖。虽说是学术著作,他的表达却具有十足的文人气息,尤其体现在书中多处文学性的引喻与隐喻之中,如在论述英国为维持在中利益采用的策略前,先以凯撒利用私人放火队与救火队巩固统治的传说作为引子;又如在论述儒教与君主制的基本对立时,引用尼采《偶像的黄昏》中的句子("几乎每一个政党都懂得:为了自我生存,就不应使反对党失去所有的力量")作为题记。文人的浪漫情调在全书末尾更是得到了集中体现:他以哈斯蒂姆的寓言作总结,寓言中的这句话成为全书的结尾:"我们不能点火,不能祷告,我们不知道丛林中的那个地方,但我们知道这项任务是怎样完成的。"通过有文学色彩的笔触,列文森不仅沟通了西方经验与中国历史,揭示出世界历史经验的共通之处,还使作品比一般史学著作更富诗的美感与吸引力,使语言中的意蕴更加丰富、传达了更多只可意会而难以言传的信息。

三、 资料选择与使用

在全书的论证过程中,列文森使用了中国自明末清初到新中国建国以前的许多原始材料,以及新中国成立以后直到此书成书以前在中国本土有影响力的历史著作和文章,这些资料有从中国思想史、社会史等宏观层面进行讨论的,也有就个人对中国某一现实问题的看法进行阐发的;有顾炎武的思想著作、太平天国颁布的"诏书"、毛泽东的政论文章,也有 1962 年中国学者发表在《光明日报》上的论说。出于借中国绘画的特征论证中国思想倾向的偏好,列文森还大量使用了中国绘画领域的文献,包括绘画史、画家评传、书画集、画跋、绘画理论等。由此可见,列文森选用的资料覆盖范围很广。

然而,书中对于资料的使用却有两处较为明显的错误。一处在书的第 83 页,列文森在解释顾炎武的"欲行其道者,心存于天下国家"这句话时,认为说的是"使国家成为天下"。查其原因,可能是英语表述方式引发的误读(英语中这句话如是表述:"The desire to work out the Way manifests itself in making t' ien-hsia of kuo-chia"①)。实际

---

① Joseph R. Levenson. Confucian China and its Modern Fate: A Trilogy [M]. Berkeley and Los Angeles, California: University of California Press, 1968.

上，就汉语习惯理解，"天下国家"与原文后面一句中"伤人害物"的结构是一样的，二者的并列与中国古人将"天下"与"国家"对等的思维习惯相关，这一段话中并无"使国家成为天下"的意思。所以列文森此处用这则材料进行的论证就不成立了。

另一处对材料的错误处理在于列文森对宋代理学的误读，他将宋儒提出的"格物致知"等同于道家的"清静无为"①，由此引发了模糊与混乱。他说："儒家圣人似的无为理想也是一种神话，因为君主不可能清静无为，隐世修身。"②认为儒家希望君主无为，而君主做不到这一点。紧接着下一段却自相矛盾，说："儒家所以贬低帝王的德行，是因为帝王明显地没有履行他作为天命的握有者的象征性责任。并且这种贬低可以被正确地认为是对清静无为的一种控告——清静无为被公开标明是道家的，因此成了儒家非难的适当对象。"③认为儒家希望君主无为，而又指出儒家反对这一点，这种矛盾是列文森将"格物致知"等同于"清静无为"，又不能解释这种理解与儒家入世有为的传统之间的龃龉造成的。其实，"格物致知"之"格物"，正是要探求事物原理，并不是无为；"致知"也是指在心中获得智慧与感悟；宋儒求的"理"是封建等级秩序与人的伦理道德。这些都与道家心灵虚静、关注自然的主张有所区别。

四、 论证中的问题

（一）忽略儒教中国与儒家传统的区分

除细节上有几处对材料的误用以外，从整体论证来看，全书对于"儒教中国及其现代命运"这个话题的讨论似乎偏重于并列结构中的后者，对于"儒教中国"则也有些讨论不足。列文森介绍"儒教中国"，注意到了儒教与基督教的对照，却未将其放在中国的宗教序列里，与中国本土化的佛教、本土的道教进行比较，以此为"儒教中国"的提法定位。

英文原题的"Confucian"，只从字面上看可指"儒家的"，也可指"儒教的"，由书的内容可知作者讨论的是作为宗教的儒教。不过问题不在于标题的多义性，而在于作者在

---

①②③ ［美］约瑟夫·列文森. 儒教中国及其现代命运［M］. 郑大华，任菁，译. 桂林：广西师范大学出版社，2009：194，216.

论证中未能对儒家传统与儒教中国作出区分。如学者杜维明所说，"儒家传统和儒教中国是既不属于同一类型的历史现象，又不属于同一层次的价值系统。"①，而儒家传统"不仅是中华民族文化认同的基础"，也是"东亚文明的体现""这个传统，既成为中国学术思想的主流和中国知识分子的共信，又通过各种渠道渗入民族文化的各个阶层。"②本书序的作者郑家栋在评述这本书时，也发现了列文森界定不清的问题，他提出了自己的见解："儒家传统与儒教中国的区分，在于强调儒家传统具有历久常新的恒常价值，它不会伴随着儒教中国的解体而消亡。"③故而，当列文森以"博物馆"比喻儒教中国的现代处境时，将儒家思想的处境也作此观，就将问题简单化了。作为中华民族文化认同的基础，即使在现代，儒家思想也始终深刻地影响着中国人，无论对它接受、排斥还是不置褒贬，儒家思想从未退出过中国人的心灵。中国的语言仍是为数千年的儒家传统所塑造的语言，而不是像列文森所认为的那样，19世纪以后西方的全面入侵对于原有中国社会的颠覆达到了相当的程度而改变了中国的"语言"本身。

（二）"西方中心观"下的"自我"与"他者"

列文森偏颇的根由还在于他没有对"冲击—回应"模式进行真正的突破。他在展开论证以前已经断定没有以工业化为背景的西方势力的入侵，中国社会就不会独立实现以科学理性为其内在精神的"近代化"转变④；他相信西方现代性文化的普遍性和先进性，相信西方历史在"现代化"标志下的发展对非西方世界无法抗拒的影响。他从"西方中心"出发，儒教中国便成为"他者"，所以他会武断地得出一些未经论证的结论，如"一个赞赏中国的传统成就的欧洲人仍然是一个具有世界主义兴趣的欧洲人……而一个赞赏西方成就的中国人则有可能超越世界主义和综合型人的阶段，成为一个西方的叛依者"⑤；又如"西方科学的稳步发展已为评价中国传统思想提供了新的标准"⑥。这是一种强权决定话语权的思维模式。当一种重实用的、专业化的价值取代传统中国非职业化的价值时，列文森认为中国是采用了西方的价值，并且这种价值天然是新的、进步的。但是，如何能论证一种重实用的价值取向高于一种重审美的价值取向呢？

---

①② 杜维明. 儒学第三期发展的前景问题——大陆讲学、问难和讨论[M]. 台北：联经出版事业公司，1989：298.
③ 郑家栋，曹跃明. 传统的挽歌及其误区——从列文森的《儒教中国及其现代命运》谈起[J]. 哲学动态，1992(1)：21—23.
④⑤⑥ [美]约瑟夫·列文森. 儒教中国及其现代命运[M]. 郑大华，任菁，译. 桂林：广西师范大学出版社，2009：138.

五、 思考

虽然在资料使用与论证中有几处问题，全书庞大的信息量及列文森深入细致的观察、分析仍给人以无尽的思考。

列文森在书中对于中国的贫弱直接导致儒教地位动摇的现象敏锐地发问道：为什么中国的贫弱就应该损害儒教呢？要知道其他宗教并没有因为他们的民族未能使国家富强而取消。

对于这一问题，由于列文森未作术语上的区分，我认为仍应先把儒教中国与儒家思想分开探讨。"儒教中国"可以理解为"以政治化的儒家伦理为主导思想的中国传统封建社会的意识形态，及其在现代文化中各种曲折的表现"①。"儒教"比起西方意义上的宗教，更有政治上的本体意味，即在谈论"中国的贫弱"时，这一中国首先是"儒教的"，"儒教"成为其最大的特征和内在组成部分。因而不是"中国的贫弱"损害儒教，而是"贫弱"损害了儒教的中国，故而损害了儒教。与其他宗教相比，儒教作为一国官方正统思想的历史更加长久。此外，它不修来世，而是高度关注人此生的社会生活。因而正如基督教、佛教等宗教要为人的来世幸福作出解释，儒教就要为人的现世社会生活作出解释。

列文森认为中国的一些知识分子视儒教为国性，这剥夺了儒教的绝对价值而使它变为历史相对主义世界中的一个价值复合体。他的论证是合乎逻辑的，但中国知识分子"视儒教为国性"的做法也有其可以理解之处，不过不是从儒教，而是从儒教所依凭的儒家思想进行理解。如列文森所观察到的，"只有儒家学说才是普遍的学说……儒家学说具有无比宝贵的中庸特性。其内容既涉及政治领域（如法家学说），又涉及文化领域（如道家学说）。儒家学说和法家学说一道在官僚制度与君主制度的关系方面，塑造了中国的政治；儒家学说又和道家学说（后来还有佛教）一道塑造了中国的文化。"②343 儒家思想以中庸为处世之道，这种折衷的思想使其在漫长的历史发展中有着强大的吸引力与包容性，能够调和中国各思想派别，因而不会轻易受到其他思想的动

---

① 杜维明. 儒学第三期发展的前景问题——大陆讲学、问难和讨论[M]. 台北：联经出版事业公司，1989：296.
② ［美］约瑟夫·列文森. 儒教中国及其现代命运[M]. 郑大华，任菁，译. 桂林：广西师范大学出版社，2009：343.

摇，地位稳固，是中华民族文化认同的基础。在这个意义上，说以儒家思想为主导思想的儒教是中国的国性在经验上是可以理解的。由此再回到最初的问题，中国的贫弱为何损害儒家思想呢？因为儒家学说和法家学说服务于官僚制度与君主制度，共同塑造了中国的社会政治，所以中国社会的贫、中国政治的弱就难免从它们的影响上找原因了。但是"其他宗教并没有因为他们的民族未能使国家富强而取消"这一比照并无意义。对于儒教与儒家思想来说，它们都并非严格西方意义上的宗教。尤其对于儒家思想来说，它从未因民族危机、国家贫弱而被彻底取消过，反而持续为维系"中华民族"这一共同体发挥效力。它早已内化为"中国"的所指的必要组成部分。

（作者学校　苏州大学）

理性时代的历史哲学
——读康德《历史理性批判文集》

井德宇

一、《历史理性批判文集》其书及主要文章内容提要

《历史理性批判文集》[①]并不是康德的某一本著作,而是何兆武先生编译的康德历史哲学领域的论文集。虽然这本论文集不像康德的主要著作那样,有一个整体性的规划,但是各部分内容之间仍然具有紧密的逻辑联系,这既体现了编者的智慧,也表明康德的历史哲学并不是一个杂乱无章的体系。在这本论文集中,何兆武先生一共收录了康德1784—1797年间的8篇论文,其中最重要的是《世界公民观点之下的普遍历史观念》《答复这个问题:"什么是启蒙运动?"》《人类历史起源臆测》和《永久和平论》这4篇,[②]其中《世界公民观点之下的普遍历史概观念》一般被视为康德历史哲学的总纲。台湾学者李明辉在《康德历史哲学论文集》[③]也收录了康德这8篇论文,只是个别篇目在全书中的顺序不同,这或许和他们对康德历史哲学的不同理解有关。李秋零编译的《康德历史哲学文集》[④]以及剑桥版的《康德政治著作集》[⑤]在收录篇目上与何兆武、李

---

① [德]伊曼纽尔·康德. 历史理性批判文集[M]. 何兆武,译. 北京:商务印书馆,1996.
② 这些篇目的中译名在不同版本中略有不同,本文统一使用何兆武的译法。
③ [德]伊曼纽尔·康德. 康德历史哲学论文集[M]. 李明辉,译. 台北:联经出版社,2013.
④ [德]伊曼纽尔·康德. 康德历史哲学文集[M]. 李秋零,译. 北京:中国人民大学出版社,2016.
⑤ Kant. Political Writings [M]. Hans Siegbert Reiss, ed. Cambridge:Cambridge University Press,1991.

明辉略有不同,但是在主要篇目上则没有区别。

《世界公民观点之下的普遍历史概观念》一文作为康德历史哲学的总纲,尝试站在一个完善了的个体——世界公民的立场上对人类历史作出一个先天规定,通过一系列命题论述了历史的起源与目标,并在最根本上触及了自由与必然的辩证关系。康德希望在人类理性的立场上,通过人类的合目的的追求将必然和自由统一起来。在康德看来,意志的显像,即现实的人类活动是符合必然性法则的,人类的自由从最根本上说则属于自由意志即物自体领域。但是就人类历史进程的整体来看,这必然领域的历史又以一种倾向与来自自由领域的合乎目的的历史目标所暗合。在《人类历史起源臆测》中,康德化用基督教神话,从理性设想的角度论述了人类作为有理性的动物,是如何走出野蛮状态,走向历史的开端的。用康德的话来说,"人类之脱离这座被理性所描绘成是他那物种的最初居留的天堂,并非什么别的,只不过是从单纯动物的野蛮状态过渡到人道状态,从本能的摇篮过渡到理性的指导而已——总之一句话,就是从大自然的保护制过渡到自由状态。"①《永久和平论》描述了康德设想的世界公民社会的未来远景,为这一人类历史的理想状态设定了一些原则,并为这一状态的实现提出了一些路径上的设想。在这里,康德的世界公民社会分有两个层次上的含义,首先在个人层面,世界公民社会意味着个人在"世界公民法权"保障之下的彼此友好状态,其次在人类整体层面,世界公民社会主要意味着一个以共和国为成员的永久和平的世界公民体制。《答复这个问题:"什么是启蒙运动?"》阐述了两方面的内容:一方面是康德对当时代热点问题的一个思考与回应,作为启蒙思想家自己对启蒙运动的认识,对于我们今天了解和研究启蒙运动有重大价值;另一方面,这篇文章标志着在康德时代人类已经进入了一种历史自觉的状态,对于人类历史的未来,不再呈现出一种蒙昧状态,而是希望通过自觉地努力参与到历史的创造中去。康德认识到人类只有通过理性运用的渐进积累才能真正通过理性而改造人类自身,从而改造人类社会。但是鉴于个体人类生命的有限性以及理性自身的有限性,"它就也许需要一个难以估量的世代序列,其每一个世代都把自己的启蒙传给别的世代,以便最终把它在我们的类中的胚芽推进到完全适合于它的意图的那个发展阶段"②,而人类以类的延续性从自然状态到世界公民社会的渐进过程,就是康德思想视野中的历史。

---

① [德]伊曼纽尔·康德. 历史理性批判文集[M]. 何兆武,译,北京:商务印书馆,1996:67.
② 李秋零. 康德著作全集:第8卷. 北京:中国人民大学出版社,2010:26.

二、 历史理性批判作为康德的第四批判?

在通常观点下,康德的思想体系主要是由他的三大批判组成的,简单来说这三大批判对应着康德对人类在知、情、意方面的先天能力的考察。^① 在这种观点下,康德的思想被认为是以认识论为中心的、脱离具体历史语境的先验学说。随着对康德思想研究范围的扩大与理解的深入,有学者认为其实还存在着康德的第四批判,并将康德一些论及历史问题的文章合称"历史理性批判"^②。当然也有很多学者对此持反对态度,他们认为康德并没有真正涉足过历史领域,克罗齐就认为:"康德没有感觉或理解历史。"^③李秋零在对康德的思想体系进行了简短的历史的梳理之后,认为康德历史哲学的理论基础早已在三大批判中奠定,因此就划分康德批判学说的逻辑原则而言,不应该存在所谓的"第四批判"。^④ 汉娜·阿伦特也有类似的观点,这种观点颇能代表学术界的主要意见。但是,即使康德的思想体系中不存在所谓的"第四批判",也不能否定康德的历史哲学本身。科林伍德就认为:"历史研究并不是康德的一个主要兴趣,但是他挑拣出哲学探讨的线索的超人本领,即使在他所知甚少的一个题目上,也能使它发挥出像在伏尔泰、卢梭和赫尔德这样的作家身上所发现的那些思想路线,并写出了一些新的和有价值的东西。"^⑤一些中国学者则认为康德的历史哲学在西方思想史上同他的主要哲学学说一样具有承前启后的"蓄水池"式的作用。^⑥

总之,关于历史理性批判究竟是不是康德的第四批判的争论,其实是关于康德历史哲学思想重要性的争论,这里的重要性涉及康德的历史哲学思想在其思想体系内的重要性,以及康德的历史哲学思想在历史哲学思想史上的重要性,对于这些问题只有通过对康德历史哲学思想的不断深入研究才能回答。

---

① 康德在《纯粹理性批判》和《伦理学讲义》中有过相关论述,但是并不能直接说明这三方面的考察就直接同三大批判相对应,此处的说法是置于讨论康德是否存在第四批判的语境中的表述。

② 德国哲学家卡西尔将康德论及历史问题的一系列论文合称第四批判,即"历史理性批判",中国学者何兆武则将这一系列论文的中译版合并为《历史理性批判文集》发表。

③ [意]贝奈戴托·克罗齐.历史学的理论和实际[M].傅任敢,译.北京:商务印书馆,2017:54.

④ 李秋零.德国哲人视野中的历史[M].北京:中国人民大学出版社,2011:79—85.

⑤ [英]科林伍德.历史的观念[M].何兆武,张文杰,译.北京:商务印书馆,1997:146.

⑥ 李秋零,隽鸿飞等。

三、《历史理性批判文集》中的主要历史哲学思想

虽然康德的几篇主要论文涵盖了他历史哲学的主要内容[①]，但这并不代表康德的历史哲学就可以独立于其哲学体系而得到理解，康德的历史哲学不仅同他的批判哲学联系密切，而且本身就涉及伦理学、目的论以及法哲学思想。因而《历史理性批判文集》决不能孤立于康德的其他著作而单独解读。本文将通过简要说明康德基于普遍人性提出的先验的历史线索，以及这种历史线索在经验运用中对应的一种理性主义历史观，来概述康德《历史理性批判文集》中的主要历史哲学思想。

与同时代的启蒙思想家相似，康德历史哲学思想建立在一个最普遍同时也是最抽象的人性上，并企图从只存在于设想之中自然状态合乎逻辑地过渡到一种理想的秩序状态，这个秩序以不同的方式符合欧洲正在上升的现代性体系的需求。同霍布斯、洛克相比，康德在这条道路上前进得更远，建立了一个更丰富、更深刻的理论体系。他通过批判哲学树立的最普遍的人性——有限理性存在者[②]，在其内部就包含着一种目的论式的进展，进而使他的历史、政治思想成为一个合乎逻辑的体系：从动物中区别出来的人类，通过自然的狡计——非社会的社会性走出一个人与一切人为敌的自然状态，建立共和制的国家并最终走向一个永久和平的世界体系，这个世界体系以"人是目的"的伦理学思想为原则，以世界公民法权为具体准则，在应然的意义上涉及处于历史进程中的人类整体，因而是普世主义的。同时这个先验构想中的历史线索在运用于经验领域时表现为一种排斥差异性的普遍主义历史观。

康德《世界公民观点之下的普遍历史观念》中提出了一条人类历史的先天线索，这使人们怀疑他要"以这种在一定程度上具有一条先天线索的世界历史观念来代替对于具体的、纯粹自经验而构成的历史的编撰工作"[③]。在对这一可能质疑的回答中，康德

---

① 康德直接涉及历史问题的文章并不多，除了《历史理性批判文集》中收录的 8 篇论文之外，主要还有 1788 年《论目的论原则在哲学中的运用》，以及 1790 年《判断力批判》中某些涉及目的论批判的章节。

② 有限理性存在者是康德通过其批判哲学提出的最普遍的人性，有限理性存在者在范围上包括所有宇宙智慧生物，人类只是其中一种，即地球上的有限理性存在者。虽然康德没有将世界公民同有限理性存在者直接等同的表述，但是康德在《逻辑学讲义》中将世界公民立场上的问题意识同他的批判哲学体系直接相关，并且康德在《通灵者之梦》(李明辉译法)中，用世界公民称呼其他星球上的居民，并设想他们可以同人类分享经验。

③ [德]康德. 历史理性批判文集[M]. 何兆武, 译. 北京: 商务印书馆, 1996: 20—21.

探讨了一个时代的历史观念同这个时代的历史叙述之间的关系,认为对几百年之后的人们来说,"他们对最古老的时代——有关那些时代的文献可能是早就佚失了——将仅仅是从使他们感兴趣的那种观点出发,也就是说是从各个民族和各个政体在世界公民的观点之下所已经成就的或已经失败的都是些什么的那种观点出发来进行评价的。"①在这里,康德认为一个时代的历史叙述是为这个时代的历史观念所左右的,康德本人并没有要求与他同时代的历史学家要按照他世界公民观点之下的普遍历史观念来书写历史,但是他认为他所提出的这种历史观念终有一天会为人们所接受,或许这一天对他来说就是一个世界公民社会真正到来的时候。既然康德看到了历史观念同历史叙述之间的联系,那么对他来说,他的历史观念就意味着对其他历史叙述的一种驱逐。这种历史观念就立场和理论路径而言,可以代表启蒙思想家的思想共性,但是即使在启蒙时代,这也不是欧洲唯一主流的历史观念。用今天的术语来说康德的历史观念是理性主义的,这种历史观念与历史主义相对,强调在一种永恒的人性基础上的历史普遍性,将各个民族、时代的历史都纳入一个理性主义的逻辑框架中,而对每个民族、每个时代的独特性与内在价值选择性忽略,而这种历史标准究其根本又只是某一个民族甚至某一个思想家的理想,因而这种历史观念最终呈现为一种文化中心主义。②

四、 从《历史理性批判文集》看康德历史哲学的特色及局限性

康德历史哲学的核心内容在于他从人类的自然禀赋出发,合乎逻辑地过渡到人类的终极目的,并在这之上设想了一个先验的历史线索,即人类依靠非社会的社会性,走出自然状态,最终进入一个永久和平的世界公民社会。③ 虽然康德没有像黑格尔和马克思那样,尝试建立起逻辑和历史的一致性,但是他毕竟建立起了逻辑同先验历史线

---

① 康德. 历史理性批判文集[M]. 何兆武,译. 北京:商务印书馆,1996:21.
② 更复杂的是,历史主义虽然强调每一民族、每一时代历史的独特性与内在价值,却在理论上同理性主义历史观采取了同样普遍性的表达方式。或者说如果持历史主义立场的思想家不认为他们的历史观念具有超时代、超民族普遍性的话,那种思想完全没有任何理论威力,不会对理性主义历史观构成任何威胁。然而若他们将这种强调差异性与内在价值的历史观也视为一种普遍主义的历史观,并同一个世界体系相联系的话,仍然可能走向另一种文化中心主义,除非他们只以一种反抗者的身份出现。
③ 这些观点康德主要在《世界公民观点之下的普遍历史观念》中论述。

索之间的一致性,并且,康德设想这种先验的历史线索作为历史观念最终会决定未来某一个时代的历史叙述,从而间接地建立起逻辑和作为历史叙述的历史之间的一致性。这种曲折的一致性,使得康德的历史哲学思想和现代历史哲学可以进行一定的对话。康德也并没有将他所设想的历史线索客观化为不以人的意志为转移的历史规律,而只是承认其作为一种理念对人类的历史实践与历史选择有一种范导作用。康德的历史哲学整个的是一种应然的口吻,这也是与其批判哲学的立场一致的,即在经验所达不到的领域,人类的理性无法建立起客观规律,只有主观规律,因而历史目的论成为康德历史哲学最大的特色。

从欧洲历史哲学的发展历程来看,康德的历史目的论在中世纪的基督教历史哲学与马克思的历史哲学之间起到了中介作用。他将历史动力与历史目标从一个客观化了的理性对象"上帝"那里拉回到具有理性的人本身,历史的目标对人来说不再是外在的,也不再靠信仰来支撑其普遍性,历史发展的动力则不再被理解为上帝的安排,而尝试到人类社会的本质中去寻求,人类社会的本质最终又到人类的自然禀赋中被理解。在康德那里,历史目标对于人类理性来说是合目的的,因而是人类必然会去追求的,从而成为一个对于人类历史有范导作用的理念。这一理念的实现过程由作为人类本性的"非社会的社会性"来现实地促进,康德有时将它表达为"自然的狡计",即通过人类内部的各种对抗走向更高的文明阶段与更大的联合。虽然康德的历史哲学将历史发展的动力拉回到人本身与社会本身,探讨了历史中的必然与自由问题,并尝试建立一个向未来开放的人类历史统一性。但是康德的历史哲学毕竟是先验的,他过度执着于自然禀赋和终极目标,而忽略了一个现实的人类社会性的环节。"因此他总是在人的自然本性和人类理性的最终目的之间跳来跳去,一方面力图在人的自然本性中发现道德和精神的意义,发现大自然的智慧和天意,另一方面又力图把一切在具体社会历史进程中形成的人类特征、特别是资产阶级社会的特征都归入到人类的自然性中去。"①

康德的历史哲学并没有成为历史的遗迹,仅供思想史家考察,而是仍然以某种方式继续发挥着影响。1995 年,康德《永久和平论》发表 200 周年之际,欧盟作为现实的国家联盟,似乎使康德永久和平的构想拥有了现实征兆,这些作为直接原因刺激了西

---

① 伊曼纽尔·康德. 实用人类学[M]. 邓晓芒,译. 上海:上海人民出版社,2005:10.

方学界对康德历史哲学的深入研究。此外康德历史哲学巨大的思想张力仍然暗合现今国际社会的某些理论需要，"当下关于历史进步的叙述、国际正义的条件和全球化的影响的激烈辩论，促使人们对康德具有世界主义目标的世界历史思想重新产生了兴趣。"①研究康德的历史哲学对当今中国来说也有一定的现实意义。首先康德作为自由主义的代表人物，其历史哲学的理想与内在精神与当今自由主义的国际体系暗合；其次康德的历史哲学作为马克思要超越的对象，是我们深入理解和阐释马克思历史哲学不可缺少的一环；再次，康德的历史思想以其普遍主义的形态尝试建立人类历史的统一性，最终不可避免地通向一种文化中心主义，究竟在一个多元的世界现实中，普遍和差异应该如何共存，这既是一个历史问题，也是一个现实问题。

（作者学校　安徽师范大学）

---

① Amélie Oksenberg Rorty, James Schmidt eds. , Kant's Idea for a Universal History with a Cosmopolitan Aim: A Critical Guide[M]. Cambridge: Cambridge University Press, 2009: 1.

从物的视域到事的视域——浅析庄子的《齐物论》

王雨萌

一、隐喻中的齐物论

《齐物论》行文的一大特点便是善用隐喻、寓言、人物对话。庄子认为道和体道境界是不可直接言说的，"大道不称"，"道昭而不道"。为了将道的内涵与意义传达出来，便要运用寓言和隐喻借他人或他物之口，通过模拟一个日常语言环境，让读者在其中体悟道的内涵与意义。

在《齐物论》的开篇，庄子就假借南郭子綦之口说出"今者吾丧我"。"吾"和"我"皆有"自我"的意思，而它们所指代的"自我"的意义显然是不同的。结合后文理解，"吾"是庄子设定存在的"本真的自我"，即自然状态下的流变而延展的自我；而"我"是指被历史地人为地建构出的被框定为个体的自我，充当固定的社会角色。"吾"能动地通过"丧我"达到"齐物"而"无所待"的境界，我将之称为"积极无为"的境界。"积极无为"既不框定个体自我与他者的界限，也不完全否定自我能动性的存在。

庄子要论述"齐物"，就应先解构那些约定俗成但非本质的概念。他先从自我概念入手，把说理从人们不经反思的自我观扩展到人们居于其中而习以为常的世界。南郭子綦言及"吾丧我"之后，展开了关于"人籁""地籁"和"天籁"的论述。所谓"人籁"，是人们刻意制造音乐的行为；所谓"地籁"，比如风吹过山林洞穴发出的声音；所谓"天籁"，是一种完全无目的性的自然产物。"夫吹万不同，而使其自己也，咸其自取，怒者其谁邪",可见庄子认为并不存在全知全能的神,不存在自然界的意志和绝对精神。在讨论"真宰"与"成心"一段,庄子引入了器官的隐喻。"百骸,九窍,六藏,赅而存焉,吾谁与为亲……其递相为君臣乎?"人体的这些器官,是像君与臣一样的统治与被统治的关系吗?答案是否定的。这些器官之间并不存在主动作用与被作用的关系,不存在处于绝对支配地位的器官。也即不存在居于统领地位的"真宰";"成心"作为在社会中主体之间建构的共同意识,是非本质非自然的。这进一步澄清了自然界之演化并不是基于有目的、有意识的谋划;人类社会约定俗成的一些概念并不具有自然的基础。通过对目的论和决定论的否定,庄子为"齐物"与"无所待"的自由状态留出了一条可能路径。

在解构了这些不经反思、习以为常的概念之后,庄子开始借助隐喻和寓言论述"齐多少""齐大小""齐寿夭"等"齐物"所蕴含的具体内涵。在狙公赋芧的寓言中,"朝三暮四"引发了猴的愤怒,"朝四暮三"得到了猴的认可。而按照前后两种分法,每只猴一天中所分的总和皆为七,朝与暮所分的数量没有本质上的区别。至于"齐大小"与"齐寿夭",庄子写道:"天下莫大于秋豪之末,而大山为小;莫寿于殇子,而彭祖为夭。"大与小、寿与夭皆没有绝对的标准。由此进一步引出的对绝对真理和普世价值观的解构,在当今仍有深刻的意义,笔者将在后文着重探讨。

在论说的后半部分,庄子借助梦的隐喻讨论在物的视域下的划界问题。"方其梦也,不知其梦也。梦之中又占其梦焉,觉而后知其梦也。且有大觉而后知此其大梦也,而愚者自以为觉,窃窃然知之。"我们究竟是处于梦中还是现实之中?是否可能是在梦中梦到自己处于现实之中?庄周梦蝶,"不知周之梦为胡蝶与,胡蝶之梦为周与"?是梦是醒,是彼是我,这似乎是十分"吊诡"的问题。然而,在"齐物"的地平上,梦境与现实、物与我的界限均被消解了,如上问题是没有意义的。

综合理解上述隐喻与寓言,"齐物论"的主旨较为清晰地展现出来——通过解构人类附加于自然之上的非本质概念,消融人为的划界,从而达到"天地与我并生,而万物与我为一"的"无所待"的境界。结合现代哲学的用语,简而言之,"齐物"便是从物的视域到事的视域。

二、 从物的视域到事的视域

齐物论作为庄子提出的独特理论,既可以作为一种超越了惯常成见的世界观,也可以作为回到现象世界的一种认识论，又可以作为一种达到"无所待"的"积极无为"状态的方法论。齐物论最为深远的意义便在于它可谓是"从物的视域到事的视域"这一哲学史上重大的视域转换之先声。

在物的视域下，人们对各种物有明确的概念界定。人们可以用摹状词描述一个物的性质，对不同的物也有明确的划分。在前科学时代，例如庄子所处的时代，对于一块坚硬的白色石头，人们可能会用"坚白"去描述它。当然，庄子在《齐物论》中表示这不是石头的本质属性，"彼非所明而明之，故以坚白之昧终"。在近代科学产生之后，科学界认为"坚白"这样的描述过于浅表，若要研究一块石头，便要测量它的密度、化学成分等，把它归为某一类石头或分析它的形成年代。这看似我们在研究这块石头的本质属性。但若我们考察"密度"等物理量和"大理石"等分类形成的历史，我们便会发现它们也是非本质的人造的概念。科学概念、定义、理论皆由人所发明，是现有的科学研究的范式让科学共同体倾向于测量某些物理量或作出这样的分类。由此可见，在物的视域下，人们所观察到的是失真的像。

于是，庄子通过把认识的境界由透彻到失真分成四等，引出由"是非之彰"到"未始有物"的进阶，也即从物的视域到事的视域的转变。"有以为未始有物者，至矣，尽矣，不可以加矣。其次以为有物矣，而未始有封也。其次以为有封焉，而未始有是非也。是非之彰也，道之所以亏也。道之所以亏，爱之所以成。"用现代话语来解释这四个境界，便是：其一，认为并未存在"物"，这是至高的境界；其二，认为有"物"存在，但对于"物"不作区分；其三，对"物"作出纯粹概念上的区分，但没有价值判断；其四，对"物"作出是非等价值判断，这是建立在人们的主观偏好之上的划分。结合全文分析，庄子所写的"物"一词的意义，大致可以对应今人所说的经过人类知觉的加工所经验到的具体的物品，例如蝴蝶、麋鹿等动物或桌椅等生活用品。"未始有物"的"有"指"本质地存在着"，这句话可以理解为"具体物品并不是本质地存在着的"。为了更好地理解这四层境界，我们可以回顾西方哲学的演进历程。古希腊哲学从智者派开始，就把人的价值判断与自然界紧密相连；到中世纪，经院哲学始终在"上帝造物"的理论樊笼之中，他们可以对应第四层境界。到了近代，对物作概念区分的唯理论者可对应第三层境界。经验论一派则走得更远，洛克提出"心灵像一块白板"，否定了对物质作的人为区分；贝克莱认为"所谓物质的概念本身就含着一个矛盾"，但同时也完全否定了自然的存在，且未脱上帝存在这一窠臼；休谟试图解构"因果"和"自我"概念，这与齐物论颇有相通之处;康德提出"物自体"概念以区分人类知觉所经验到的具体物品。叔本华提出"世界是我的表象",并且承认自然的无目的性,这已十分接近至境,但他仍然没有找到达到"无所待"境界的"积极无为"的路径,而是采取一种"消极无为"的态度。自现象学建立之后,"回到现象本身"这个呼吁可看做"齐物论"在哲学界的一次再显现。

由此便转为事的视域。"事",也即"事态"或"现象",具有流变性,没有固定的性质与边界。事态的世界是一种由不断流变的关系组成的世界,而非由有明确固定的性质与划界的物和物的观察者组成的主客对立的世界。在这样的世界观之下,主客之分、物我之别皆消解了。结合庄子提到的梦与醒的隐喻:愚者处于梦中,却自以为醒了。此处的"梦"的含义可以理解为"经过人类成见的加工的由具体物品组成的世界","愚者"则比喻那些把知觉到的具体物品当成是客观存在的人。庄子直接否定"真实"具有确定性,相反,他承认现象界的流变性,解构了人们习以为常的明确而固定的"真实"这一概念。根据齐物论,梦与醒没有本质区别。无论普通人或"至人",每个人初始地直面的是流变的"未始有物"的现象界,然而"有所待"的人认知到的总是具体物品,人们总是处于如下状态中:科学研究带着范式滤镜去观测现象并且以为观测所得的结果正是客观存在本身;日常生活中人们有目的地把某样物品的特性当作它的使用价值,进而把使用价值当做物品的本质。上述行为皆给价值无涉的现象界蒙上一层人为的罩布。人类知识带来的确定性反而使我们离"本真"更远了。庄子深谙人们所面对的正是如此这般的状态,因而他提出齐物论,其内涵可解释为:人们首先应当认识到在"关系世界"中所获得的认识乃是对现象的二次加工,是人们给现象赋予的意义。若要脱离这种"有所待"的状态,人们要能动地摒弃有目的有功利的"成心"以直面现象界,在主客边界的消解中达到"本真",实现"积极无为"。

三、 事的视域之下的"物"与"我"

《齐物论》写于礼崩乐坏的战国时代,现代几个重要哲学流派亦在新旧文化交替、社会局势动荡的时期建立。社会意识反映社会存在,庄子的齐物论与现代、后现代的哲学有许多相通之处。笔者将着眼于齐物论与现当代哲学皆采取的事的视域,着重分析事的视域之下"物"与"我"的意义转变带来的影响与对人类生活的启示。

首先是对真理观与价值观的影响。《齐物论》中有一段对两个人辩论的描述,概括如下。甲乙辩论,最后他们中的一个获胜。关于他们的断言的真假有如下五种情况:其一,甲乙皆真;其二,甲乙皆假;其三,甲真而乙假;其四,甲假而乙真;其五,甲乙真假未知。要判断谁真谁假,便需引入旁观者丙。丙的意见有四种情况:其一,同于甲,异于乙;其二,异于甲,同于乙;其三,同时同意甲乙;其四,对甲乙皆不同意。由于丙可以是任意一人,故甲乙断言的真假无法判断。若要强分是非,只会陷入"是亦一无穷,非亦一无穷"的"莫若以明"的状态。对绝对真理的否定可谓是认知上的一次跃迁,既不存在先天的是非善恶等价值判断,也不存在能够给出普世价值判断的人或群体。

进而是对自我观的影响。齐物论对传统自我观的冲击是从"吾丧我"引出的。"吾"既然能够解构"我",正是因为"我"是被建构出来的。考察个体自我这一观念被一步步建构强化的历史,便可看到:在原始社会时期,"个人"这个概念并不明显地被人们接受,当时占主导地位的是"集体",例如非洲部落哲学仍是一种"我们"本位的哲学。农业革命后,较大规模的群居渐渐成较小规模的分户,定居的生活方式渐渐产生私有财产即所有物的划界,"个人"概念强化。到庄子所处的战国时代,农业发展与商业兴盛使得人们的私利观较强,"本真"的自我进一步被掩盖。而在近代化的进程中,个人渐渐被异化为现代社会的零部件。在工业文明高度发达的社会里,人之为人的完整性丧失了,人作为人而存在的意义也缺失了。

"终身役役而不见其成功,苶然疲役而不知其所归,可不哀邪!人谓之不死,奚益!"庄子的这句感叹在今日仍然能引发强烈共鸣。我们为何忙碌?我们忙碌的意义何在?或许可以说,我们为某个目的而忙碌,但达成那个目的有何意义?既然不存在终极目的,达成目的之后又是什么?"人之生也,固若是芒乎?"我们固然无法弄清存在的意义吗?在庄子看来并非如此。"丧我"是人们为了达到存在自觉不得不迈出的第一步。由不经思索地生存到觉察到意义缺失的生活,这一个转变固然会带来精神上的痛苦,而要摆脱这种居于中间态引发的阵痛,就要重构被消弭了的"吾"。这与萨特由"存在先于本质"引出的"创造本真的自我"相通。如何重构"吾"?如何担负起创造自我的责任?这便需要我们注意到自身存在的特殊性。人的存在,既是作为具身性的自在存在,又因具身性而作为有认知能力的个体在现象界存在。人由于无法避免的视域局限,无法直接认识自在世界,人们以为真实的具体物品也不过是交互关系中的表象。正如庄子用影与罔两的对话所隐喻的"所待"的无穷倒退那样,这一层面上的认识始终是"有所待"的。因此人便要借助自身存在的双重性质,沟通自在世界和现象界。在对自我存在的反省过程中,体悟到那个能动地促使被异化了的"我"消弭的"吾",从而完成"吾丧我"这个完整的过程,达到存在自觉,即"无所待"的"逍遥"境界。与被异化的"我"不同,"本真"的自我具有流动性、延展性、多样性。由此,人从焦虑地面对存在意义之缺失的状态变为坦然接受"意义是人为建构的"这一现实,不再依附于"意义"去生活,而是自觉能动地融于自然与自我、众人与自我的交互关系之中,从"消极无为"转变为"积极无为",此之谓"和之以天倪,因之以曼衍,所以穷年也"。

（作者学校　华东师范大学）

第二篇
社会与个人

再审视"异化劳动"概念

——《1844年经济学哲学手稿》阅读札记

陈立业

马克思在《1844年经济学哲学手稿》(以下简称《手稿》)一书中提出了"异化劳动"这一概念,并且在《异化劳动和私有财产》一节中基于当时的国民经济事实,通过严密的演绎,推理出异化劳动的四个规定,试图以此来探究异化劳动与私有财产的联系。在当今很多热点话题中,比如996、打工人等,我们仍能看到这一议题散发着的无穷魅力,即人的异化劳动乃至人的异化本身与私有制的联系是什么? 笔者细述马克思在论证异化劳动和私有财产时的循环困境,并试图从一个新的视角来解决这一困境。

一、异化的哲学涵义

异化德文为"Entfremdung",意即疏离,主体成为"他者",且他者与自己相疏远。从哲学史上看,主要是黑格尔将异化从日常语言提升为哲学范畴,后来费尔巴哈对此进行批判性的改造,而赫斯又继承了费尔巴哈的异化概念。马克思对异化的认识和理解与上述三者相关,其中主要源于黑格尔和费尔巴哈。

(一)黑格尔的异化概念

一方面,黑格尔在《精神现象学》中广泛地使用了异化概念,另一方面,马克思在

《手稿》中对黑格尔的批判主要引用了黑格尔在《精神现象学》中的异化概念，故而我们仅在此意义上来探讨黑格尔的异化概念。

黑格尔的异化概念与其辩证法是不可分离的，因而带有浓厚的辩证法色彩。黑格尔的异化概念包含两个过程：首先是"人的本质以不同于抽象思维的方式在同抽象思维的对立中的对象化"①，即自我意识或精神将自己变为对象；其次是克服意识的对象的运动，对象表现为自我复归，这一过程即是扬弃。通过这一过程，自我意识从抽象性上升为现实性。

黑格尔的异化概念带有一定程度上的肯定意义，"对象的否定……对意识所以有肯定的意义……是由于它把自身外化了，因为它在这种外化中把自身设定为对象，或者说，为了自为存在的不可分割的统一性而把对象设定为自身。"②一方面，人的异化的对象仍然是自身，并不破坏人自为存在的统一性；另一方面，人的异化是为自我复归做准备的，是为了实现自我的更高层次的统一。

（二）费尔巴哈的异化概念

费尔巴哈在《基督教的本质》《关于哲学改造的临时纲要》和《未来哲学原理》中也提出了一套关于异化的理论。

费尔巴哈异化概念的提出是基于对基督教和黑格尔哲学的批判。基督教神谱观念最一般意义上来讲是关于潜在绝对的观念，这种潜在绝对自身通过其释放出的非绝对实在来自我实现。③ 在此意义上，基督教神学通过上帝（绝对实在）异化为人（非绝对实在）来解释人的本质，即人是神的产物；同样地，黑格尔在论述精神演进阶段及其形式时，将绝对精神看作精神的最高形式，而人的意识到它不是自我意识的感觉是最低形式。④ 故而，在此意义上，人的本质不过是更高层次的精神形式异化的结果。基督教神学和黑格尔哲学都将人看作是异化的客体，相反地（或者说仅仅只是相反地），费尔巴哈将人设定为异化的主体，将神和绝对精神设定为异化的宾语，因而人就是人

---

① ［德］马克思.1844 年经济学哲学手稿［M］.中共中央马克思恩格斯列宁斯大林著作编译局，译.北京：人民出版社，2018：96.

② 同上，100—101.马克思在文本中使用的"异化""外化"实则都指向"异化"的意义。

③ ［波兰］莱泽克·科拉科夫斯基.马克思主义的主要流派［M］.唐少杰，等，译.哈尔滨：黑龙江大学出版社，2015：23.

④ 同上，63—69.

的最高本质,带有鲜明的人道主义色彩,对于批判外部世界对人的压抑,主张人的自由和解放具有积极意义。

这种异化概念,一方面带有消极意义,即异化只意味着人的自我丧失①,因为异化是单向的,主体缺乏自我复归的环节。同时在此意义上,人的无限可能性也被确定下来,上限已经被确立;另一方面,这种异化概念却可推导出激进的革命逻辑,因为如果外部世界不过是自我异化的结果,那么批判他们、否定他们,甚至施以革命,使他们"复归"到符合人的本质的状态上来,也是合情合理的。②

马克思对异化的理解包含两个层面:一是对象化,这是黑格尔语境下的异化的涵义,尽管二者对于对象化的理解不尽然相同;二是对象的丧失和被对象奴役,这虽然是"在国民经济的实际状况中"表现出来的,但是带有鲜明的费尔巴哈的痕迹。在黑格尔的语境中并不存在对象的丧失,因为对象只能被设定为自身而且对象表现为自我复归;在费尔巴哈那里,人的异化即是人的自我的丧失,从而无法复归,体现为对象的丧失,人的异化结果即外部世界反过来支配人,体现为被对象奴役。

二、 马克思: 异化劳动的四个规定

当时年仅 26 岁的马克思是抱着为国民经济学家们"指明这些(经济学)规律是怎样从私有财产的本质中产生出来"的宏大志向提出"异化劳动"这一概念的。当时的国民经济学家一方面把私有制当作经济分析的起点,一方面对其起源讳莫如深,把"本应加以推论的东西"假定为事实。这在马克思看来既是理论上的不足,又是值得深深怀疑的:在私有制的假定下掩盖着什么? 于是马克思从当时的国民经济事实出发③,从"工人生产的财富越多……他就越贫困"的事实出发,提出了异化劳动的第一条规定:

首先包含的意义是:劳动产品作为一种异己的存在物,同生产者相对立。"劳动产品……是劳动的对象化……对象化表现为对象的丧失和被对象奴役,占有表现为异

---

① 与此恰恰相反的是,在基督教神学看来,人作为异化的产物本身便是堕落,就是本质的丧失,人对异化的克服也就是向上帝靠近的过程,是自我拯救。
② 韩立新.《巴黎手稿》研究[M].北京:北京师范大学出版社,2014:157.
③ 马克思在序言中表明他是"通过完全经验的、以对国民经济学进行认真的批判研究为基础的分析"。

化、外化。"①以至于,工人生产得越多,属于他的就越少。这里需要注意的是,马克思关于异化劳动的规定基于以下两个前提:

1. 马克思是从当前的国民经济事实,即一个业已建立的经济社会出发的。"我们不要像国民经济学家那样……总是置身于一种虚构的原始状态。这样的原始状态什么问题也说明不了。"②马克思从实证主义的、从现象化的出发,是为了区别于那些"不学无术的评论家",揭发那些"在非难实证的批判者的空话下"的极端无知和思想贫乏,③这固然避免了空对空的论战,却也为后续的推导过程埋下了隐患;

2. 当谈及劳动产品作为异己物而与生产者本身对立时,实则默认了"生产者的产品本来是属于他自我的"这一前提,即所谓的"劳动所有"论。

其次包含的意义是自然界与人相异化。人通过劳动而脱离自然界并且将自然界对象化,但越是通过自己的劳动占有外部世界,就越是在两个方面失去生活资料,并在这两个方面成为自己的对象的奴隶。这一层意义是一种主客体间的必然性,人作为主体与自然界作为客体的必然的异化。

这两层异化,分别包含了人与产品的两种关系:直接关系和间接关系。"劳动对它的产品的直接关系,是工人对他的生产的对象的关系。"而"有产者对生产对象和生产本身的关系,不过是这前一种关系的结果"④。直接关系体现的是一种作为劳动的私有财产关系,间接关系体现的是一种作为资本的私有财产关系,"私有财产的关系潜在地包含着作为劳动的私有财产的关系和作为资本的私有财产的关系,以及这两种表现的相互关系"⑤。对这两种私有制的区分对于理解马克思是否存在循环论证具有相当大的帮助。

在考察工人与劳动产品的关系之后,马克思指出"异化不仅表现在结果上,而且表

----

① [德]马克思.1844 年经济学哲学手稿[M].中共中央马克思恩格斯列宁斯大林著作编译局,译.北京:人民出版社,2018:47.

② 同上,47.编者注:马克思在《亚·斯密〈国民财富的性质和原因的研究〉一书摘要》中写有如下评注:"斯密作(了)循环论证。为了说明分工,他假定有交换……而为了使交换成为可能,就以分工、以人的活动的差异为前提。他把问题置于原始状态,因而未能解决问题。"(见《马克思恩格斯全集》历史考证版第 4 部分第 2 卷第 336 页)注释于第 305 页。

③ 此处引用的是序言中被删去的一段话,见编者注第 3 页;再,编者注:所谓不学无术的评论家指的是布·鲍威尔,见书注释第 300 页。

④ [德]马克思.1844 年经济学哲学手稿[M].中共中央马克思恩格斯列宁斯大林著作编译局,译.北京:人民出版社,2018:49.

⑤ 同上,63.

现在生产行为中,表现在生产活动本身中"①,从而提出异化劳动的第二条规定:劳动本身与人异化。这种劳动的异己性表现为:1.劳动不属于工人的本质,劳动不是目的,劳动变为消极的、强制的;2.劳动不属于他而属于别人,这种活动是他自身的丧失。其结果是:"人只有在运用动物的机能……才觉得自己在自由活动,而在运用人的机能时觉得自己不过是动物。"②

值得注意的是,有学者指出在马克思从规定一到规定二的推演中违背了"自然的异化"这一含义。③ 在笔者看来,用"游离"而不是"违背"一词似乎更适合一点,马克思在关于"自然的异化"的规定游离于从劳动产品到劳动过程这一紧紧承接的演绎逻辑之外,因为"自然的异化"仅仅涉及主客间的而且是必然性的关系,并没有涉及人与人的关系。马克思此处落笔的用意难以探究,但在笔者看来并不破坏规定一到规定二的推演过程,反而作为一种补充为另一种也即是笔者在后文将指出的视角提供了思想资源。

由规定一和规定二,马克思推出了规定三:人的类本质的异化。人是类存在物,在于人把普遍世界和自我意识都对象化,在于人具有有意识的生命活动,即通过实践创造自然世界。但是"异化劳动则把这种关系颠倒过来,以至于人……把自己的生命活动,自己的本质变成仅仅是维持自己生存的手段。"④比如说,一个人去观测气象并非出于一种知识性的好奇心和兴趣,而是为了之后的劳动安排。

规定四:人与人的异化,是规定一、二、三的直接的、必然的结果。当人同自身相对立时,他也同别人相对立。人的劳动产品作为异己的力量属于另一存在,马克思认为,这种存在非神非自然,只能是人自身。"人的异化,一般地说,人对自身的任何关系,只有通过人对他人的关系才得到实现和表现。"⑤从此处,马克思从之前的个人的分析转入对个人与个人的分析。假设某人甲,由于他的劳动产品不属于他而属于某人乙;同样地,乙的劳动产品也不属于他而属于甲,从而,人与人产生异化。这种"属于",马克思认为,就是资本私有。正是由于异化劳动导致生产者的劳动产品不因为直接关

---

① [德]马克思.1844年经济学哲学手稿[M].中共中央马克思恩格斯列宁斯大林著作编译局,译.北京:人民出版社,2018:50.

② 同上,51.

③ 见望月清司.马克思历史理论的研究[M].韩立新,译.北京:北京师范大学出版社,2009:53—58.

④ 同上,53.

⑤ 同上,54—55.

系而与本人、与劳动相分离,却因为间接关系而与他人、与资本相结合,而这种资本私有就是马克思语境下的私人所有制。故而,异化劳动是资本私有的直接原因。

表面上看这一推演逻辑缜密,从异化劳动三大规定推出规定四,再从规定四人与人的异化中指出作为资本的私有制的产生,从而从异化劳动推出私有制。但是,正由于马克思在提出异化劳动三大规定时所基于的前提——一个业已形成普遍分工的具有纷繁复杂社会关系和经济关系的市民社会——已经形成了私有制,所以很难说,人与自己的产品的异化到底是私有制的结果,还是私有制的起因。

马克思本人显然是意识到这一点的。"私有财产一方面是外化劳动的产物,另一方面又是劳动借以外化的手段,是这一外化的实现。"①但是没有在《手稿》中作进一步阐发。

三、 思想实验: 鲁滨逊式的异化劳动

上述马克思在论证异化劳动和私有财产关系时的困境,接下来笔者将试图以一种不同于马克思的实证方法来探讨异化劳动。马克思在论证人的异化劳动时,既把人当作一个孤立的个人来看待,比如人与自然的异化、人的类本质的异化等,又把人当作一个处在社会关系中的人来看待,比如人的劳动产品属于他人、人与人的异化等。这种处理使得异化劳动的四个规定存在着必然的、逻辑的联系的同时,也包含一些游离于这一逻辑链条之外的内容,这在前面已经讲过。

如果有这么一个人,他既体现了社会人的特征又体现了孤立人的特征,而且不是分离地、偶尔地扮演其中一种角色;在他身上,既体现了作为劳动的私有,又体现了作为资本的私有,而且这两种私有是统一地、不需要借助于他人而展现②在他身上的。鲁滨逊则是这么一个人。他是社会人,是因为在他身上展现出了人类文明的气息——这种气息使得他一旦回到文明社会就会立即融入进去——他储存有人类的知识,他有复杂的社会人际关系,更重要的是,在他那里已经形成了资本私有的观念,尽管在他那

---

① [日]望月清司. 马克思历史理论的研究[M]. 韩立新,译. 北京: 北京师范大学出版社,2009: 57.
② 所谓"借助于他人而展现"的意思是,我的资本所有是以他人的劳动私有为前提的;如果没有他人,每个人都是孤立。那么无所谓作为资本所有,因为并不存在交换,每个人占据他自己的劳动成果。

里体现出的这种私有观念是和劳动私有观念混为一谈的；他是社会意义上的孤立人，他就像被文明抛弃、被社会放逐到孤岛上一样，他对于社会、文明的印象只能停留在头脑中而无法再现于现实。

他好像是一个人，但又不是一个人。

将鲁滨逊看作是人类整体的代言人，是受"社会总劳动"，即私人劳动的总和形式将鲁滨逊看作是社会总劳动的践行者的启发。鲁滨逊其人是否真的存在已经难考，而投放一个人到孤岛上来观察他的行为也没有必要，笔者只是运用鲁滨逊这一人物概念来做一个思想实验，通过应用马克思对异化劳动的规定来判断鲁滨逊是否存在异化劳动，并且这种异化劳动是否导致资本私有。

易知，人与自然的异化是必然地伴随人的产生而产生的，而在鲁滨逊这里，他对自然的改造活动可以被称为"劳动"，那么鲁滨逊必然地与自然相对立；再则，由于鲁滨逊是为了生存而劳动，故而劳动对他而言不是目的，因而是痛苦的而且不属于他的本质。只有当劳动本身成为目的，或者举例说，只有当一个诗人是为了自身的精神愉悦、是为纯粹目的而写诗时，写诗对他来说才成为目的，才成为他的本质。此外，鲁滨逊分别扮演了作为劳动者的角色与作为享乐者的角色，这种思维上的分离也会导致鲁滨逊与劳动本身的对立。最后，由于与自然的对立、与劳动的对立，鲁滨逊的异化劳动也导致类本质的异化。至此，就前三个规定而言，鲁滨逊也存在异化劳动。

关于规定四，我们可以从两个方面——尽管得出了对立的答案——来理解。一方面，仅从思维演绎来讲，作为劳动者的鲁滨逊与作为享乐者的鲁滨逊的异化实则包含人与人的异化，尽管这种异化是单向的、非相互的，因为前者为后者所支配；另一方面，是从实证出发，只有另一个人的加入，才能使这种人与人的异化关系体现出来，才能使资本所有被表现出来。

在这个意义上，我们看到，异化劳动并不必然地推导出私有制，即便说异化劳动作为私有制的直接原因也是需要通过人与人的关系来表现的，在这种表现中已然混淆了异化劳动和私有制的先后关系。故而，更为正确的说法毋宁是异化劳动和私有财产不过是一个事物的两个方面，或者是从不同角度看待的事物。私有财产是异化劳动在人与人之间的关系上的体现，又推动异化劳动不断深化，二者不是单纯的因果关系。

（作者学校　华东师范大学）

从周边看"中国"
——历史文化视角下的自我再审视

吴晓晶

一、引言：为何从周边看"中国"

今日我们如何认识"中国"，往往需要诉诸那些关于"中国"的历史论述，而贯穿《宅兹中国》全文的"大问题"正是"中国"如何书写自我的历史。学生希望借此机会简要梳理作者的行文思路，谈谈对以下问题粗浅的个人理解：为何中国学者要侧重从历史文化传统的角度认知"中国"？为何我们要从今日邻国、古代"四夷"的视角重新定位"中国"？

《周礼》等古籍文本中记载道，古代中国秉持着"天圆地方"的空间观念，自居位于天地中央。16、17世纪，利玛窦的世界地图及其所承载的文明、平等、共通的观念，才为古代中国的"天下观念"埋下了颠覆性的危机。直至1895年，清政府在坚船利炮的威慑下才真正从幻梦中惊醒，不得不直面实际政治秩序下列强的入侵。

然而"中国"这个词语并未因国家境遇的改变而被国人抛弃，反而仍然作为一种天经地义的历史单位与论述前提被代代沿用。在惯常性表达的帷幕之下，"中国"作为同一性空间的内涵与边界似乎只是不证自明的公理与事实。但词语的真实概念必然随着时间推移发生变化，一如斯金纳所言，理解思想文本的历史性意义不能脱离其产生的特定语境，所以在《宅兹中国》一书中，葛兆光教授将"中国"自我认识的历程划分为三个阶段,其中包含"传统在当下的延续性""自我与他者的对照",对于"中国"的重新解读就在这两个纵横交织的维度上同时展开。

在"以自我为中心的想象时代",为我们熟知的是"华夷之辨"与"朝贡体制"。在古代中国的自我认识里,在回字棋盘的天地格局上,王都、华夏、夷狄由中心向外延伸,但事实上,中国的"天下"并不以都城、王权为中心,而以正统论为核心,"诸夏"与"四夷"的关系相较于在地理位置上世界的中心与边缘以及血统上的远近,更重要的是文明制度(生活习惯与政治方式)上的高雅与野蛮,除了维持必要的朝贡制度之外,只存在"以夏变夷"的影响关系。

这一思想传统的延续也导致近世以来"中国"向来拒绝从在自己认知中处于文明低位的周边立场重审自身的形象,这种抗拒情绪在"四夷"愈发强大的宋朝更是达到了新的高峰。"汉族中国"的现实地位下降使得中国人过往自我中心的天下主义受挫,使得宋朝的民族观念也随之旺盛生长。一如任何认同都伴随着拒斥,这一时期的拒斥激发着宋王朝和汉族文化自证正统和道统的国族意识,一定程度上促进了文化意义上"中国"边界的确立,这也正是《宅兹中国》将宋朝视为中国近世民族主义思想渊源原因。可以说,"中国"的概念并不局限于近代主权国家体系催生出的政治话语,跳脱出现代欧洲民族国家的范式框架,它仍具有可溯源的历史文化根基。

二、是"中国"还是"汉族中国"

但问题并未解决,我们今日所探讨的历史文化意义上的"中国",是否在宋朝已经成形?《宅兹中国》中"宋朝'中国'意识凸显说"招致的一个批评便是以"汉族中国"涵盖中国,[①]一则在论争中国向来具有民族特质的同时,过分地拔高了汉文化延续性在近代中国向民族国家转型运动中的作用,二则在追求中国历史民族文化同一性的同时,天然以汉族的正统论视角为后世国家的合法来源,而忽略了共同组成"天下"系统,与宋朝同一时期却通过血缘、礼制等华夏文明的进路,尝试争夺"中国"代表权的周边政权。

这种批评的确应当正视,针对后者,虽然相对于四方四夷的中心、本位意识一直是

---

① 蒋磊,张淳.问题与回应的裂隙——评葛兆光《宅兹中国:重建有关"中国"的历史论述》[J].文艺研究,2012(5):132,134.

"华夷之辨"中华夏的显著特征,但这一时期周边政权也通过自行颁定历法正朔等被视为华夏之标志的文化礼制,与宋朝争夺统治合法性的象征性资源,例如金就曾通过在燕京陈列从宋朝掠夺来的天文仪器,以示通天特权易主,统治权力的中心转移。[①] 倘若将诸夷以礼进华夏的事实弃而不顾,则有悖于春秋之学"夷进中国则中国之"的主旨,因为古代中国"天下"观念的特别之处正在于将文化看作界定群体、区分自我与他者的标准,"成员身份取决于是否接受象征着中国观念和价值的礼制"[②],这也正是葛兆光教授所强调的以文化认同为基础的"中国"的核心,然而《宅兹中国》的论述将中国代以汉族,忽略周边民族政权在文化方面所做的"中心化"尝试,难免让人疑有种族中心主义之嫌。

当然,考证决定民族意识产生的是文化属性抑或生物属性并非本文的目的所在,不能仅因这一时期并立的宋朝与周边政权存在种族上的差异,便排除文化属性在宋朝"华夷之辨"中所占据的主导地位。受限于固有认知,回首时我们无法撇清宋朝的汉文化本位视角,但在讨论宋朝共有的文化认同基础时,却该明确认识到华夏文化并非是恒久不变的古董,正如宋朝以"治"重新诠释的正统论,也不同于过往以"中"之地理方位所确定的话语体系。

文化本身可能因政治需要而被重构,宋朝的政治认同建立在与周边政权关系变化的基础之上,由此形成的民族意识近似于一种动态的、对于自我与他者的关系认知,而非一个生物演变历程中只会进行物质积聚的机械实体,这也正是民族意识区别于种族主义、社会达尔文主义的特性所在。换言之,宋朝民族意识勃兴并不源于种族这一载体,而是通过文化建构某种区隔与差异,在自我与他者的对立模式中实现的,"中国"所容纳的不仅仅是宋朝所代表的"汉族中国",更与华夏和四夷互动联系的整全性脉络不可分割。

三、 自我与他者对立下的想象

社会的知识结构存在话语权力的中心,在自视"文明"的民族面前,"野蛮"的他者

---

① 韦兵.完整的天下经验:宋辽夏金元之间的互动[M].北京:北京师范大学出版社,2019:51.
② [美]杜赞奇,高继美.从民族国家拯救历史:民族主义话语与中国现代史研究[M].王宪明,高继美,李海燕,等,译.南京:江苏人民出版社,2009:57.

并不具备拥有历史的资格,是否遵循"我"的文化礼制、"我"书写的历史,是分辨文明或野蛮的前提。如果从胜利者书写历史的角度来看,这在武功强盛的汉唐盛世是易于理解的,但伴随着对盛世未尽的留恋与期待,即使宋朝面临着现实政治秩序中的地位下降,古代中国的"天下四方""华夷之辨"的观念仍旧传续了下来。

不过与过往"华夷之辨"和"天下"系统中夷夏二维、边界模糊的观念不同的是,宋朝民族意识彰显的一个重要侧面却是其愈发强烈的边界意识。边界的区隔意味着自我与他者的明确对立、沟壑分明,宋朝不仅限制不同族别居民的活动内容与范围,还限制技术性书籍和相关士人与其余族别的人民往来,这一时期知识专有的权力意识觉醒,使得宋朝的知识、技术等文化要素和现代民族国家的领土一样被划定出了严格的边界。①

这一现象的出现与日益强盛的"他者"对照形成的"自我"焦虑密切联系着,知识的边界是宋朝在周边政权的生存空间挤压下,重新确立的自我认知的形象轮廓。因为宋朝在现实政治受挫后,需要诉诸精神上的自我肯定来弥补自己作为华夏中心的理想形象。这种重新自我书写的反应机制,也体现出宋朝与周边政权在"华夷之辨"体系中发生了主客体关系的颠倒,宋朝是被动地重建自身政权的合法性,而民族意识的兴起也是在这种镜像视角的地理想象下生成并逐步加强的。

福柯对于"知识—权力"关系的分析已经阐明,思想与形象是制度化的知识生产系统塑造出的一种全新的想象空间,②自我的身份认同与地理认识交织于权力话语构筑的结构之中,地理想象"不仅是对其他地方的人、景观、文化的再现,而且是在这些再现中透射出的人的欲望、幻想、预想以及他们与其对象之间的权力网络,而且这是一种不平等的空间表征"③。一如东方主义产生于欧洲中心主义对于东亚的想象投射,宋朝所延续的"华夷之辨"话语体系,也是华夏作为话语权力中心建构出的客体化地理想象。

如果说过去的西方是将东方设想为一个庞大而模糊的他者,那么在感知东方的同时,与东方相对的自我形象认识,也在塑造着西方自己。当宋朝处于与周边政权紧张的关系之中,周边政权的他者凝视无疑会促使宋朝重新进行自我认识,然而,从宋朝主

---

① 葛兆光.宅兹中国:重建有关"中国"的历史论述[M].北京:中华书局,2011:57.
② [法]福柯.权力的眼睛:福柯访谈录[M].严锋,译.上海:上海人民出版社,1997:162.
③ 林耿,潘恺峰.地理想象:主客之镜像与建构[J].地理科学,2015(2):2.

张胜夷敌必先强内政,先内后外、"守在四夷"的政策态度来看,①宋朝对于现实政治地位下降的无力,将其引向了具有自我慰藉色彩的想象重构,辽、金等周边政权对于"谁为中国"阐释权野心勃勃的竞争,俨然已经成为高悬在宋朝头顶的"权力的眼睛"。

因为在天下的系统中,夷夏处于阴阳二元对立却又相互融合的关系结构。② 这种结构暗含的前提是势均力敌、相生相克,而反观历史,即使是在武功强盛的汉唐盛世,华夏中心的朝贡制度可能也仅存于表面的礼节与形式,诸夷作为事实上独立于华夏、享有平等地位的主体,③对于话语体系中心的华夏同样能够形成反向的凝视。并且这种"注视使某种观念深入人心"④——诸夷进于华夏的朝贡体系,组成了华夏自我认知印象的重要部分,更成为了宋朝是否成功证明自己承继"天下之中"地位的重要评判维度。

由于政治共同体内部对于文化礼制延续性的认同基础,宋朝必须要参与这场统治合法性的争夺,紧张的二元对立结构不断强化着宋朝对于自我威德优越性的想象,最终合理地激发出高扬"自我"主体性的民族意识。在这之后,宋朝努力地争取建立起不可被周边民族政权通过强力争夺、复制的专属性话语体系,这便是以"治"为核心的正统论脉络。

简言之,宋朝通过周边政权所折射的"华夏"镜像进行自我审视的过程,就是一个进行自我赋值、以此探寻如何成为"理想我"⑤的过程。那么也就可以理解,宋朝民族意识并非基于宋朝正统论的完成而成型,而早在宋朝与周边政权权力对峙激化,构建正统论的动因出现时就已经出场了,甚至自此便作为一种萦绕不散的想象,伴随着宋朝重建正统的文化进程不断绵延。

四、小结

时至今日,除了"西方"这面遥远而模糊的镜子之外,有谁能够作为"中国"自我认

---

① 陶晋升. 宋辽关系史研究[M]. 北京:中华书局,2008:92—94.
② 韦兵. 完整的天下经验:宋辽夏金元之间的互动[M]. 北京:北京师范大学出版社,2019:2.
③ 陶晋升. 宋辽关系史研究[M]. 北京:中华书局,2008:3.
④ [法]福柯. 权力的眼睛:福柯访谈录[M]. 严锋,译. 上海:上海人民出版社,1997:157.
⑤ [法]拉康. 拉康选集[M]. 褚孝泉,译. 上海:上海三联书店,2001:90.

识的参照？如果说"东方"与"西方"的不同之处显而易见，那么耐人寻味的就是当今中国与周边国家的关系。例如，当今中国与过往历史联系最为密切的东亚五国有何不同？曾经共享文脉的我们为何走向如今不同的发展路径？许多国家历史上曾在"中国"与"天下"的文脉中寻求过自己的位置，即使 17 世纪以后的各国渐行渐远，部分国家也仍然试图跨越现代政治边界去召唤"亚洲主义"或是"东亚共同体"，这也变相证实了这片土地之上、国家间的羁绊之深，即使政治性的共同体逐步崩裂瓦解，各国留存着同一性的历史底色仍是不可辩驳的事实。

只有在距离"中心"最近的"边缘"，才能看清自细枝末节处被长期忽略的自我特征，于是在近代中国史学界的发展阶段，从周边看中国，或是说从"天下"的内部视角重新发现"中国"，促生了"四裔之学"的兴起。我们的学者将过去自给自足式的研究拓展至以昔日所称"诸夷"为对象的"虏学"，意在确认"天下"时期共享的文化认同基础，也以此区分当下国际政治体系意义上的中国。往后便开启了新的道路，从"中国"与"周边"接触相生的历程，窥探历史链条如何环环相扣，再看中国如何从中央帝国的想象中脱胎而成现代国家，又使有限国界的认识与无边秩序的想象共存生长。

正如宋代的民族意识既不是将过往的历史文化既有特色直接归纳凝结而出的定义，也不只是权力系统单向输出灌注而成的意识形态神话，而是在历史与现实交织、他者与自我关系流变的纵横维度下共同衍生出的主体概念。在重新界定"中国"的概念时，或许我们不需要为其预设一种范式。前文或许并未得出任何实质性的结论，却在一定程度上表明我们仍有从自身出发，本位地探索与阐述"中国"概念的能力与余地，在面对其他叙事模式时，我们仍能够立足于延续性与建构性并存、辩证进行自我审视的立场。

（作者学校　复旦大学）

《思旧赋》：不只为"思旧"而"思旧"

——浅析向秀"顺名教以任自然"的处世哲学

王 蕾

同为"竹林七贤"、共好老庄玄学的嵇康和向秀却各秉"越名教以任自然""顺名教以任自然"的截然不同的处事方式。作于嵇康被杀后、立场选择时的《思旧赋》以笛声为情感载体，描绘了向秀纠结徘徊的心路历程，表明并最终坚定了他告别过去、以"顺人而不失己"的新方式面向未来的心迹。结合向秀归于司马氏后的任官行为表现，本文试图分析作者寓于文中"顺名教以任自然"的处世哲学观，揭示该赋作为其人生转折之际别旧（过去）向新（未来）的宣言书性质。

历来学者们分析向秀《思旧赋》的写作动机，或以"向前（过去）看"的时间观将其视为向秀对故居旧友的怀念，于今昔对比中表达作者对嵇康凛然气节的敬仰和司马氏暴政的愤慨之情。身处黑暗时代的鲁迅与向秀感同身受，他在《为了忘却的纪念》一文中写道："青年时期读向子期《思旧赋》，很怪他为什么只有寥寥的几行，刚开头却又煞了尾，然而，现在我懂了。"[①]清代何焯《义门读书记》卷四十五《文选·向子期〈思旧赋〉》也言："向子期《思旧赋》不容太露，故为词止此。晋人文尤不易及也。"[②]或以嵇康死后向秀入仕的人生选择对其进行人格操守的道德衡量。李贽不满向秀对司马氏黑暗政治的屈从，认为他没有骨气操守，其《焚书·思旧赋》曰："向秀《思旧赋》，只说康高才妙技而已。夫康之才之技，亦今古所有，但其人品气骨，则古今所希也……康犹为千古人

---

① 鲁迅. 鲁迅散文诗歌全集[M]. 北京：燕山出版社，2001：282.
② [清]何焯. 义门读书记[M]. 崔高维，点校. 北京：中华书局，1987：880.

豪所叹,而秀则已矣,谁复更思秀者……竹林七贤,此为最无骨头者!"①邓小军先生却认为向秀的选择实属无奈,情有可原:"向秀被迫与司马氏合作而内心不甘屈服,此情形与阮籍相似。向秀终能获得人们的谅解,其故在此……亦有为保全家身性命,对统治者低头,但是内心则不甘屈服者,则似可以批评其软弱,原谅其苦衷,而肯定其不甘屈服。"②

但笔者认为应细析向秀《思旧赋》中情感幽微复杂的变化,结合作者作赋后的在官任职行为,回顾性地分析他特定时期做出的仕途抉择,将其过去、此刻和未来的心路历程三位一体化。因此,本文转而以"向后(未来)看"的时间观着眼于他一直秉持的"顺名教以任自然"的处世哲学,分析向秀隐含于赋中曲折的情感辗转及其作赋本意。

当时司马氏集团提倡以名教治天下,原是儒家思想代名词的以名为教实则是他们篡位谋反、迫害异己的手段,竹林名士为反对名教束缚以求个性解放,转向崇尚老庄所谓的自然本性,并形成以嵇康为首的"竹林七贤"。他们针对司马氏的阴谋篡权活动,行径诞妄、玩世不恭,常常发表惊世骇俗的言论,自然引起司马氏的侧目。但对于司马氏以莫须有罪名铲除一切不与他合作的士人以致"天下名士去其半"的黑暗专制,同好庄子玄学的嵇康和向秀却表现出截然不同的应对方式。嵇康主张"越名教以任自然",明确反对名教,以自然对抗名教,追求一种更纯粹的自然本性。他曾在《与山巨源绝交书》中怒斥山涛,还说任官会使自己沾上"腥臊之气"以表达自己绝不出仕的决心,更提到让司马氏如芒在背的"不可者二",其一为"非汤武而薄周孔",其二为其刚肠嫉恶,轻肆直言的性格,他傲岸旷迈的不羁个性终招来杀身之祸。相较之下,向秀的"顺名教以任自然"比较温和,他主张在顺从名教的同时因任自然,在容身社会的自保前提下留有一片精神净土,做一个淡泊名利之士。对此,方勇先生就曾说:"嵇康是要求超越名教而达到'任自然',而向秀达到任自然的'无心'则是可以顺名教的。"③要进一步把握向秀对名教的顺应限度,就要回溯其思想导源之庄子的人格理想,《庄子·外物》云:"唯至人乃能游于世而不僻,顺人而不失己。"④主张为人处世应在顺应情势的前提下不失

① 李贽.焚书续焚书[M].北京:中华书局,2010:206—207.
② 邓小军.向秀《思旧赋》考论[J].文学前沿,2002(1).
③ 方勇.庄子学史:增补版[M].北京:人民出版社,2017:540.
④ [清]郭庆藩.庄子集释[M].北京:中华书局:931.

自我,保持崇尚自然、精神自由的独立性。正如庄子在《庄子·人间世》中借孔子之口所说:"臣之事君,义也,无适而非君也,无所逃于天地之间。"①由此,若将向秀《思旧赋》与其"顺名教以任自然"的处世哲学观相联系,便不难理解他的作赋动机及其在嵇康死后入职司马氏的仕途选择。

乍看标题《思旧赋》并纵览小赋全文,向秀于山阳故地忆故人旧游,又由邻人之笛联想到嵇康行刑之广陵琴,以虚实结合、巧用典故的手法借景抒情,于今昔对比中抒发作者物是人非的凄凉之感、感念旧友的深厚情谊和暗抨司马氏之残暴专制。这一解题思路确也切合题意,有其合理之处。但向秀真的只为"思旧"而"思旧"吗?其作赋动机只是单纯的怀念旧友、感怀旧游吗?那向秀作此赋歌颂嵇康英勇不屈的高尚气节并暗讽司马氏之暴政、自己却为求自保无奈屈从于司马氏,这前后两种行为似乎有所矛盾:李斯受罪的典故虽然隐晦,但向秀刚入职司马氏门下便重返故地、有感而发并怀念因"乱上"被杀的"罪人"嵇康,自己有很大风险会因此赋遭祸入狱,这样一来自保也就无从谈起。反之,若向秀入洛任职倾心投靠司马氏,便会彻底放弃其自由精神的理想人格,就更不会作《思旧赋》了。但若以"向后(未来)看"的眼光注意到向秀入职后的具体作为,便不难疏通作者看似前后矛盾实则内在统一的作赋意图。《晋书·向秀传》载:"康既被诛,秀应本郡计入洛。文帝问曰:'闻有箕山之志,何以在此?'秀曰:'以为巢许狷介之士,未达尧心,岂足多慕。'帝甚悦。"②《晋书·向秀传》言:"后为散骑侍郎,转黄门侍郎、散骑常侍,在朝不任职,容迹而已。卒于位。"③初入职面对司马氏人格之问时,向秀认为嵇康等人为狷介不羁之士,以致命难自保,而自己"未达尧心",他们的处世方式不适合先求自保的自己过度效仿。这固然表明了身为一介布衣之士的向秀自知势单力薄,无法与司马氏抗衡,因而在他面前屈从俯首,摆出甘为人臣之态,但就"岂足多慕"这句话的本意来看,却不见得完全是向秀的违心之言。向秀确实仰慕嵇康之英勇品行,但并不十分赞同其激烈之言、脱俗之举,认为对嵇康的仰慕不宜过多,应在适度的范围内因时、因势而变,因人而用,这从他们两人关于名教与自然关系的处世哲学观、对待司马氏专制政治的态度倾向中可见一二。入职司马氏门下得以保全自身是向秀"顺名教"的政治选择,而在位时徒有空名、不为实政之举便是他"任自然"这一

① [清]郭庆藩.庄子集释[M].北京:中华书局,2015:161.
② [唐]房玄龄等.晋书[M].北京:中华书局,2015:1374—1375.
③ 同上,1375.

人生理想的具体实践,前者是手段,后者才是最终目的,向秀试图以此在政治专制与人格自由的两极之间找到平衡。

由此再看向秀《思旧赋》,从作者字里行间的纠结彷徨心态中便可梳理出一条隐含其"顺名教以任自然"的人生哲学观线索,向秀希望挥别过去、以自己的处世方式直面未来的作赋意图便跃然纸上。全文以悲凄怀旧为主基调,但却暗含多处幽微的情感矛盾和思想转折点:小赋开篇"余与嵇康、吕安居止接近,其人并有不羁之才",表明自己与嵇康、吕安关系亲近、性情相似,但随之一"然"字使情感突转直下,"然嵇志远而疏,吕心旷而放,其后各以事见法",除痛惜好友丧命的惋惜之情外更表明自己力求自保之价值取向;"嵇博综技艺,于丝竹特妙。临当就命,顾视日影,索琴而弹之",嵇康临刑前的琴声《广陵散》是他蔑视暴政、灵魂不屈的人间绝响。但在向秀看来,这也显现出嵇康面对死亡时对至美音乐的眷恋,而这种以琴声为载体的对自由人格的纯粹之思无疑需要立于"活着"这一生命之基上才能最终得以实现;向秀入洛受职后返途刻意经过山阳旧居,"将命适于远京兮,遂旋反而北徂。济黄河以泛舟兮,经山阳之旧居",但目见悲凄荒凉之景时又徘徊踌躇,"惟古昔以怀今兮,心徘徊以踌躇",表露出他既不甘于全心屈于司马氏门下,完全丧失自己独立自由人格的精神理想,又力求自保以求"活着"的内心挣扎状态;"昔李斯之受罪兮,叹黄犬而长吟。悼嵇生之永辞兮,顾日影而弹琴。托运遇于领会兮,寄余命于寸阴",前两句借用李斯受罪的典故类比嵇康顾影弹琴的临刑之状,为其喊冤屈鸣不平,讽刺司马氏的残暴,但第三句反顾自身时又瞬间有所领悟,希冀将自己的余生托付给实实在在的光阴,大有惜命自保之意;"听鸣笛之慷慨兮,妙声绝而复寻"更有无穷深意,耳畔邻人之笛的消散意味着嵇康的广陵琴声也如其一般一去不复返、无处可寻了,眼下自己也即将任职司马氏门下,往昔自由不羁的"竹林七贤"也不复存在了,但一"复"字似乎又寄托了向秀某种渺远的期盼,即他对创化自然以追求本性的理想人格得以复现的新希望,无穷意蕴尽含其中;末句尘埃落定,"停驾言其将迈兮,遂援翰而写心",执笔写下此刻的心情后向秀决定重新驾车启程,既是向因公开反对、激烈抗争而丧命的嵇康及其代表的"竹林七贤"精神告别,也是决意以另一种方式默默展开斗争、走向自保前提下保持个性独立的未来的自我宣言。至此,向秀的心态由开篇的徘徊彷徨经由反复的自我曲折斗争最终归于明晰坚定。

综上,在士人鲜少独立精神空间的司马氏专制时代,同为"竹林七贤"的嵇康和向秀虽都好追求自然本性、摆脱世俗羁绊的老庄玄学,但两者在处世哲学观及其具体实现方式上存在很大差异。向秀作于嵇康死后、面临无奈政治选择的《思旧赋》以笛声为精神载体希求超越人生困境，除了思旧怀友以表叹息扼腕之情外，更于曲折幽微的情感变化中寄寓了他"顺名教以任自然"的处世哲学观，是挥别过去、以默默斗争的方式勇面未来的自我宣言书。

（作者学校　华东师范大学）

凝视之外

——《跨越边界的社区：北京"浙江村"的生活史》阅读报告

曾紫依

在阅读《跨越边界的社区：北京"浙江村"的生活史》（以下简称《跨越边界的社区》）这本书时，我发现与我最初的预判大有不同——我以为这本书应当是扎实地围绕着社区这样基础的单位展开的，而非先从更大的范围给予一定的限定，因而忽略了小单位的自发性。在读完了一整本《跨越边界的社区》后，我再次翻开了第一章第一页，此时再看这句"与悲壮的失败者心里的理性认识相比，人们才显得素质低。不是启发理性，而是过于理性，或者更精确地说，是固守了僵化的理性"却觉着精妙。看似随意的一句话就写尽了温州人与"浙江村"说不尽、道不明的关联。

全书的架构并不严谨踏实，甚至有散乱的嫌疑。但正如作者项飙在后记中提及的一样，事实的逻辑、调查者理解的逻辑和最终写作的逻辑是不同的，整本《跨越边界的社区》的写作逻辑是服务前两个逻辑，即事实与调查者理解的逻辑进行的。既遵循着逻辑线，按照年代整理材料，又试图从日常生活的角度更多地展现一手访谈资料的真实性，以小标题的形式分块梳理，这样做确实牺牲了一定的紧密性，却为我们打开了窥见作者所理解的"浙江村"人生活风貌的缝隙。

这本书对于我这样土生土长的温州人着实有太多魅力，父母也有亲戚朋友到北京打拼过，当书本中的一切对应到他们云淡风轻的一句"就这样过来了"时，我似乎能穿越文字同当时的他们一同呼吸；听惯了亲友玩笑时说自己同我这般大时已经在商场上摸爬滚打了，翻开《跨越边界的社区》就让我能触碰到，在那样一个特殊的时代的同龄人究竟是如何走上了改造自己、夺取希望的道路。这也许也是对于年轻一代的温州人反思当下的"温州精神"或是当下我们所共享的价值取向时不可或缺的文字材料。

在《跨越边界的社区》中,作者也对"浙江村"下了定义:非自然村落、非行政编制,是进京经商的浙江人自发形成的聚居区,地处北京市丰台区大红门地区,是典型的城乡接合部;而在此书的"序二"《正规化的纠结:北京"浙江村"和中国社会二十年来的变化》之中,作者则用更具体的话语来形容"浙江村","南腔北调,嘈杂非凡……满耳瓯语唧呀,迎面而来的尽是瘦削清癯的南国身形……",一切带上引号的物件到了脑海中都变为鲜活跳动的温州话,所有"脏、乱、差"的画面描述仿佛都能找到特定安放的地方,我想这大概就是作者所说,调研所需要的既陌生又熟悉的敏感度吧。

我敬佩作者的洞察力:通过一个普通家庭前后两年的日常生活的描写,直观地展示出周家八口人生活的基本样式及其变化,予以读者"浙江村"人典型的生活体系的时间安排、空间格局和关系网络的基本概念。在一家人纷繁复杂的一日行程完毕后,方才带我们走进了"浙江村"的"史前史",展示了人们来到北京后逐渐形成"浙江村"的历史。

在1984的部分,"浙江村"的"史前史"无外乎是概括了在没有"浙江村"之前的"浙江村"人们的流动经历:或是成群结队外出做工,或是改革开放初期的"供销大军"。但我疑惑的是作者并未深究人们流动出去的原因,当然这也是我这样的温州后生所无法想象或理解的,单凭一句"谋生计"难以令人信服,而我从访谈所概括得出的"随亲戚,跟大流,想赚钱"也只能算是只言片语,作者也只将如此趋势以"流动的传统"加以概括,因而也无需深究。

而后所描述"浙江村"的能人们开启的辛勤发家之路,可以说一路躲一路闯。随着1985年温州被列为首批沿海对外开放城市后,能人们发展商品生产和搞活流通更"理直气壮"了。对于如我这般还未踏入社会的读者而言,从1986年到1995年的"浙江村"发展历史确实显得"冗长"得精彩。

"浙江村"不仅壮大了自己,还直接影响乃至部分地改变了城市社会的经济社会体系。我以为作者以一个"攻"字来概括"浙江村"从"非正规经济"转换到"准正规经济"的过程再恰当不过。在压力与机遇同在的改革时期,或许正是浙江村人这样敢想敢做的拼劲才为后来的发展奠定了基础,开始了它的"独立"和"扩展"双轨共进的发展路子。作者在后文所总结的"生意人减轻风险的方式,一靠事先想得细,二靠摸清底细",正是对"浙江村"人看似白费的功夫的肯定。温州人独特的人情意识也在流动链的变化发展中起到了重要的作用,为了构建生产和销售之间的"经营网络",不仅要带动"自己人",还要尊重"能人",可谓是与人为善。而其中有趣的是作者提及,出租柜台的商店经理并未与"浙江村"人同化,原因是彼此在仪式上的不认同感相当强烈,然而抗拒融合也不一定对彼此的日常交往造成障碍。国家的政策调整促进了市场的开放,使得"浙江村"能进军正规商场,因此促进了流动网络的形成。但网络的形成使得人们在不与流入地社会发生多少交往的情况下,照样能生活、能赚钱。这样使得管理政策失去了有效依托,这是值得深思的。

皮夹克生意使得"浙江村"的生意急剧扩张,出现了定销、边贸等新形式,借助"亲友锁客户"的方式形成了全国性流动经营网络,其特性还与我们一般所认为的流动普遍规律相悖,恰恰是"往低处走"的流动方式让"浙江村"人到达了更多未知,扩展了市场。远距离贸易的发展、原材料的供应依赖于异地合作方式的形成,一方面依仗代理的生意伙伴的彼此信任,一方面也依靠核心系的关系扩散。而前文对"系"的解释是指关系丛或圈子,是在原来社会关系的基础上、在流动和经营的过程中形成的,可以理解为亲友关系与生意关系的重叠部分。但作者后文又提及核心系不能长期维持,容易因为没有彼此监督的能力和制度发生摩擦,过分地依赖以核心系为代表的亲友关系也会导致难以高效形成大型企业。核心系的限制也体现在对于布料、辅料等原材料的限制,最开始的触角延伸从亲友圈开始,"带"着"带"着就远离了亲友圈,但核心系仍是沟通的关键。

在资金市场方面,作者着重讲述了"呈会"的运作机制,也解答了我一大疑惑。这样一种风险轮流承担的亲友互帮的"轮流借、轮流还"的模式着实新颖,呈会的运作方式简单,背后却蕴含着对人际关系更多的理解。温州人很难接受一个模糊的"公共"的概念,但大家却又必须要聚在一起,这也是一种独特的关系丛的表现方式。

在我对老"浙江村"人的访谈之中,我也得知了些许当年"浙江村"的生活剪影。可以说,"浙江村"人将精明发展到生活的各个角落,包括诊所、幼儿园、打金店等设施的建设,从生活中发现商机,擅于赚别人的钱,也会赚自己人的钱。就我的访谈对象所说,与书中所说的一样,当时确实在附近形成了由温州人承包的菜场,菜场的一大特色,是颇具温州风味的海鲜经营。众所周知,温州人对于东海的热爱表现之一就在于爱吃海鲜,而在远离渔场的北京,家乡的风味又太难寻觅。因而在温州人聚集地的菜场里,专门有亲友形成的进货小组提供家乡之物,对待食物的如此执着也能让读者感慨温州人的独特。用我访谈对象的话来说,"来这菜场就觉得太亲切了,根本不需要担心正宗不正宗"。

对于《跨越边界的社区》中的第七章《1992—1995:乱里挣钱》这一部分作者认为这个章节名略奇怪,"乱"意在突出"浙江村"当时的两个特点:一是社区内"大生意"的错综复杂,其次是"浙江村"内帮派势力猖獗。"乱"的表现之一,社区内的"大生意"错综复杂,具体表现在该时期"浙江村"人选择了进军商场与盖大院。为什么习惯了自由经营模式的"浙江村"人愿意接受商场严格有序的内部管理,又持续配合管理?这并不是商场的经营模式有多吸引"浙江村"人,而是因为管理严格,商场的形象好,销售量才能上得去。而盖大院则不仅仅是凝聚人员、构建核心系的重要手段,更是产业分离、形成稳定生意圈的重要基础。"乱"的表现之二,帮派势力猖獗。可以理解为"浙江村"作为自发形成的聚居区难以以群众个人的力量与恶势力抗衡,这需要由公共管理的智慧来破解难题。

《跨越边界的社区》中对"浙江村"人如何在人生地不熟的地方经营关系进行描述。关系一词在民间语境中向来玄妙得很,多一分则损,少一分则缺,温州人的交往哲学其实与大多数生意人无异,只求一个"好事多磨",人际交往就得靠"磨"。当然我对文章中作者提及的"浙江村"人注重与"大人物"交往这一观点略有异议,这与我所了解的"温州交往"不太一样,可能是受限于调查,作者注重的视角并没能包揽"浙江村"人的全部,我了解的是大多数经商者对待他人的态度都十分尊重,只是可能更侧重与有资源、有能力的人交往,因而对于作者的用词不严谨我提出异议,但考虑到文章可能要突出该点更有利于行文逻辑,所以记录于此。

作者在前文提及,"不断地逃是浙江村发展的重要线索,逃跑也是温州模式发展的重要逻辑"。逃跑策略有难以监督、难以惩罚和集体行动的特点,逃跑也使得"浙江村"在原有体制的逃避中,来建造自己新的社会空间。然而如此能屈能伸的"浙江村"人却被大清理整得险些被一锅端,这其实也足以证明,"浙江村"人所谓的自主性其实是在政策宽松这一前提下自洽的,政策一旦收紧,"浙江村"的弹性也就不复存在。因而作者在1996年出书时还怀抱希望地认为大清理只是"浙江村"发展上的一种考验,"浙江村"这样的非正规化经济可能可以为经济转型中的中国提供一种可行的道路探索,但20年后证实,"浙江村"只是变动发展之中的一个环节而已。然而作者在做判断前,实际已经深入到情景内部,抓住症结,深挖其间的内在矛盾,这也是看见未来、有效应对的策略之一。

作者项飙先生在 20 岁能做出这样优秀的田野汇报,让我心生感佩的同时,也在思考:我如何能在众多的课业中突围,甘心付出大量的时光来贴近一群人,了解一段故事?这不仅仅是开头难,而是从一始终的难。但至少,《跨越边界的社区》就鞭策着我踏出这一步。

（作者学校 华东师范大学）

总体性问题场域中的性别视角

——贺桂梅《女性文学与性别政治的变迁》读书报告

张潇月

2014年，贺桂梅教授将自己1995—2013年写作的16篇有关女性文学与性别研究的论文汇集成《女性文学与性别政治的变迁》一书出版。全书以研究主题的时间顺序划分为四组文章，其中不但有作者"重返"女性文学研究后的文章，也有其研究生时期的学业论文。此书不但是作者对自己性别研究路径变化的阶段性总结与批判性反思，也为女性文学批评提供了一种新的研究理路。

在全书中，一个突出的特色即为从总体性问题场域中考察性别问题的研究方法。在总体性问题场域中讨论性别问题是与把性别问题单独提出来做考察相对的。贺桂梅教授认为："女性主义应当成为批评实践的立场，但不应当成为'出发点'，因为那样不仅意味着将对对象的研究等同于对对象的批判，而忽略可能存在的各种复杂性，同时也无法认知使女性成为'女性'的那种制度性的权力体制。"[①]因此，在本书中，女性文学的种种问题被放到性别制度、阶级、国（民）族、世代、资本体制等"交互作用的场域"中讨论。这种批评方法有其优越之处，但也存在一些问题。本文将从批评的总体性思路入手，简述其主要内容与其在各个场域中对性别问题的讨论，并对此种批评方法试作总体性的评价。

---

① 贺桂梅.当代女性文学批评的一个历史轮廓[A]//贺桂梅.女性文学与性别政治的变迁[M].北京：北京大学出版社，2014.

一、 政治场域中的女性问题： 现当代女性文学批评的三种资源与两个理论范畴

面对女性文学批评话语的匮乏，作者以一种"知识考古学"的态度对现当代的批评话语本身作了一种挖掘与清算，其从基本概念、理论资源与内在思路入手，结合历史语境分析不同话语形态之间的交融与冲突。前两章，尤其是《当代"女性文学"批评的三种资源》《当代女性文学批评的一个历史轮廓》两篇，讨论了本书进行批评时所主要使用的三种理论资源——新启蒙主义话语、当代女性主义话语与马克思主义话语。另外，围绕三种资源的关系，作者反复引用了两个理论性范畴，其一是海蒂·哈特曼的马克思主义与女性主义的"不快乐的婚姻"，其二是盖尔·鲁宾提出的性/社会性别制度。

女性文学批评的三种资源的话语权经历了一个此消彼长的过程。毛泽东时代强调马克思主义话语，将女性问题包含在阶级问题之中，宣传"男女都一样"的思想。到80年代，新启蒙主义话语侧重从生理、心理等"自然"而非"文化"的因素来界定女性，以"两性和谐"为目标，把"女性"批判限制在丰富"人性"的作用中。80年代中后期，西方女权/女性主义论著逐渐被译介，明确地将批判对象指认为男权制，提醒人们注意女性被压抑的位置与新启蒙主义的"大写的人"背后的男权色彩。在这个历史脉络中，可以清晰地发现几种话语权力的更迭，起初在革命政权的引导下，女性问题被限制在"阶级"维度上呈现，在此之后就出现了过分强调女性话语和阶级话语之间的分离的"个人化写作"。但"个人化写作"虽然摆脱了前一时期的"性别盲"，却落入了"阶级盲"的窠臼，常常忽视其所描写的女性的阶级区别，以中产阶级女性代替所有女性群体。作者认为，90 时代后女性主义批评需要面对的问题即是"在批判'新时期'以来的女性主义话语中产阶级化之后，如何重新引入马克思主义批判话语，在反省既有的历史经验基础上，更有力地处理性别与阶级问题"。

作者反复引用的两个理论性范畴，都是将女性问题放在政治的视域中进行解读而形成的概念。关于第一个理论性范畴，即女性主义与马克思主义的关系，作者在书中曾多次引用英国社会主义女性主义者海蒂·哈特曼用的一个形象的比喻："马克思主义和女性主义的'婚姻'就像大英法律所描述的丈夫和妻子的结合一般：二者合而为

一，而这'一'是马克思主义。"①这种"婚姻"的"不快乐"有两个原因：其一，不能确定社会主义政权的建立是否会"自然而然"地带来女性解放；其二，这种"婚姻"默认了女性解放运动是应该直接消融在阶级解放当中，或是被放到靠后的位置。直到六七十年代女性主义理论新潮的兴起，带来了一种将女性问题与政治问题分流的思路，才将女性问题从政治问题中剥离出来。但这种思路所倡导的"二元制"，即用性别等级关系的独立概念来补充马克思主义话语的"性别盲"部分，未免将此问题过于简单化了。作者认为，解决这种"不快乐的婚姻"的办法并不是简单地将性别与阶级从"包含"关系变为"并列"关系，而是要从一种"性/社会性别制度"的理论性范畴去思考。这就引出了本书所反复引用的第二个理论性范畴——"性/社会性别制度"，一种被作者视为能够更灵活地处理"阶级革命"与"女性解放"，"政治的"与"个人的"之关系的理论工具。

作者认为："使女性成其为'女性'的，并非'个人'的品质与主观诉求，而毋宁是一套社会化的制度与安排。"所谓的"新女性"（如《莎菲女士的日记》中的莎菲）之所以是游离的、不安的，就是因为她们没有一套"制度"去将其行为"合法化""自然化"。而在现代中国的语境当中，只有"劳工（农村）女性"才有与之相对应的"制度"（即革命话语），而并没有与全体"女性"相对应的那一套性别"制度"。只有建立起这一"性/社会性别制度"，才能破除"一元制"（阶级话语独霸）或"二元制"（阶级与性别话语简单相加）的限制，在讨论革命中的女性问题时不做"性别盲"，在讨论女性的个人问题时不做"阶级盲"，让反对资本主义与反对父权制的两个"战场"真正和谐地融合到一起。

在以上论证中，作者并不是完全地在理论层面上进行建构，而是从经验、文本、个案引申到理论、制度、社会架构。而之所以选择丁玲作为此章节的"个案"，是因为作者认为其有"强悍的生命力和不断跨越疆界的激情"②。而正是这种激情使其与周围的政治环境不断碰撞摩擦，也是这种生命力使得她完成了从"被撕裂"到"主动生产"的跨越性转变。罗雅琳认为："贺桂梅从丁玲那里看到的'强悍生命力'，正是这样一种主动投入创造的女性力量；而所谓'不断跨越疆界的激情'，则不仅指文学与政治、性别视野与其他视野打通的联合状态，更寄予着她对超越公私区隔、恢复'个人'与'外部'之间联系的期待。丁玲作为贺桂梅女性文学研究的原点与象征，提供了女性'突围'的一个

---

① ［英］海蒂·哈特曼. 马克思主义和女性主义不快乐的婚姻：导向更进步的结合［A］//顾燕翎，郑至慧. 女性主义经典：十八世纪欧洲启蒙，二十世纪本土反思［M］. 台北：女书文化事业有限公司，1999.
② 贺桂梅. 自序：遥远的行程［A］//贺桂梅. 历史与现实之间［M］. 济南：山东文艺出版社，2008：5.

有意味的例子。"

在使用以上所说的三种资源与两个理论范畴时,作者始终是谨慎的,将西方理论应用于中国问题,需要在实践过程中的灵活与变通处理。在应用"性/社会性别制度"的理论性范畴时,作者补充说明了这一点,提出:"在政治性的制度与偶然性的个体之间,两者发生关联的媒介,应被视为一个具有能动性的场域,才能呈现不同的复杂面向,否则很容易掉入模式化的阐释框架和定型化的性别想象。"虽然作者偏好将其批评的学术资源划分为界限较为明确的几类,但是其也明确拒绝了不同资源与理论的简单相加,而是考虑到它们之间的"化学作用"与其他潜在的作用因素。因此,这种分野明确而细节周到的表述是本书在"政治"这一总体性问题场域中的性别问题批评取得成功的重要原因。

二、 资本体制场域中的女性文学: 以"女性躯体修辞学"为例

本书的第三章《90 年代的女性文学》从对"个人化写作"的女作家作品的讨论入手,将女性文学作家与文本"置于社会语境、出版与传播的流通机制中,考察其如何被符号化、这些符号被挪用的方式及其在文化市场上如何被消费"。第四章《新世纪的大众文化与性别政治》中,作者尝试在研究中以"理论"连接"现实",重点讨论"文化市场的意识形态运作与作为修辞、形象、权力关系再现的性别书写方式的关系"。与前两章相比,第三、四章更加偏向于大众文化与流行文化,并且加入了市场与消费主义的角度,将女性问题放到资本体制的场域中进行研究。本节将选取作者在 90 年代"私人化"女性文学中的主要观点进行讨论。

在《有性别的文学》当中,作者在文章后半部分揭示了一个很值得玩味的现象:在逃离父权话语体系的过程中,女作家们"有意避开理性化的、外观式的及带有男性特征系统的语汇,尤其刻意地使用与女性身体感官体验有关的表叙方式。""在文学语言与女性躯体的比附、隐喻关系中,形成了一种独特的表意方式。"这种书写导致的效果是:"这不仅使情节的常规意义被淹没,而且以近乎刺目的、芜杂的感官体验改写了常规意义,从而使小说书写变为了共时性的、丧失指向的、身体感官极度活跃的'场',使叙事规则支配的小说,成为女性自由之躯游动的'以血为墨'的领地……"这种被南帆称之

为"女性躯体修辞学"①的叙述特色暗含了一种"逃离者"的悲哀,笔者将这种写作特色与疏离感形容为"离开父权话语体系的女性之'赤裸'"。之所以说是"赤裸"的,其中有三层含义。第一层为这些作品中对女性性征与性体验的隐喻,即肉体层面上的"赤裸";第二层为贺桂梅教授所提到的这种"纯粹的女性表意方式"由于刻意躲避男权话语而出现的话语匮乏,即她们是除了自己"赤裸的"身体而一无所有的;而第三层,笔者认为,是资本体制的场域中消费者的目光所至之处。在市场营销的情势下,作品中带有性别批判色彩的性描写常被仅仅作为一种快适的、色情的娱乐对象。在大众的阅读过程中,女性作家所追求的"遗世独立"的"自己的房间",所辛苦建立的脱离男权话语的女性话语,往往到最终仍然是潜在地满足了男性消费者对女性私人空间的窥探欲。在这种色情的"窥探"下,本是想以"身体话语"作为武器反抗男权话语的对女性私人体验的描写,反而成了袒露出要害、任人围观的商品。面对这种讽刺性的处境,作者在书中认为"其性政治的批判功能反而不如写实、戏拟写作方法的影响来得切实"。作者这种将"个人化写作"的效果欠佳归结为其功能性原因的解释方法可以说是没有解决问题的。笔者认为,这类女性文学的尴尬处境似乎可以借鉴"革命 + 恋爱"小说的分析方式借以解决。

　　之所以选择将此种"私人化"写作与"革命 + 恋爱"小说进行类比,是因为二者都是从"空白"处萌生的小说,并且都遭遇了被指责为"批判功能"不足的困境。正是由于正面表述知识分子与革命关系的理论语言的"空白","革命 + 恋爱"小说才能够肆意发挥其历史想象力,建立起一种独特的历史修辞——性/政治的转换与张力。在《性/政治的转换与张力》一文中,作者提出:"一方面,借用'恋爱'的修辞,使'革命'呈现为一种具体可感的历史形象;另一方面,在一个普遍分享着历史进化论的话语逻辑的时代,'革命'所召唤出来的强烈的'献身'激情,或许只有爱情可堪相比。"虽然这种解释方式有其理论困境,但是不失为一种启发性的思路。放到女性"私人化"写作上,作者着重介绍了其产生是由于女性在社会中面对自身的尴尬与"空白感",在经历追求男人、餍足男人的过程后,转向一种自我关注与探索。类比"革命 + 恋爱"小说中"性"对"政治"的呈现,这种对身体的关注,在某种程度上也可以视作一种对"女性同一性"的呈现,并且或许可以尝试将"身体写作"的修辞学成果纳入上文所提到的"性/社会性别制度"中

---

① 南帆. 躯体修辞学:肖像与性[J]. 文艺争鸣,1996(4).

对于全体女性的普适性"制度"的范畴内。如果是说将女性身体,尤其是女性性征语言私密的成长体验当作一种团结全体女性的工具,一种用以解释与丰富女性话语体系的"制度",那么将其暴露出来就是团结与号召的必要条件。如此看来,这个过程中的"副作用",即对男性趣味的潜在迎合,就显得不再是一种"弊",而是一种团结壮大力量的必要牺牲。

从这个问题上来看,作者以消费者的接受效果否定一种问题的功能性特征,可能是其受制于资本体制场域的结果。笔者斗胆对此问题作了进一步的场域外的不成熟的思考,希望以此补充本书已有的对"私人化"写作的评价。

三、总结

本书从一个侧面反映了近现代的性别研究在我国的推进过程,从贺桂梅教授个人的学术研究道路也可以窥见近三十年国内性别研究的风向。作者将性别视角放入总体性问题场域的研究方法充分结合了政治、经济等历史与时代因素,但也可能有囿于其中之处。这种方法不能算是创新,但可以说是一种个人特色。有了总体性问题场域的研究方法,文学批评理论变得更易与现实紧密结合,本书也因此对女性文学与批评的未来发展起到了深远的启发意义。

(作者学校　华东师范大学)

田园将芜胡不归：后乡土中国的现代性书写
——评梁鸿《中国在梁庄》

王馨宇

　　"从基层看上去，中国社会是乡土性的。"费孝通先生在《乡土中国》开篇如是说。在迅速现代化的今天，"乡"与"城"快速同化或运作成为和"城"对立的花园景观式想象，"乡土性"似乎维系的是上世纪的中国记忆，与声光色影的都市生活格格不入。然而国家统计局数据显示，2019 年我国乡村人口为 55 162 万人，占总人口的 40％——占据着如此庞大的人口背后，面对的却是长期的失语。直面真实的乡土叙事"缺位"让《中国在梁庄》(2011)甫一面世便率获大奖，《人民文学》辟出"非虚构文学"专栏刊发此文。作者梁鸿介于文学想象与社会学纪实调查之间的笔触，与零度写作的报告文学拉开距离，将河南穰县的梁庄从边缘拉入人们的视野中央。

　　《中国在梁庄》，"中国"和"梁庄"位置的倒置隐喻着"梁庄"背后承载着中国大多数乡村的共性。梁庄之于广阔的中国农村，像等比例浓缩的微观模型，从中投射出天南地北无数相似的乡村世界与置身其中之个体的影子："芝婶"透露出留守儿童与留守老人的问题、"春梅"身上对农民"性"问题的长期忽视、"昆生"面临的农村道德体系对个体自绝于群体后的拒斥、"赵嫂"显示的"父母身份与孝道的世俗化"……从孕育到死亡，梁庄中的个人史与中国乡村生活史同质异名。未曾在乡村生活过的人将会感受到梦幻灭的震惊，而出身乡村的人将从中找寻到莫大的共鸣。忠于口述实录与田野调查结合的创作手法带来的现实感与史诗感，让任何纠结于其文本语言的探讨黯然失色。村庄的历史是由村人所构建的，没有比亲历者"他们"说的话更有资格直接为梁庄作传。"事烦儿""老鳖一""二货山"等等方言依原貌保留下来，将思绪一下牵引到那个乡土文学根脉颇深的豫地,在普遍性中获得了特殊性。同时的,"梁庄"们构成了整个民族最温暖的子宫,抚育一代代人从村庄走出去,卷入"市场社会"的浪潮中。它的存在决定了精神寄托的所在,亦是失措时重整旗鼓的东山。

苦难是常态。中国当代文学并不缺少苦难叙事,对乡村苦难的渲染甚至一度成为创作范式,笔调多溺于"忧伤"与"哀痛"的感官冲击——过去时的乡村充盈着难以言说的伤痛,进行时的精神原乡在文化层面被等同地塑造为乌托邦。乡土中国的真实图景隐匿于文字表层之下,现实的村庄不像传统书写中的那么不堪,但它又肉眼可见地寥落了。某种意义上,它似乎仍可作为 20 世纪 40 年代"乡土中国"理论传统的印证,但又与乡土性质的三个维度迥乎不同了。① 从贫困到振兴之间,似乎有一道难以确言的断裂,叫人不禁狐疑飞速增长的经济数据之下,我们的乡村究竟是什么样的? 厘清所来之处近四十年的变迁史,忠诚地记录中国新旧交替的转型中乡村面临的阵痛,重新认识处于"后乡土中国"下的乡村社会,赋予了《中国在梁庄》植根大地的意义。

社会学家陆益龙指出,从本质上看,后乡土中国,最基本的问题不再是人民的饥饿问题,而是农民的发展问题或出路问题。这一问题是根源性、结构性的问题,其他诸多问题均与之产生联系。社会的现代化与市场化的大趋势下,一方面农民与土地剥离,而与市场的关系越来越紧密,另一方面农民在应对市场时处于劣势的地位,因为市场制度的核心规则与乡村社会的传统有着相当大的背离。走出的梁鸿是幸运的,跃出农门在北京拥有了自己的第二故乡。对于更多人,在改革开放初期,城乡二元制仍旧是难以逾越的堡垒:毅志在北京倒票被送到派出所;根儿在矿场打工,与妻子长期过着两地分居的生活;父母出走打工致使家庭教育的长期缺失产生下一代的成长问题。梁庄在改变,留在故乡的需要重新适应市场涌入后带来的新变化,而出走的又难以在城市中寻觅精神的归依。物质性的追求较精神性占据了更高的地位,维护乡村秩序的伦理法则与市场规则在方寸之间展开博弈,种种惶惑和妥协构成后乡土中国一种内蕴的声音,交杂在主旋律的宏大叙事中。

与"被看者"梁庄相对的是"我"。应该讲,中国现当代文学中以"我"为观看者掘进

---

① 费孝通赋予乡土性质的三个主要维度:一是社会主体的非流动性,二是社会空间的地方性,三是社会关系的熟悉性。

城市与乡土深层维度的切入方式并不罕见,它方便地为读者进入乡村世界提供了借以依托的视点。《中国在梁庄》跨时代地与鲁迅笔下的"离去—归来—再离去"(归乡模式)达到了遥相呼应的共鸣。① 笔下的人物较"闰土"的生活有了天翻地覆的改善,但他们仍旧共同有着对所处生活本质的不察,这一点梁鸿深刻地意识到了。

出于非虚构写作对真实性的内在要求,需要作者是忠实的复述者与录像机,抽离出先验的批判模式,重新审视乡村从改革开放以来的变迁。"历史的文本性"决定了历史事件的真实通过语言组织并表达出来时,就注定受到语言的束缚。文学系统所做的一切知识根据它的种种象征单位之间的关系而重新排列它们,文学产生于人类自身这一集合性主体。② 作者梁鸿并不回避自身所处视点所带来的价值判断或缺失,她坦诚地表示"你的谈话方向无一不在显示你的观念",并乐于分享在剪裁信息时背后意义的阐发,对文体的考量甚至在次要:在叙述中除了对口述原文的呈现,也包含梁鸿自身对故乡的思考。她也深深意识到自己作为代言人的合法性存疑,"我"存在于梁庄的亲属社会网络中,是梁庄的一分子,又时而发觉自身缺乏对另一种生活的承受力,情感上她是排除在梁庄内部结构外的一员,难以窥探到村人间的潜在关系和矛盾,现实中她甚至陌生到在村落中难以辨别方向。她时常不自觉地流露出对受访者或弱势群体的同情,但又会跳脱出来反思自身的立场是否有资格进行价值判断。我们常常追随她在理性与感性,访问者与梁庄人的身份中来回切换,农村题材仅是《中国在梁庄》的外壳,内里是作者的经验、焦虑、关怀,以"在场感"同步传递给读者。

美中不足的是,《中国在梁庄》还是不自觉落笔过"哀"了些。沉溺于"文化创伤"的描摹,这是"文学豫军"落笔乡土时共有的痼疾。借用学者李丹梦的评价:"倘若承认农民的边缘化处境乃是复活文化创伤的条件与构造,便已经把创伤跟现代化的重要内容——城市化,联系在一起了。就豫籍作家而言,它在主动回溯和体验文化创伤的过程中,亦将自身经历的农民身份的困惑与传统叠印了上去……"因此不可避免的,死亡在小说中俯拾皆是,荒凉而顽强的生命依托不可摆脱的力量——死来呈现,借此展现个体面临时代命运时强烈的无力感和下坠感。记叙的每一位梁庄人背后很难有顺遂的经历,磨难和伤痛的过程被作者有意无意地放大了,于是梁庄读来满纸血泪,满目

① 书中第六章名为"成年闰土"。
② [英]特里·伊格尔顿.二十世纪西方文学理论[M].北京:北京大学出版社,2018:97.

疮痍。

尽管前言中作者谈及"与其说这是一部乡村调查的话，毋宁说是一个归乡者对故乡的再次进入，不是一个启蒙者的眼光，而是重回生命之初"，但是潜意识里，即便出身于乡土的知识分子在重新回到乡土后，也不免披挂上启蒙的立场，居于高处将一切与城市经验的不同归结于农村的根性。当知识分子出走村庄，乡土的内涵便在不断的思念与重复中抽象为美好的概念，回到乡村，将反复在记忆中摹画的故乡与眼下的实景两相对照，陡然发现自己也是这座村庄的异乡人。

诚如"人不能两次踏入同一条河流"，即便"我"停滞，归乡者的故乡到底是回不去了，对梁庄的再次进入终归是"无处抵达的重返"。梁庄如此，中国任何一个普通的乡村的变化皆如此，故乡的物质载体是哈姆雷特的"变量"，而故乡，承载的是共同的感情。

"我终将离梁庄而去"，与之同步"传统的梁庄终将离我而去"。艾恺说："现代化是一个古典意义的悲剧，它带来的每一个利益都要求人类付出对他们仍有价值的其他东西作为代价。"梁庄的旧梦是历史发展中必然交换的条件：家族乡土中国正在进行着隐秘地溃散，但它并不意味着时代的没落，相反地，另一种乡村在涅槃重生：沿街崭新的院楼与坍颓的废墟共存。

总的来说，《中国在梁庄》是一纸诊断，但它不是药方。它以凝聚于梁庄的微型社会指出中国当代的政治经济改革、现代性追求与中国乡村之间的龃龉，揭示了层级运转中底层的压抑、冲突、逃离、无可奈何，但它又仅仅只能作为乡村生活的单向度侧写，回应的是自中国迈入现代化征程之后不断被追问的命题：是以欧美为蓝本，成为都市景观的镜像以寻求自身身份的认同，还是承认中国现代化的特殊性，诚恳地接纳传统乡土社会成为现代化的一部分？

答案或许是显见的，又是复杂的。后乡土中国时代的现实经验告诉我们，经历了革命、改造、市场的乡村社会，既不是传统的乡土社会，也不是现代化的新社会，而是转型并保留部分遗存的后乡土社会。解决乡村社会基本问题的根本出路，不可能是简单的、理想化的单一路径。无论是照搬城市的乡村城镇化，还是固守乡土的新农村建设，落地到乡村自身，都面临着优劣并存的作用。我们能做的是什么呢？记录，思辨。在结构巨变的背景中记录下问题和独特的中国现代性经验的描述，在追逐"文明"的过程中不断思辨所舍弃的对当下的意义。

《人民文学》主编李敬泽说:"不曾认识农村,何以认识中国?"转型期的田园,面临着式微的乡土宗法制度和血缘凝聚力。梁庄的存在像一面招魂的旗帜,对文字的阅读者发出亘古的召唤: 田园将芜,胡不归!

（作者学校　华东师范大学）

"吃"与"世界"： 赵树理文学语言的两极
——评《李家庄的变迁》

刘天宇

一、引言

　　《李家庄的变迁》创作于 1945 年秋冬之际,成书后即受到周扬、郭沫若、茅盾等党内文艺家的高度评价,50 年代起又被译为多种外文版本广泛流传,是为赵树理的长篇小说代表作之一。小说聚焦于晋东南之一隅,讲述了一个小村庄在波澜壮阔的历史激荡之下的人事变迁,所叙贯穿 20 世纪 20 年代至 40 年代中期,以近于简笔白描的方式勾画人物进而串连起个体命运与历史全景。学者萨支山认为在《李家庄的变迁》中赵树理"将他的 30 年代的农村经验与文学经验整合进一个长时段的叙述中了"[①],甚至是在完成对早期作品《有个人》和《李有才板话》的集成与精简,纵观不同作品中时间跨度的强烈对照,这种观点不无道理。在漫长的故事时间中,赵树理极力缝合农民生活与国家动态的尝试看似会使作品在撕扯之下结构松散而致流于粗陋,然而事实上,正是这种微观与宏观、民间与主流、农民主体与知识分子启蒙的辩证书写形成了赵树理创作的激迫张力。本文便尝试由"吃"与"世界"这两个文本中的常见词语切入,探寻张力在赵树理文学语言中的具体表现。

---

① 萨支山. 从《有个人》到《李家庄的变迁》：赵树理创作主题的形成[J]. 南方文坛,2021(1).

二、"吃"：民间性与农民主体

俗语云：民以食为天。作为一部将农民生活视为重要维度的作品,《李家庄的变迁》自然不会少见对"吃"的叙述,小说开篇引出众多人物的第一个情节便与"吃"相关：

> 从前没有村公所的时候,村里人有了事是请社首说理。说的时候不论是社首、原被事主、证人、庙管、帮忙,每人吃一斤面烙饼,赶到说完了,原被事主,有理的摊四成,没理的摊六成……后来阎锡山巧立名目,又成立了息讼会,不论怎样改,在李家庄只是旧规添上新规,在说理方面,只是烙饼增加了几份——除社首、事主、证人、帮忙以外,再加上村长副、间邻长、调解员等每人一份。[①]

在这段文本中,农民朴素生活的真实感跃然纸上：首先是与"吃"这一行为紧密贴合的说理制度,选择在晌午时分议事可以避免耽搁农务,同时在说理的过程中参与议事的社首、证人、帮忙等人又可以吃面烙饼解决午饭,这种制度显然是在农事活动的丰富经验中自发形成的,体现出一种自然而朴实的乡村治理方式。其次,事主两方以有理没理为标准将饭钱四六开分,讼者共同承担开销但是在分摊比例上有所倾斜,这种结果隐隐蕴含着对双方的责罚以及一种有别于现代社会个人平等主义的公平观念,很难不让人想起费孝通先生在《乡土中国》中描述的作为教育过程的乡村调解。在此之上,我们不难发现吃烙饼本身还是对民间性的隐喻,"旧规添上新规"和"只是烙饼增加了几份"意味着社会主流的改革难以触及民间生活,民间性以化合的方式将主流的变迁纳入己中,但在事实上并没有发生本质的改变。

而后,在铁锁误以为进步青年小常牺牲之时,"吃"再一次发挥了其力量：

> 好多人都替小常忧心,仍和昨天下米一样多,做下的干饭就剩下了半锅。铁

---

① 赵树理.赵树理文集：第一卷[M].北京：中国工人出版社,1980：72.

锁吃了半碗饭,再也吃不下去。他才觉着世界上只小常是第一个好人,可是只认识了一天就又不在了。①

这一次的"吃"与篇首的吃烙饼有所不同,其关注点不再是一种自在的秩序而是下潜至个体的心灵,准确来说是农民主体的内在情感。小常"牺牲"之前,铁锁方才通过小常的讲述对灰暗的局势有所认识,也第一次感受到知识分子与进步思想的温暖,他对小常自然地形成了一种心系的依赖和共情,而这份初现的真挚情感却即刻受到了沉重的打击。作为一个没有接受过充分教育的农民,铁锁不懂得开烈士追思会或是献花圈,但是他用最淳朴的方式——也即吃不下饭——来表达对小常的哀悼。赵树理文学语言中的"吃"无疑是真实贴近了农民心声的,他并没有运用五四新文学传统中颇为常见的大段心理描写来展现小常与其他农民工友的悲伤,而是透过农民尤为关心的吃饭问题来表现此时在远眺过革命曙光的农民心中存在着比"吃"更加重要的意愿。小常突破了过往对人世不公浑噩无知的状态,产生了对呼吁反抗的小常的悲切同理心,而这种超越了生理需求"吃"的情感喷薄则是成为了农民主体性觉醒的契机。

如果在农民主体性的意义上更进一步,我们不难发现,这样一种对农民主体的正视在同时期的解放区文学中其实是不多见的。丁玲的《太阳照在桑干河上》与周立波的《暴风骤雨》中都存在一种以工作队进驻为代表的外来力量,其视点也大多由知识分子或是革命干部的启蒙出发,并由此在实际上导致了作为启蒙对象的农民并未获得作者的平视。而《李家庄的变迁》则不然,赵树理始终将自己的叙事者视点保持在与农民的同一高度上,正如学者刘旭指出的,"赵树理保持了全知叙事的外表,但暗中把视点限制在农民群体……避免了'他者化'的视点"②,小说因此会存在"吃"等一系列具有强烈农民色彩的词语,实现赵树理"文摊文学家"的同时起到了一种"为农民代言"的效用——这也是一种对革命现实主义小说中常见的宏大话语的打破,较之难免落入图式化、符号化窠臼的政治口号,"吃"或许才更能代表农村经验与民族形式。

---

① 赵树理.赵树理文集:第一卷[M].北京:中国工人出版社,1980:104.
② 刘旭.赵树理文学的叙事模式研究[M].太原:北岳文艺出版社,2015:22.

三、"世界"： 文学政治与革命隐喻

在《李家庄的变迁》的文本阅读中,还有一个高频出现的词汇值得注意,那就是"世界"。据李国华统计,"自从《小二黑结婚》问世之后,赵树理有 8 篇小说使用了'世界'一词,其中《李家庄的变迁》更是使用了 27 次,频率相当高"①,事实上这仅是针对小说一种文体的计数,在赵树理的话剧、评书等作品如《万象楼》《灵泉洞》中,"世界"一词也常常出现。不仅如此,"世界"与"吃"不同,这个词在同时期的社会主义现实主义文学作品中也是广泛存在的,仍以上文提及的《太阳照在桑干河上》与《暴风骤雨》为例:

> 别看他们还有人怕他,世界已经翻了个过,世界还要往好里闹啦!②
> 我先问你,如今是不是民主的世界? 是不是咱们老百姓说了算?③

刘禾认为,"'世界'与英文词'world'的等同过程,乃以日语 sekai 为中介,而且重要的是,'世界'一词的这一世界化过程,成功地取代了早期汉语对于时空界限的概念性命名过程,如 tianxia'天下'"④。"世界"本来是佛教用语,意指时间与空间,后来又在古代汉语中演变出人间、天下等意思,刘禾在这里指出的"世界"已然超越了上述义项而被重新赋义,转为某一空间范围中的"政治统治秩序和伦理秩序"——这也是《李家庄的变迁》与《太阳照在桑干河上》、《暴风骤雨》等文本中的"世界"具有共性的意义:

> 铁锁道:"世界要就是这样,像我们这些正经老受苦人活着还有什么盼头?"小常道:"自然不能一直让它是这样,总得把这伙仗势力不说理的家伙们一齐打倒,由我们正正派派的老百姓们出来当家,世界才能有真理。"⑤

---

① 李国华.农民说理的世界:赵树理小说的形式与政治[M].上海:上海书店出版社,2016:32.
② 丁玲.丁玲全集:第二卷[M].石家庄:河北人民出版社,2001:229.
③ 周立波.周立波文集:第一卷[M].上海:上海文艺出版社,1981:244.
④ 刘禾.跨语际实践:文学,民族文化与被译介的现代性(中国,1900—1937)[M].宋伟杰,等,译.北京:生活・读书・新知三联书店,2014:345.
⑤ 赵树理.赵树理文集:第一卷[M].北京:中国工人出版社,1980:103.

对于农民而言,"世界"是外部性的:一方面,作为一个社会思潮赋义的新词汇,"世界"和"革命""(斗争)果实"等词一样并不在农民的日常用语体系之内,属于农民不熟悉的语言;另一方面,在能够对农民产生直接影响的乡村政治与伦理中,农民是处于权力关系之边缘的,被权力核心所制定的"世界"秩序排斥在外。而在小说中,铁锁得到小常的指引开始思考如何打倒使人受苦的政治和伦理秩序并且建立一个有真理的新秩序,继而情节被政治观念的觉醒推动着从农民生活进入到复杂而振奋的革命斗争中。雅克·朗西埃将文学政治视为"文学将政治'当成'文学——这就是说,在作为确切行动方式的政治与作为具体写作实践的文学之间存在特定的关联"①,赵树理文学语言中对"世界"的使用正是体现了这一点,他运用新词汇包裹起文学作品里旧环境中的人物,营造出一种日常生活的政治感,而事实上这也是毛泽东在《在延安文艺座谈会上的讲话》中希望实现的"文艺工作和一般革命工作的关系"。

具体而言,《李家庄的变迁》中的"世界"有两种不容忽视的用法,其一是"世界"的所有格:

> 这里的世界不是他们的世界了! 这里的世界完全成了我们的了! 可惜近几年来敌人每年还要来扰乱咱们几回,如今敌人一投降,我们更是彻底胜利了! 我们八年来,把那样一个李家庄变成了这样一个李家庄,这就是我们的总成绩!②

在这里,赵树理借人物之口明确地将象征着权力关系的"世界"分为"他们的"与"我们的",由此主流意识形态正式取代了民间性进而占据绝对的优势地位,被乡村伦理遮蔽的隐性阶级对立也浮出水面,进入主流意识形态并成为其重要组成部分。浅层来看,"世界"的所有格似乎将"世界"这一抽象的政治与伦理秩序拟形为某种可以标明归属的具体事物,实现了政治观念的日常化,有利于普及性的政治宣传,这种效用在赵树理的话剧作品《两个世界》中更为明显。所有格的深层内涵则旨在发起不限于启蒙的革命教育,抑或说是在反思五四以来的启蒙传统,即抹平启蒙者与被启蒙者之间的差距——虽然"世界"作为一种更具有知识分子性的话语而存在,但是通过所有格的划分将知识分子与农民合为一体,形成对夺取"世界"的一种鼓励与推进,仍然是毛泽东文

---

① [法]雅克·朗西埃. 文学的政治[J]. 林培源,译. 长安学术,2018(2).
② 赵树理. 赵树理文集:第一卷[M]. 北京:中国工人出版社,1980:191.

艺思想的实践延续。

另一种用法则是"世界"的变迁,示例如下:

> 两口子哭了一会,二妞又说了说近一年来家里的困难,最后铁锁又告她说世
> 界变了,不久就要想法打倒那些坏家伙,说着天就明了。①

所谓"世界"的变迁隐喻着浩浩荡荡的中国革命,虽然实际上其所指是整个中国社会发
生的重大变化,但是在赵树理以小见大的映射中,"世界"的变迁也可以被微缩成李家
庄的变迁,正与小说的标题相合,再次生成微观与宏观、个体与历史之间的张力。毛泽
东在中共七届二中全会的报告中曾有过与"世界"变迁类似的表述:"我们不但善于破
坏一个旧世界,我们还将善于建设一个新世界",在强调对旧世界的革命时还不忘强调
后革命时代中建设的重要性,《李家庄的变迁》的创作时间在此之前,其时抗日战争刚
结束不久、政局仍然动荡不安,因此小说重彩于变迁的过程而对新世界仅轻描淡写也
是不难理解的。值得一提的是,在赵树理写于建国之后的文学作品中,"世界"变迁的
表达方式几近于消失,或许是被当作标靶的旧世界被扫灭殆尽,又或许是因为新中国
的建立已然完成了赵树理渴求新世界的心愿。

四、余论: 作为"翻译"的赵树理文学语言

赵树理的文学语言在现代以来的文学语言发展史上具有重要地位,它背离了五四
之后欧化白话文的语言潮流,标识了一种文学语言的新形式。赵树理在《也算经验》里
写道:

> 我既是个农民出身而又上过学校的人,自然是既不得不与农民说话,又不得
> 不与知识分子说话。有时候从学校回到家乡,向乡间父老兄弟们谈起话来,一不
> 留心,也往往带一点学生腔,可是一带出那等腔调,立时就要遭到他们的议论……

————————————

① 赵树理.赵树理文集:第一卷[M].北京:中国工人出版社,1980:125.

以后即使向他们介绍知识分子的话，也要设法把知识分子的话翻译成他们的话来说……写起文章来便也在这方面留神。①

赵树理在此有意或无意地运用了"翻译"来形容自己的写作，而"翻译"一词正是赵树理文学语言在农民话语与知识分子话语间的定位，也是赵树理对自己作品所表现出的双重面向的自我表述。如果透过这一视角重审"吃"与"世界"，我们便会惊奇于他诚然实现了对农民与知识分子、革命干部所持不同话语的"翻译"。赵树理用"吃"来将乡村伦理中的民间传统与农民自觉的主体性转述给仍然处于旧启蒙立场的知识分子以及对农村问题认识尚浅的干部群体，又通过"世界"的隐喻将知识话语中的政治思想和革命观念转述给迫切需要改变的农民群众，以"翻译"的方式同时实现了民间立场的问题代言与作为功利的政治宣传。

（作者学校　华东师范大学）

---

① 赵树理.赵树理文集：第四卷[M].北京：中国工人出版社，1980：1398.

第三篇
历史与人文

《革命与历史：中国马克思主义历史学的起源，1919—1937》读书感想

徐嘉芝

中国的马克思主义史学理论在五四时期传入，最初被马克思主义者作为一种哲学理论予以对待；随着 1925 年的五卅运动和 1927 年的大革命失败，"社会问题"成为了时下最主要的关注点，马克思主义者开始利用唯物史观对中国社会进行历史分析；而之后十年的社会史论战更是促使马克思主义史学"成为一种显著的趋向"，历经百年风霜未曾凋谢，至今仍居于中国史学界的主流地位。然而，就国内关于中国马克思主义史学史的研究而言，虽然成果颇丰，但是总体上守成有余而创新不足，基本处于传统模式的笼罩之下，体现着鲜明的意识形态化特征。这一情况与国内马克思主义和革命一体化的倾向有关：马克思主义史学几乎被等同于中共史学，这导致了相关学术史往往以表彰式、认同式为主，与其说是研究学术，不如说是仰望先辈。[①] 归根结底，由于国内研究者"身在庐山"，在一定程度上缺乏超脱的视野马克思主义史学史领域呈现出较为保守和滞后的态势。

而阿里夫·德里克（Arif Dirlik）作为一位美国汉学界的权威学者，其所著的《革命与历史：中国马克思主义历史学的起源，1919—1937》（以下简称《革命与历史》）一书即使在中文文献的搜集整理和分析解释方面的能力稍显不足，但对于马克思主义史学本身的学术性分析无疑领先于国内的研究，为国内相关领域的研究提供了新的关注取向以参考借鉴。因此，纵然此书早已问世（1978 年英文版出版，2005 年中译版出版），

---

① 陈峰. 中国马克思主义史学史研究的反思与重构[J]. 中共党史研究，2020(3)：32.

仍不失为国内马克思主义史学研究的一种良性刺激。一方面,作者以"革命与历史"为题,表明马克思主义史学是与革命一同发展、共同作用的,并非完全被革命话语湮没,试图纠正学界将其看作意识形态附属产物的批评习惯,还原唯物史观对中国历史学的学术贡献;另一方面,作者钻研中国革命前后的思想脉络,将之视为一个思想史的课题进行探讨,始终围绕三个核心前提(马克思主义对于中国历史思想的贡献、马克思主义史学中政治与历史的关系、历史唯物主义在现代中国思想中的地位),对中国的马克思主义史学发展的史实进行阐述及引申思考,尝试重现 20 世纪 30 年代唯物史观的来龙去脉。① 总而言之,阿里夫·德里克得益于非中国马克思主义者的身份,拥有了一个更为客观的视角来分析马克思主义史学在中国的起源和早期发展,为国内学界提供了"去意识形态化"和"重思想史"两种新的研究路径。

下文将从《革命与历史》的具体文本出发,说明德里克如何进行去意识形态化的思想史研究,又如何评述马克思主义史学的学术意义和思想价值。这也是我在阅读过程中的最大收获所在,丰富了我对马克思主义历史学的理解,也激发了我对马克思主义在中国未来发展形式的思考。

一、 马克思主义史学的学术意义

1. 误区:"阶级"问题催生社会史论争

1927 年国民大革命的失败使得马克思主义者重新关注"中国社会性质"的问题,而其相左的观点导致了近十年如火如荼的论争。王宜昌在其 1932 年的《中国社会史论史》中将论战中的不同意见归为三个派别,即代表国民党激进派的"新生命派",代表中共官方、捍卫斯大林观点的"新思潮派",以及中共的另一种声音、捍卫托洛茨基的"托派"②,王氏这一大致区分被往后的中国史学家所普遍接受。三派论争的焦点在

---

① 此处主要指作者在第一章"问题"中提到本研究的主要任务是:分析 20 世纪 30 年代中国马克思主义历史解释的起源及其性质,阐明马克思主义史学家在运用马克思主义理论分析中国历史时所面对的问题,并考察他们对当时中国的革命性变革的专注是如何塑造了他们处理理论和历史问题的方式。

[美]阿里夫·德里克. 革命与历史:中国马克思主义历史学的起源,1919—1937[M]. 翁贺凯,译. 南京:江苏人民出版社,2005:2—3.

② 王宜昌. 中国社会史论史[J]. 读书杂志,1932(2):21—24.

于,中国主要是一个什么性质的社会?对此,国民党左派认为中国是一个"阶级结构模糊的社会",主张没有必要进行阶级斗争;而中共则强调阶级斗争是实现社会统一的先决条件,不过其内部对于阶级的划分并未达成一致意见,如郭沫若等"新思潮派"认为中国是"封建社会";相反,"托派"指出中国当前是资本主义统治下的世界的一部分,应当是"资本主义社会"。由此可见,三派之间的分歧围绕着"阶级"这一问题,并导出了一个相似的结论,即"中国的分裂并非存在于国家与社会之间,而是在社会内部——在存在着敌对利益的社会各阶级之间"①。因此,学界惯常落入谈及社会史论战便与阶级问题挂钩的窠臼之中。

但德里克指出,论战的爆发不仅仅源于各方现实利益诉求的不同,更主要的原因来自当时国内马克思主义史学家对唯物史观内在张力的肤浅认知,由此导致各派的史观滑向"意识形态的装饰物",削减了史学理论的学术意义。事实上,如萨明(T. Shamin)所说,马克思对社会的关注一直摇摆在革命与历史之间:一个阶级对抗决定所有成分的排列并为历史变革提供终极推动力的"两极性模式"(bipolar model),一个视社会为一个动态地相互关联的成分构成的复杂系统的"构造性模式"(structural model),前者适用于革命的情势下,而后者适用于"正常的"历史状态。② 换言之,马克思主义的史学观是多元和兼容的,可能存在着多种不同的且均合理的诠释形式。然而,当时国内的马克思主义学者往往将自己关于唯物史观和中国历史的解释看作唯一正确的理解,无法容忍不同观点的存在,这就导致了"过分简化(和单纯化)的中国历史观"③,一来使得社会史的论战旷日持久,二来限制了他们创造性地解释历史资料的才能,对中国史学的实际贡献显得有所失色。

德里克对于社会史论争中出现的一些错误倾向的批评可谓尖锐,一针见血地指出当时中国马克思主义史学家的关键问题在于难以透彻全面地了解唯物史观,而他们的各执一端和固执己见又赋予了唯物史观鲜明的阶级色彩,这种意识形态化的趋势使得他们在一定程度上忽略了学术性的发展。

---

① [美]阿里夫·德里克. 革命与历史:中国马克思主义历史学的起源,1919—1937[M]. 翁贺凯,译. 南京:江苏人民出版社,2010:68.
② T. Shamin. The Third Stage:Marxist Social Theory and the Origins of Our Time [J]. Journal of Contemporary Asia,1976,6(3):305.
③ [美]阿里夫·德里克. 革命与历史:中国马克思主义历史学的起源,1919—1937[M]. 翁贺凯,译. 南京:江苏人民出版社,2010:201.

2. 新"范式"：马克思主义之于中国史学思想的贡献

不幸的是，马克思主义史学观意识形态化的趋势似乎一直延续至今天的中国史学界，马克思主义之于中国史学思想的贡献往往在革命话语体系中被忽略，而德里克在书中对唯物史观之史学价值的重提不啻为一种启示。

德里克指出，虽然最初几年的论战以对社会革命进行理论分析为根本出发点，但这种突出意识形态化的趋势在进入 20 世纪 30 年代后发生了变化："一些论战者开始转向关于历史本身的研究""从历史出发来研究历史问题在论战中逐渐占据了一席之地"，及至 20 世纪 30 年代中期，"马克思主义史学家几乎将所有的注意力都集中在历史问题上""对于历史的兴趣已然超过了对现实的焦虑"①。也就是说，在论战过程中，马克思主义史学的学术性呈现日益增强的趋势，而意识形态的存在感在减弱。借用托马斯·库恩(T. Kuhn)的"范式理论"而言，马克思主义史观为中国知识分子提供了一种重新解释历史的新"范式"②，它取代了重视政治与道德、强调个体、注重叙述的传统儒家历史观，代之以重视社会经济结构、强调社会为历史研究的中心、注重历史解释的唯物史观，为"新史学"收获成果提供了新的契机。

具体地来讲，马克思主义史学为"通史"的写作提供了新的方法论。唯物史观一般将社会经济现象作为历史分析的出发点，并揭示出在社会经济进程中将历史广大的不同领域联结在一起的环节，故而在社会史论战期间通史类著作大量涌现。当然，"通史"本身并非中国史学的一种新形式，不过马克思主义史学家要求的是以一套以因果解释诠释历史进程的办法，这与传统通史仅仅将史实串联在一起的做法有很大的不同。③ 与此同时，史学家们致力于尝试重新定义历史现象的相对意义，因此转向对史料的关注：一方面大量的考古发掘被纳入历史材料的范畴，另一方面得益于现存的文献资料得到重新解读和再利用，一些在传统历史叙述中处于边缘化或者被忽视的问题也被重视起来，一同促进着国内历史认识的不断深化与拓展。④

当然，德里克并没有一味地夸赞马克思主义史学家对中国史学界的贡献。在

---

① [美]阿里夫·德里克. 革命与历史：中国马克思主义历史学的起源，1919—1937[M]. 翁贺凯，译. 南京：江苏人民出版社，2010：79，137.

② T. Kuhn. The Structure of Scientific Revolutions [M]. 2nd ed. Chicago：University of Chicago Press，1970：7.

③ [美]阿里夫·德里克. 革命与历史：中国马克思主义历史学的起源，1919—1937[M]. 翁贺凯，译. 南京：江苏人民出版社，2010：8.

④ 同上，7.

其看来,他们在处理历史问题的时候仍然存在不少缺陷,也没有摆脱意识形态产生的影响。[1] 但是,这些缺陷并不能遮蔽他们对于历史问题的创新性洞见,以及与其基本假定所配合的批判性研究的潜力。事实证明,中国当代史学的研究也在很大程度上继承着当时的史学观念,即便有这些缺陷的存在,他们比起传统史家和同时代的学院派而言也无疑是具有进步性的。所以说,1919—1937年之间马克思主义史学提供的新"范式"所具有的学术意义值得当今史学界重视。

总而言之,因为纠结于意识形态,社会史论战初期的马克思主义史学家忽略了学术性的发展。也是因为意识形态倾向的存在,当下的史学家忽视了阐释马克思主义史学观念的学术意义。因此,"去意识形态化"无疑是重要的,也许只有如此才能还马克思主义史学以真实客观的学术性。

二、 马克思主义史学的思想价值

1. 歧途:历史研究启迪革命策略

第一批马克思主义史学家其实并不是单纯的职业历史学家,他们同时还是尝试在历史中寻找革命实践问题答案的革命者。[2] 参与社会史论战的知识分子也坦率地承认,使革命获得新生是他们的主要目标,比如《读书杂志》的主编王礼锡在其对于论战的导论性文章中指出,"现在是盲目的革命已经碰壁,而革命的潜力又不可以消泯于暴力的镇压之下,正需要正确的革命理论指导正确的革命新途径的时候"[3]。相似的,何干之在对于社会史论战目的的描述中提到,"社会史、社会性质、农村社会性质的论战,可说是关于一个问题的多方面的探讨……都是为了决定未来方向而生出彻底清算过去和现在的要求"[4],可见这批史学家不懈地努力着,(试图)通过历史研究探求革命的

---

① [美]阿里夫·德里克.革命与历史:中国马克思主义历史学的起源,1919—1937[M].翁贺凯,译.南京:江苏人民出版社,2010:8.
② 施存统.唯物史观在中国的应用[A]//新青年社编辑部.社会主义讨论集[M].上海:新青年社,1922:429—430.
③ 瞿秋白.社会科学概论[A]//[美]阿里夫·德里克.革命与历史:中国马克思主义历史学的起源,1919—1937[M].翁贺凯,译.南京:江苏人民出版社,2010:35.
④ [美]阿里夫·德里克.革命与历史:中国马克思主义历史学的起源,1919—1937[M].翁贺凯,译.南京:江苏人民出版社,2010:36.

正确策略。也正因为此,学界一般认为,马克思主义史学的思想价值中最重要的是履行了政治功能,即助推了中共的意识形态的构建和政治革命的成功。

然而,德里克的看法却与此不同,他试图纠正学界将马克思主义史学的思想价值与启迪革命策略相联系的倾向性。因为"(社会史论者)将中国革命的原因和结果规限于思想活动的领域里无疑是太过简单化了"①,而"一套成功的革命策略的设计,需要的是比认可封建主义和资本主义这样的抽象概念精确得多的对于中国的社会、政治关系的洞察"②。在其看来,当时的马克思主义史学家并没有从他们的分析中得出如何获胜的结论,最终得以获胜的革命策略也并没有令人满意的历史分析(有别于革命分析)支持,事实是政治上的胜利者自己选择了与自身历史成就最为符合的历史解释,使之成为史学领域的胜利者,并非史学理论本身推进了政治的胜利。

的确,对政治因素的过于注重会导致马克思主义史学本身的价值被忽视,但过于强调史学理论对政治的影响却滑向了另一个意识形态化的极端。这两个误区不仅仅在社会史论战时期普遍发生,当代史学界也常步入歧途,德里克的文章在一定程度上能够引发马克思主义史学家们的反思,历史与政治之间究竟是如何发生关系的? 唯物史观在何种程度上推进了革命策略的产生,政治与意识形态的信仰又如何塑造了历史分析的方式?

2. 教训:从社会结构对历史进行解释

如果说中国马克思主义史学观对启迪革命策略的作用性并没有我们想象的那么大,那么历史唯物主义除了在史学研究上的贡献之外,对中国思想界还有什么贡献? 针对这个问题,德里克通过分析马克思主义史学在 20 世纪 30 年代以后逐渐偏离正轨的原因做出了回应。

如列文森所指出的,"马克思主义对于过去的历史化并没有导致一种对于过去的心安理得的抛弃,事实甚至证明了,中国的马克思主义史学家对于以下的想法并不自在——由于传统社会的特定价值与特定的社会结构相符合,它们就该被认为是与现实毫不相干。"③也就是说,中国的马克思主义者一方面想遵循马克思主义经典理论的字面含义,另一方面又想顾及中国历史的实际经验这一两难困境所致,加之后来解决革

---

① [美]阿里夫·德里克. 革命与历史:中国马克思主义历史学的起源,1919—1937[M]. 翁贺凯,译. 南京:江苏人民出版社,2010:37.

② 同上,205.

③ M. Goodman. The Role of History in Party Struggle, 1962 - 1964 [J]. China Quarterly,1972,51: 500 - 519.

命现实问题的迫切需要,使得他们不得不裁剪史事以适应马克思主义的"普世"模式,这却使历史观不仅从根本上背离了传统的史学观,也背离了为马克思主义的接受准备了基础的现代中国思想中的社会学潮流。作者认为这个教训能对中国的思想界产生贡献,即能够促使中国人意识到:"思想和价值不是超历史的永恒存在,而是特定的社会经济存在的产物。"①因此,真正的历史解释不应当是简单地相信或不相信某种理论模式,而必须是"从社会结构出发对历史进行解释"。

在这个意义上,纯粹的历史唯物主义作为一种从基础的社会经济进程出发、对于历史变革的发展动力的解释,在中国现代思想领域有着特定的价值。

习近平总书记曾指出:"理论的生命力在于不断创新,推动马克思主义不断发展是中国共产党人的神圣职责。"在中国共产党建党100周年之际,继续发展当代中国马克思主义、不断开辟中国马克思主义发展新境界是我们需要努力的方向,故分领域、分层次、有针对性地进行突破许是可行的方式。在推动马克思主义大众化的过程中,借用具有感染力的话语表达是喜闻乐见的,但这并不意味着学术界应当放弃思辨,因为思辨的视角才能直面历史,只有直面历史才能更好地聚焦现实问题,由此开创性地提出有说服力的、有预见性的中国理论!

(作者学校　华东师范大学)

---

① [美]阿里夫·德里克.革命与历史:中国马克思主义历史学的起源,1919—1937[M].翁贺凯,译.南京:江苏人民出版社,2010:216.

浅论中国古代"礼"与"法"及其在当代中国法治建设中的价值
——《中国法律与中国社会》读书随笔

阮雯昕

一、引言

《中国法律与中国社会》由我国著名学者瞿同祖先生所作,内容涵盖法学、社会学、政治学与历史学,是一部以跨学科视角研究中国古代社会法律现实的重要作品。该书成于 1944 年,彼时中国正在进行抗日战争,中华民族面临前所未有之危殆局面,故笔者斗胆推测,由于本书成于国家危亡之时,或许有通过研究中华传统文化,增强国人对本国文化了解,进而提振民族信心之意图。

本书通过分析古代法律条文及判例,对中国古代法律的主要特征以及法律背后的社会背景与意识形态进行了研究。全书共六章,前四章选取家族、婚姻与阶级三个角度,归纳了中国法律在社会生活方面的特征,即家族主义与阶级概念。第五章论述宗教在法律形成中的作用,以及宗教色彩在法律中的体现。第六章"儒家思想与法家思想",则从具体的社会生活层面抽象至意识形态领域,通过对儒法观点中曾引起激烈争论的两组对立("礼与法""德与刑")的分析,最终在第三节"以礼入法"中,得出了中国法律逐渐儒家化的结论。

阅毕全书,笔者感慨良多,故从第六章及附录出发,对中国古代法律传统中思想与制度层面的"礼"与"法"之内涵及关系进行探讨,并由对"礼"与"法"思想层面内涵的思考,探究"礼"与"法"之思想价值,以期其为中国当代法治建设提供思想养料。

二、 制度层面上的"礼""法"

（一）礼与法的内涵

礼，乃据伦常制定的富有差异性的行为规范，是儒家维护社会秩序的工具。伦常通过家族中的亲疏，及社会上的尊卑体现。制度层面的礼表现在两个方面：其一乃礼书对人日常生活、行为各方面的规制，既包括对物质产品使用的限定，如饮食、衣饰、房舍等；也包括对人类活动的程序、规格安排，如婚姻、丧葬、祭祀等。其二乃汉代以后产生的儒家化法律里对礼制遵守的规定。

据瞿老之言，在儒家原典的设想中，"礼"全然通过预防性的道德教化实现，"礼禁于将然之前，而法者禁于已然之后"①。然在孔子之后，儒者对原为法家工具的刑罚，看法趋于折衷。荀子认为"从教者固可以教化化之，不从教者便须威之以刑"②，董仲舒更是提出"天道之大者在阴阳，阳为德，阴为刑"③的德刑不可偏废说。由此，"礼"的实现不再完全依靠教化，而是由教化与刑罚共同维护。

法，是法家提倡的，为维护统治者权威及社会稳定所设的，具有同一性的行为规范。制度层面的法主要体现在自先秦以来的各种律典刑书之中，通过刑罚来保证其维系。

（二）礼法关系

1. 礼法冲突

春秋战国，礼崩乐坏与经济因素使社会阶层流动剧烈，出现具有不同诉求的利益团体，作为旧贵族代言者的儒家和新兴地主支持者的法家正是其中具有相当影响力的两支。当儒家与法家分别在政治上为统治者所采纳，制度层面的礼法冲突就显现出来。在对社会秩序的规定上，儒家主张社会地位差异化，而法家主张人民同一化；在维护社会秩序之手段上，儒家主张德治与教化，而法家主张刑罚与威慑。

---

① 戴德. 大戴礼记：卷二[A]//瞿同祖. 中国法律与中国社会[M]. 北京：商务印书馆，2010：328.
② 瞿同祖：中国法律与中国社会[M]. 北京：商务印书馆，2010：355.
③ 汉书·礼乐志，汉书·董仲舒传[A]//瞿同祖. 中国法律与中国社会[M]. 北京：商务印书馆，2010：358.

2. 法胜于礼

待秦朝一统天下，原先被秦国用于治国的法家制度自然也成为了全国主导。由于儒家是礼的主要支持者，故秦代对礼的排斥可于秦始皇焚书坑儒的举动中得以管窥。

3. 礼法交融

礼法交融之原因，从思想本身内观，乃是由于儒家"不绝对排斥法律，只是不主张以法治代替礼治、德治"①；从外部政治环境上看，虽然汉初法典仍由法家学者编订，以法家精神为主。然经汉武帝罢黜百家，独尊儒术，再加上董仲舒成功改造儒学，儒家的政治影响力大为加强。不过，因为法律写成后一般不轻易修改，故儒生一方面通过上疏、注释法律章句等方法对法律条文施加影响；另一方面，他们借由官吏身份的便利，在法律实践中应用儒家的礼制价值观，譬如东汉法律专家陈宠"每附经典，务从宽恕"②，便可作为汉代"礼法交融"之表现。

4. 礼为体，法为用

由于中国古代有朝代更替后订立新法的传统，因而汉亡后，法律儒家化的努力便于魏晋时开始由幕后的法律注释，走向台前的法律编订。儒臣将礼制写入律法，附上刑罚，出现了"礼所容许的，认为对的，也就是法所容许的，认为合法的"③的现象，即"礼为体，法为用"。据瞿老在书中的考证，隋唐之后，礼制与儒家思想便完全主导了法，诸如服制定罪、八议、容隐等法律走向完善，以至到北宋年间，李觏竟发出"礼者，虚称也，法制之总名也"④的感慨。

（三）余论

瞿老在对汉以后的礼、法关系进行分析时，主要依据是当时的律典及判例史料。虽然瞿老也在书中提到"具文"的现象，然综观全书，或许仍可认为瞿老对汉以后礼法关系的探讨，更多是制度层面的，而非思想层面的。

瞿老在文中虽力图持冷静客观之态度，然许是由于战争年代参考文献之局限，又或是本书主要针对的是法律史、社会史而非思想史，故而瞿老将法家之"法"定义为公

---

① 瞿同祖.中国法律与中国社会[M].北京：商务印书馆,2010：353.
② 后汉书.陈宠传[A]//瞿同祖.中国法律与中国社会[M].北京：商务印书馆,2010：383.
③ 瞿同祖.中国法律与中国社会[M].北京：商务印书馆,2010：371.
④ 赵晓耕.北宋士大夫的法律观——苏洵、苏轼、苏辙法治理念与传统法律文化[M].北京：北京大学出版社,2020：22.

正同一时,并未提及对法家思想中利用法、术、势统民弱民的理论;将儒家之"礼"定义为差别地位时,并未提及儒家思想中通过礼来达到和谐大同的理想。因此,笔者在下一章节,将以《中国法律与中国社会》为基础,结合其他文献,对思想层面的"礼""法"关系进行探讨。

三、 思想层面上的"礼""法"关系探究

(一)礼与法的内涵

由于汉以后,儒家思想一直作为正统思想流传,故而"礼"的内涵不再局限于先秦的"差别性行为规范",而是在不同时代背景下得到了丰富扩展。由于篇幅有限,加之笔者学问浅薄,无法旁征博引地对后世的"礼"思想进行概括;故笔者在此仅选取一例,根据苏轼传世文献中对"礼"的论述,来分析"礼"概念的扩展。本文之所以选取苏轼作为例证,是因为从宏观看,北宋乃儒学思想大发展的时代,对礼制、天理有了新的创见;从微观看,"大苏"所处之时代面临着儒学内部的冲撞,即以王安石为代表的、支持变法的功利主义法律观,与以司马光和二程为代表的、反对变法的理学主义法律观之间的冲突。而"三苏"思想又以"兼用杂糅"见长,故而苏轼的"礼"思想存在对上述二派观点的吸收与新解。再者,苏轼对"礼"思想的论述文献成于乌台诗案以前,即其思想从儒向佛道的转型之前,仍可算作儒家观点。

苏轼曾作《礼以养人为本论》,写道"夫礼之初,缘诸人情,因其所安者而为之节文"[①]。苏轼之所以认为"礼为本",是因为在他看来,礼"缘诸人情",是自然人伦之情的产物。"礼"更是具有"反本复始"的功效,可涤除欺诈、贪婪、暴虐等恶念,回到淳朴自然的原始状态。可见,苏轼对"礼"的阐发,"淡化了礼作为防止人欲膨胀泛滥的工具的作用色彩"[②]。由此,笔者斗胆推测,苏轼所说的"礼",更多指的并非差别性的行为规范,而是指自然原始状态下蕴藏于人内心的美德和秩序感,是指"人性能力、人性情感和某些共同的善恶观念"[③]。

---

① [宋]苏轼. 礼以养人为本论[A]//曾枣庄,舒大刚. 三苏全书(第十四册)[M]. 北京: 语文出版社,2001: 128—129.
② 杨胜宽. 论苏轼以人为本的礼制观——兼论其合祭天地之主张[J]. 西华大学学报(哲学社会科学版),2008(2): 7—11.
③ 李泽厚. 人类学历史本体论[M]. 青岛: 青岛出版社,2016: 147.

思想层面上的法，并不全由法家学者来阐述。相反，在后世研究中，被认为具有自然法色彩的是道家思想。道家的自然法思想，一方面体现在对自由的赞许上。老子云"功成事遂，百姓皆谓我自然"①，在他看来，最完美的政治是统治者顺应自然，不对百姓进行过多管束，人民得以自由生活。另一方面，这种自然法思想也体现在对正义的追求上。老子提出"人法地，地法天，天法道，道法自然"②，即认为统治者不能按照个人喜好随意干预社会，因为统治者之上还有"天道"，即宇宙的自然法则和规律。稷下黄老学派进一步拓展了老子的思想，认为由于法源自道，因而法也须顺应上天"正义公平"的特征，"无论赏罚都应当符合法的规定，任何人的行为都必须接受法的约束和规范"③。

虽然道家思想中蕴含着对自由、正义等自然法理念的追求，然先秦后，道家思想除了在汉代前期、魏晋时期和李唐前期得到了一定发扬，在历史上的其他时期并不处于主导地位。且魏晋所弘扬的道家乃庄子玄学，较为消极避世，并存在法律虚无主义的倾向，故而难以算作对思想层面之法内涵的发展。而李唐和西汉前期对"道"的崇扬也只是部分继承了道家有利于统治民众的思想，并没有将道家思想中的自由、正义之自然法因素很好地保留传承。因此可以在某种程度上说，道家对思想层面的法的贡献，主要集中在先秦时期，而先秦之后几乎销匿。

这种"过早后继无人"的情况也发生在法家。不仅先秦后少有专门的法律学家，而且先秦时期的法家理论也主要集中在实践层面，关注如何制定形式完备的法律来管理人民和富国强兵，对法理的阐发相对不足。再者，法家之法乃是维护统治者权威的工具，与术、势并用，其同一性主要针对人民，故无法认为法家之法在思想上具有公平、正义等价值。

总之，相对礼来说，中国古代法在思想上的内涵发展得相对不足，缺乏系统明确的理论体系。

（二）礼法关系

由上文分析可见，思想层面上礼对法的优势是压倒性的。这种优势既体现在内涵的系统性和丰富性上，也体现在制度层面上的法以伦常纲纪为法理，即以思想层面的礼作为法的内在价值依托。

---

① 老聃. 老子·第十七章[M]. 沈阳：辽宁民族出版社，1996.
② 老聃. 老子·第二十五章[M]. 沈阳：辽宁民族出版社，1996.
③ 朱晶晶. 先秦道家自然法思想[D]. 安徽：安徽大学，2010：17.

四、 中国古代法律"礼"与"法"对当代中国法治建设的价值

（一）当代中国法治建设中存在的问题

当代中国，自改革开放至今，可以说仍处在社会转型的过程中，这种转型体现在两个方面。其一，传统与现代的冲突。经济上，我国由自然经济走向计划经济，再步入社会主义市场经济，自给自足渐渐让位于商品交换和交易关系，经济往来增多使得矛盾相应增多。政治上，由君主制向民主制的转变，使人民由义务本位转向权利本位，法律由维护统治阶级利益转向维护人民利益，人们对法律、政府的看法产生变化。社会上，人口流动性的增强造成熟人社会向陌生人社会转型，血缘与地缘从伴生走向分离，传统道德约束作用有所削弱。其二，东方与西方的差异。改革开放后，西方思想进一步传入中国，使集体主义与个人主义、自由主义与保守主义等话题被更多的国人讨论并思考。不仅如此，在伦理学和哲学方面，还出现了"尼采和海德格尔都在嘲笑伦理学，后现代以来的道德虚无主义变成了今天的伦理学理论的浩荡潮流"[①]的情况，人们某种程度上可以说是遭遇了价值、信仰的解构。

在转型过程中，人们面临思想和社会生活的巨大变化，难免出现信仰迷茫、情绪焦虑，甚至在道德与物欲中摇摆的情况，以至于出现一些由道德因素引起的法律冲突，比如在市场经济运行中出现的诚信问题。

为应对道德困境，立法机关制定出更繁多细密的法律条文来约束人们的行为。然而法律条文终归只是对人外在行为的管束，只能治标而不能治本。愚以为治本之策乃是将德治作为法治的辅助手段，通过提升人们心中的道德感来使人自发地调整行为，在建立社会普遍认同的道德观、价值观的情况下，再对具体法律条文进行适度调整。

（二）"礼"与"法"的现实意义

在中国古代法律传统中，礼的部分内容是值得承继和借鉴的。后世儒者对"礼"反本复始价值的强调、对蕴藏于人内心的美德和秩序感的发掘，在当代具有相当强的现

---

① 李泽厚.人类学历史本体论[M].青岛：青岛出版社，2016：151.

实意义。这种对"反本复始"的呼吁,可以说是对李泽厚先生所说的"宗教性道德"的呼吁,体现了"伦理在历史相对性、时代性中积淀出的人性能力、人性情感以及某些善恶观念的绝对价值和独立意义"[1],有利于使社会在全然理性的制度秩序运行中,更注重"同情、感化、和睦、协调"[2],构建天人和同的"情本体",增添社会和谐性与人情色彩。不仅如此,首先,"礼"是对"人性本善"信仰的间接承认,有利于减轻人们因西方道德虚无主义而产生的迷茫,提升对社会道德改善的信心,从而以更真诚、包容、开放的态度面对人际沟通和利益往来。再者,礼所强调的道德教化能够塑造人的内在品质,有利于人们自觉调整行为,减少由于不当行为而造成的法律冲突,节约司法资源。最后,礼宣扬节欲,也对当下出现的拜金主义等观念起到一定的范导和约束作用。

不过,由于我国的法治建设历史较短,难免出现有人混淆德治与法治的主次地位,出现以道德舆论绑架法律判决、以和谐为噱头掩盖弊端的现象。所以,在宣扬和谐道德的同时,也要注意以法治为先,把理性、公平正义等价值放在更重要的地位。

五、 小结

礼与法的冲突与交融乃是中国古代法律传统的重要特征之一,从制度和思想层面分析礼与法的内涵及关系,使笔者对礼和法的外在表现和内在价值有了更加深刻的认识。礼是具有差异性的行为规范,在后世儒者的发扬下,增添了追求和谐、至善的价值;法在形式上具有同一的特征,看似体现公平,却是统治者统御臣民的工具,对自然法精神的阐发更多出自于道家而非法家。经过探究,笔者认为礼所强调的"和谐"对当代中国的法治建设具有重要意义,它可以通过"宗教性道德即儒家所说的安身立命和西方所说的终极关怀来范导和适当构建现代社会性道德",使人们的行为在道德指引和法律框架下得到规范,向着"和谐而公正的社会"发展。

(作者学校　复旦大学)

---

[1] 李泽厚. 人类学历史本体论[M]. 青岛:青岛出版社,2016:148.
[2] 同上,151.

内忧外患下的社会主义实践与启示

——《法兰西内战》读书随笔

吴佳劲

马克思密切关注普法战争时期法国阶级斗争形势和工人运动的发展,据此撰写了关于普法战争的两篇宣言与《法兰西内战》的宣言、初稿和再稿,由此有机组成了完整的《法兰西内战》书籍。在这部书中,马克思既对普法战争的态势做了公正评判,又对巴黎公社的发展、组织与最终失败进行了客观分析。在阅读整部书与了解相关历史背景后,我对书中内容有了自己的见解。

一、 普法战争的发展必然性与对工人阶级的启示

(一)统治阶级的纷争无关民族间相容与工人阶级的联合

第一篇宣言在普法战争之初发表,指出工人阶级的解放需要国际间的合作,工人阶级不能被各国的统治者利用而自相残杀。对法国而言,拿破仑三世为转移国内矛盾而发动这场战争;对普鲁士而言,代表封建势力的容克贵族渴望用"王朝战争"的方式完成统一,更好地保留自身利益,两国统治阶级都因阶级私利发动战争。无论孰胜孰败,国家间的纷争会引发民族间的仇恨,进而给国际间工人阶级合作蒙上阴影。而对比资产阶级的冲突对立,德法工人却互通友谊,可见旧体制无论怎样伪装,彼此在利益面前都难以相容。与之对应,唯有以工人阶级联合而诞生的新社会方能实现彼此的和平。

（二）资本主义发展导致的必然结果与法国革命的不彻底

第二篇宣言在巴黎发生革命后不久发出。我认为，普法战争的结果恰巧说明了资本主义在当时的强大生命力。由于 19 世纪中期欧洲大陆基本处于封建君主的统治下，对资本主义的排斥才促使帝国复辟，而法国的资本主义又经历发展后，封建统治再次成为阻碍必须消灭；而俾斯麦看到了普鲁士资本主义的发展态势，采取战争手段为本国资本主义发展扫清障碍。这一阶段，各国的资本主义都处于上升期，市场与霸权成为争夺对象，因此，普鲁士不会满足于自卫，这场战争是它盼望已久，希望掠夺法国充实自身的战争。

巴黎革命推翻了第二帝国，但是革命没有打碎旧体制，只填充了除帝位以外的其他职位后成立共和国，政府"不是作为社会的胜利，而是作为民族的防御措施宣告成立的"①，政权掌握在资产阶级派系手中，他们既相互掣肘，又共同敌视工人阶级。工人阶级需要再次斗争，但在国家利益面前，法国的工人阶级必须全力支持本国政府抵抗侵略，同时要坚守立场不要成为被资产阶级利用的工具。事实上，在法国的历次革命中，工人阶级始终是革命的主力军，但在坚持斗争的同时要学会争取革命领导权，自己掌握法国的命运！

二、巴黎公社成立与失败过程前后的发展动向

（一）法国资产阶级的软弱性与自私性

虽然共和国成立了，但革命尚未完备：工人阶级领袖处于狱中，普鲁士大军兵临城下。人们不得不容忍富有政治经验的资产阶级政客掌握政权，成立国防政府保卫国家。但对于法国资产阶级而言，一方面，法国因为战争财源枯竭，要补充资本必须压榨人民，而保卫国家必须武装人民，工人阶级会因此壮大，最终即使战胜普军自己也会随着革命浪潮覆灭；另一方面，普鲁士的目的是为自身资本主义开疆拓土，而在根本问题上，相同的阶级性质使它决不会允许法国无产阶级掌权。因此，唯有彻底输掉普法战争，才能依托普鲁士的力量压制革命，维护自身统治。

---

① ［德］卡尔·马克思.法兰西内战［M］.中共中央马克思恩格斯列宁斯大林著作编译局，编译.北京：人民出版社.2018：31.

以政府首脑梯也尔为例，他扮演着革命"停滞者"的角色：看不见历史发展的趋势，只为自己处于某个局势下的前途考虑，为一己私利在法国的发展中在各个派系间摇摆。他利用革命四处奔走，以便让保皇党彻底获胜，使自己再获重用。

（二）巴黎公社的成立、进步趋势与局限概述

资产阶级的谋划使他们选择屈膝投降，但由于革命形势不得不采取欺骗性宣传并除掉投降道路上的所有障碍，解除巴黎工人阶级的武装成为重中之重。因此，法兰西内战事实上是由国防政府发动的，是资产阶级当权派为了自身利益选择消灭无产阶级的武装，无产阶级被迫与资产阶级开战。国防政府偷袭蒙特马尔高地使得人民进行抗争，从而赶走国防政府，巴黎公社就此成立。

共和国初期的失败启示公社不能简单地掌握国家旧机器，"中央集权的国家政权连同遍布各地的机关是按照系统的和等级的分工原则建立的——起源于专制君主制时代，当时它充当了新兴资产阶级社会反对封建制度的有力武器"①。法国大革命的当权者用这些机关清除反革命势力，并通过中央集权阻止国家四分五裂；而法国之后的政治体制建立在半封建的第一帝国基础上，随着社会发展造成的资本与劳动对立而演变为阶级统治的工具。统治阶级对生产者的不断声讨使它更加依靠行政机关来领导暴力机器的执行，政府权力的不断增大促使拿破仑三世抓住机会踢开议会成立帝国。事实上，"帝国是在资产阶级已经丧失统治国家的能力而工人阶级又尚未获得这种能力时唯一可能的统治形式"②。资产阶级能力不足，无产阶级又不满其压迫，两者既无法自己执政，又反对对方上台，因而欢迎帝国这一第三种管理形式的到来。但是这个帝国仅是在两大阶级间达成了妥协而并未满足任何一方的需求，反而因为逆历史潮流而覆灭，公社是最理想的替代方案。

但是，巴黎公社的努力仅限于巴黎这一个城市，它未与其他法国城市取得普遍联系，也未果断采取措施消灭反革命势力。同时，这些举措都在与国防政府的斗争和普鲁士大兵压境的态势下进行，难以得到有效贯通，而公社中央委员会出于善意与妥协仅采取积极的防御态势应对两方的挑战，这也为最终失败埋下伏笔。

---

① ［德］卡尔·马克思.法兰西内战［M］.中共中央马克思恩格斯列宁斯大林著作编译局，编译.北京：人民出版社.2018：56.
② 同上，59.

（三）反动势力的内外勾结与巴黎公社的最终失败

无论巴黎公社的成员如何表现团结与善意的决心，法国资产阶级也绝不允许无产阶级执政或是参政。与巴黎公社遵循的国际原则不同，资本家并不会拘泥于道义，他们只会为了利益无情消灭阻碍；对普鲁士而言，巴黎公社代表的是工人阶级等劳动人民，断然不会承担由上层统治阶级种下的恶果。因此，在国内，梯也尔一面以和谈争取时间，阻断巴黎公社与各地的联系；一面以"共和国"的名义镇压国内起义，并与普鲁士商谈投降事宜；在国外，俾斯麦允许梯也尔扩充反革命势力，内外势力竞相勾结，来消灭自己的手足。面对敌人的进攻，巴黎公社终因寡不敌众而最终失败。

虽然巴黎公社不幸失败，但公社的精神是永不磨灭的，并且公社在短暂的管理中，积极实践了马克思主义的原则，其在特殊背景下的发展给我带来了新的思考。

三、 对巴黎公社及其在特殊背景下成长的具体认识与看法

（一）公社的兴起：必然性与局限性

在色当战役后，法国各地都出现建立公社的运动，而 1870 年"10 月初巴黎的种种运动，目的都在于建立公社，借以防御外敌入侵和完成 9 月 4 日起义的任务"[①]。无产阶级自主意识已开始觉醒，开始领导革命与夺取政权，可无产阶级的觉悟与力量相对不足，不得不与资产阶级共同领导社会革命。而在历次革命中，资产阶级总是利用无产阶级赢得革命胜利，一旦革命成功，资产阶级总会为了自身利益而将无产阶级打压甚至消灭。在本次革命中，无产阶级建立公社的初步尝试因资本家的蛊惑而流产，因为相关领导人过于相信资产阶级让出政权的谎言而错失了大好良机。但是无产阶级建立公社的决心从未动摇，资产阶级国防政府也只是因为保卫国家的需要而被人们容忍存在。然而，国防政府为了自身利益而进行的种种镇压、欺骗行为使得各界越来越不满：一方面，无产阶级无法容忍自己领导的革命成果再次被夺走；另一方面人民对国防政府的屈膝投降十分愤慨。进步力量逐步汇聚到了一起，因而，巴黎公社的建立是必然的。

---

① ［德］卡尔·马克思.法兰西内战［M］.中共中央马克思恩格斯列宁斯大林著作编译局，编译.北京：人民出版社.2018：94.

同时,巴黎公社的建立虽有着明显的发展趋势,但未有一个强有力的领导体制,公社领导人出于国家大义始终想用和平的方式与国防政府相处,而公社的建立最直接的因素是国防政府已开始露出的反革命的面目。同时,公社在建立后没有及时消除内患,并且在前期的准备方面,公社还存在不足。不过在巴黎公社建立后,无产阶级开始抛弃幻想,实践社会主义治理原则。

(二)对巴黎公社进步性的具体认识

国家机器的形成有其历史必然性。在欧洲中世纪,贵族、城市与教会的领主都存在特权,生活在他们中间的百姓遭受着领主们的多重盘剥,因而希望统一的中央政权来调度各方,国家由此诞生,并利用暴力机关对社会进行特权清理与秩序规范。法国大革命就致力于消除各区域的独立性,使法国成为统一的民族国家,而反革命势力的反扑、社会动乱的平定与最后的活力恢复,都需要政府发挥效用,国家机器得以更集中更有组织。

但是,国家是由人治理的,不可避免具有阶级性。而在资产阶级国家,资产阶级掌握政权,他们的特殊利益同社会普遍利益相分离并以国家利益的形式固定下来,成为与社会对立的利益。而工人阶级的历次革命都使其为更好地镇压暴力的职能不断加强,国家旧机器还在不断更新着,无论人员怎样变换,都免不了依托已有的机构行事,人民受压迫的局面无法改变。

那么,如何打碎国家旧机器呢?公社敏锐地看到,必须首先解决国家存在的经济基础与维护统治的暴力工具。公社打出"廉价政府"的口号,废除了常备军和国家官吏的重大开支项目,铲除了阶级统治依赖的经济基础,将常备军代之以武装的人民,并铲除警察等旧政府所倚仗的暴力机器。同时,巴黎公社并不只代表工人阶级的利益,更代表广大人民的利益。这体现在它对农民与小资产阶级的态度上,它反对农民被剥夺生产资料而强调保护其成果所有权,也反对大资本家对小资产阶级的债务剥削,它代表着广大人民的利益。

巴黎公社实质要将国家的阶级统治转变为社会生产者的自治,打破国家的阶级统治职能,把政府从暴力统治部门转变为履行基本职能的社会管理机构,通过前文的措施把行政、立法与司法职能变成真正工人的职务,实现劳动的解放,从而把属于国家的特殊利益归还给社会大众,合并为社会的普遍利益而由人民共享。通过工人阶级的无产阶级专政方式实践社会主义原则,并逐步过渡到共产主义,即实现人的自由全面发展。

(三) 由巴黎公社的发展所带来的启示

巴黎公社的职能兼有了社会主义与共产主义的特性,在短期内的管理也取得了巨大成效,而其前后发展与最后结局也给后世社会主义实践带来深刻启示。

我认为,无产阶级专政与社会主义固然要在打碎国家旧机器上建立,但国家旧机器的消灭是一个长时间的过程,彻底的打碎必须放在共产主义阶段。马克思在批判资本主义的同时也肯定资本主义的进步性,资本主义凭借国家机器创造巨大收益,巴黎公社进行的实践正是建立在资本主义政治经济高度发达的基础上,才有可能消灭阶级回归社会与人民的自治。对于生产力水平低下的国家,资本主义国家机器正是他们可利用的发展形式,在自身经济基础完善的前提下逐步打碎,最终进入共产主义。

同时,国家旧机器的打碎与无产阶级专政的实现,必然要有良好的条件,巴黎公社的实践只是局限于一个城市,而彻底的变革需要"全国范围内和国际范围内进行协调的合作"①。因为国家旧机器的打碎不能是单个的,必须是全面的:一国打碎了,他国暴力机关的存在还是会引起社会担忧,期望自己也拥有暴力机关护卫,这便会要求国家机器的重生。因而,马克思提出"多国胜利论",在区域性的强联合下使社会主义站住脚跟,并带动他国国家机器的打碎,最终使世界范围内不再有"国家"这一工具。

而在具体斗争中,各国的不同态势决定社会主义革命不能同时完成,而胜利的保持既需要团结革命力量,也要坚决消灭反革命势力。巴黎公社的失败就在于对资产阶级抱有幻想,本着人道原则没有消灭国防政府,使得帝国主义内外勾结。巴黎公社的政策具有进步意义,但也缺乏长期稳定的环境进行实施。在俄国革命中,列宁对马克思主义进行发展,提出"一国胜利论":俄国的十月革命建立苏维埃后,没有立即投身于建设,而是集中力量无情地消灭国内反革命势力与打击国外干涉势力,由此再进行建设,从而保住了革命成果。

---

① [德]卡尔·马克思. 法兰西内战[M]. 中共中央马克思恩格斯列宁斯大林著作编译局,编译. 北京:人民出版社. 2018:106.

我们今天建设中国特色社会主义要依靠新时代的国家机器发展，并跟随潮流逐步转变国家、政府职能，最终实现人的自由全面发展。

（作者学校　华东师范大学）

《三国志》读书笔记： 论季汉王朝之正统性

孙 杰

中汉之末，皇纲失统，政令不行，僭窃并兴。天下衮衮诸公，跨州连郡者不可胜数，百姓以之为股肱，望其落落乎执道而不殆也。何期奸巧专恣，操弄威柄，饕餮放横，残贤害善，以至上林愤痛，民怨弥重，九州之民，苦其久矣。① 其兴也勃焉，其亡也忽焉。夫王者之师，战能殪之而羞与之斗，委然成文以化黎庶。故文王以百里而定天下，光武振长策而御宇内，非独明断之功，亦皆时势之然也。一夫奋臂，天下同声。惟有季汉，应天顺民，威加四海，折冲宇宙，拯黎民于水火之中，致圣君于尧舜之上，终得以乘高祖之始兆，奉汉鼎于川蜀，乃有"田畴辟，仓廪实，器械利，蓄积饶，朝会不华，路无醉人"②。故曰：刘备所建立之季汉，实乃吾国历史上极具理想主义特征之政权。武侯所治理之蜀中，实乃吾国历史上敬天保民之治世。

一、 论魏、吴之不得为正统也

天既欲倾其西北，岂共工之见责？人主既以王道自期，又何忍见血肉捐于草野之中？吾是以知魏、吴之不得为正统也。

自天子西迁，朝廷日乱，操以乱世，起兵讨虏，据天下者三有其二，此其有大功于世

---

① 蒋济上疏曰："今虽有十二州，至于民数，不过汉时一大郡。"（陈寿. 三国志［M］. 裴松之，注，卢守助，校点. 上海：上海古籍出版社，2002：412.）明乎此，民之境况可知矣。
② 同上书，第 863 页。

者也。然操仁侠放荡，不治行业，以霸立国，以诈谋身，所经之处，多行屠戮。[1] 夫"行一不义，杀一不辜，而得天下，皆不为也"（《孟子·公孙丑章句上》)，而况视天下之民若草芥者哉？[2] 且曹操行霍光之实，废君臣之义，乃至同室操戈、弟兄相残之举，实不仁之甚也。仁君推己溺己饥于天下，岂有不为孝悌忠信而忧黎庶之悲者耶？司马氏之篡魏也，不亦宜乎？欧阳子论正统曰："始虽不得其正，卒能合天下于一，夫一天下而居上，则是天下之君矣，斯谓之正统，可矣，晋隋是也……其或终始不得其正，又不能合天下于一，则可谓之正统乎？魏及五代是也。"[3] 曹魏之据中原也，虽欲西吞违命之蜀，东灭不臣之吴，然既未曾居天下之正，又不能合天下于一，然则曹魏之非正统明矣。

孙吴乃一偏安政权，固缺乏问鼎中原之志也。王夫之《读通鉴论》云："蜀汉之义正，魏之势强，吴介其间，皆不敌也，而角立不相下，吴有人焉，足与诸葛颉颃。"[4] 初，周瑜献策于孙权曰："岂与奋威俱进取蜀，得蜀而并张鲁，因留奋威固守其地，好与马超结援。瑜还与将军据襄阳以？操，北方可图也。"[5] 此实为东吴政权为数不多之进取型战略。此战略之能否成功姑且不论，吾人至少可见，彼时之东吴尚有进取之决心。奈何天不假命于公瑾，遂使蛟龙减却翻然翱翔之志，偃塞于浅水之中哉？此后之东吴，基本为一割据政权，既无明确之目标，更乏进取之能力。偷袭关公，暗取荆州，既已结仇于汉，复欲称臣于魏[6]，若墙头之草、断根之蓬，此为前者。孙吴以数倍之众，举精锐之师，攻合肥而遁逃，袭永安而不克，进不能制张辽以敌中原之兵，退不能联季汉以保江东之地，此为后者。更可憎者，孙权既无名分之优势，亦无道义之可称。[7] 陆逊者

---

① 《武帝纪》曰："太祖击破之，遂攻拔襄贲，所过多所残戮。"（陈寿. 三国志[M]. 裴松之，注，卢守助，校点. 上海：上海古籍出版社，2002:9.）又曰："冬十月，屠彭城，获其相侯谐。"（同上书，第 13 页）。

② 《武帝纪》曰："是岁谷一斛五十余万钱，人相食，乃罢吏兵新募者。"（同上书，第 10 页）史笔如铁，寥寥数语，而百姓生计之艰可知矣。呜呼！究为天灾，亦是人祸耶？

③ 欧阳修.《居士集》卷十六[M]//欧阳修. 欧阳修全集. 北京：中国书店，1986:118.

④ 王夫之. 读通鉴论[M]. 舒士彦，点校. 北京：中华书局，2013:257.

⑤ 陈寿. 三国志[M]. 裴松之，注，卢守助，校点. 上海：上海古籍出版社，2002:1166.

⑥ "二十二年春，权令都督徐详诣曹公请降"（同上书，第 1032 页），此孙权之称臣于魏一也；"自魏文帝践阼，权使命称藩，及遣于禁等还"（同上书，第 1033 页），此孙权之称臣于魏二也。"权令诸葛瑾报，更寻盟好，遂分荆州长沙、江夏、桂阳以东属权，南郡、零陵、武陵以西属备……闰月，权征羽，先遣吕蒙袭公安，获将军士仁"（同上书，第 1031—1032 页），此孙吴反复无常之明证一也；"十二月，权使太中大夫郑泉聘刘备于白帝，始复通也。然犹与魏文帝相往来，至后年乃绝"（同上书，第 1037 页），此孙吴反复无常之明证二也；"使大将军丁奉督诸军向魏寿春，将军留平别诣施绩于南郡，议兵所向，将军丁封、孙异如沔中，皆救蜀……二月，镇军[将军]陆抗、抚军[将军]步协、征西将军留平、建平太守盛曼，率众围蜀巴东守将罗宪"（同上书，第 1071 页），此孙吴反复无常之明证三也。

⑦ 孙吴亦有屠城之举。《吴主传》载："而凌统、董袭等尽锐攻之，遂屠其城。"（同上书，第 1029 页）

国之重臣矣,乃有"城门噎不得关(鼓)[敌]乃自斫杀己民,然后得阖。斩首获生,凡千余人"①之事,真可谓"小国之乱相"矣。无怪乎裴松之愤然曰:"俘馘千人,未足损魏,徒使无辜之民横罹荼酷,与诸葛渭滨之师,何其殊哉!"②孔子曰:"自古皆有死,民无信不立。"(《论语·颜渊》)孙吴寡信少恩,其祚无三世,不亦宜乎?然则孙吴之非正统明矣。

二、 论季汉之所以为正统也

夫正者,正天下之不正也;统者,合天下之不一也。四海不可无主,王道不可更替,惟神祇缫祚于汉家,大义重申于天下。昔昭烈帝用庞士元、法孝直之策,拔两川之地,蹈一州之土,并巴蜀,收汉中,包九夷,合天下,亦欲以化洽中国,德流大漠也。季汉拂高天之云翳,仰日月之光辉,君臣协力,各守厥真,谋夫演略,武士奋威,其数十载戎马倥偬之所愿者,所以托六尺之孤,寄百里之命,临乎大节而不可夺者也,是以颠沛险阻而无愠色,摩顶放踵以利天下。兹分三点而论之。

(一)上下交相利

孟子云:"何必曰利?亦有仁义而已矣……上下交征利而国危矣。"(《孟子·梁惠王章句上》)此则治国方略之义利之辨,孟子仅言义而非利,③恐未及乎荀子之"粹而王,驳而霸,无一焉而亡"(《荀子·王霸》)也。

上下交相利者,言季汉君臣之无嫌隙也。《英雄记》曰:"备军在广陵,饥饿困踧,吏士大小自相啖食,穷饿侵逼。"④此极困窘凄惨之能事,诚非数语之可赞。然困窘如是也,凄惨如是也,于仁义法正,先主实未尝有一日去心。一者,先主之于乱世也,物尽其用,人尽其能,天下皆誉之。先主访诸葛于隆中,拔黄、魏于行伍,⑤消士元之嫌

---

① 陈寿.三国志[M].裴松之,注,卢守助,校点.上海:上海古籍出版社,2002:1249.
② 同上书,第1250页。
③ 杨泽波.孟子评传[M].南京:南京大学出版社,2011:254—257.
④ 陈寿.三国志[M].裴松之,注,卢守助,校点.上海:上海古籍出版社,2002:809.
⑤ 黄为黄忠:"及曹公克荆州,(引者注:黄忠)假行裨将军……先主南定诸郡,忠遂委质,随从入蜀……遂与关羽等齐位,赐爵关内侯。"(同上书,第874—875页);魏为魏延:"(引者注:魏延)以部曲随先主入蜀,数有战功,迁牙门将军。先主为汉中王,迁治成都,当得重将以镇汉川,众论以为必在张飞,飞亦以心自许。先主乃拔延为督汉中镇远将军,领汉中太守,一军尽惊。"(同上书,第924页)

隙①,重孝直之安危。② 赫赫其德,武侯继之③,伯约成之。④ 二者,先主之于臣下也,盖未有疑忌之心焉。⑤ 于是乃有廖化之千里携母而西归也⑥,于是乃有张裔之流徙伏匿而思汉也⑦,于是乃有诸葛武侯、姜伯约之以血补天也。倘若以诸葛之大才,应乾坤之运数,事凡庸之主上,辅忤逆之王朝,终日汲汲乎自身之安危,念念于等闲之富贵,恐难免投机钻营之讥,煮鹤焚琴之憾。世有璞玉,出于昆仑之冈,则非有识之主不能采之!此所谓有识之主者,刘备其谓也。吾是以知上下之交相利也。

(二) 济事民为本

天下昏昏,咎在万方,军征于外,吏贪于内,上下纷扰,沆瀣一气,莫不竭己所能,夺民脂膏,如此则民安得不贫,国安得不病,黎庶安得不命如蝼蚁、渺若尘埃耶? 当先主之败于襄阳也,几陷篡弑之诛,死罪之名,尚且喟然而叹曰:"夫济大事必以人为本,今人归吾,吾何忍弃去!"⑧呜呼! 此言足以藏之名山而传之后世也! 先主虽颠沛险难、势逼事危而言不失道、信义愈明,其为世之明主也,岂徒投醪抚寒含蓼问疾之俦哉! 至于魏、吴之属,其尔虞我诈、草菅人命者,更不足污后世之简牍也。

或曰:"汉弱而魏强,季汉何不守土保民,息偃戎师,应乎天意,顺时变之? 所谓'大

---

① 当先主之斩杨怀、诛高沛,于涪大会,置酒作乐。庞统闻其称乐之言,不觉率尔而对,顶撞先主,先主大怒。后统以"君臣俱失"之言以解之,"先主大笑,宴乐如初",彼此俱无嫌隙。(陈寿. 三国志[M]. 裴松之,注,卢守助,校点. 上海: 上海古籍出版社,2002: 882.)

② "先主与曹公争,势有不便,宜退,而先主大怒不肯退,无敢谏者。矢下如雨,正乃往当先主前,先主云:'孝直避箭。'正曰:'明公亲当矢石,况小人乎?'先主乃曰:'孝直,吾与汝俱去。遂退。"(同上书,第888页)

③ 廖立、李严曾为武侯所贬,然亦未快快怀恨于心焉。闻武侯之归天也,廖立垂泣叹曰:"吾终为左衽矣!"(同上书,第920页)李严则"发病死。平(引者注: 平为李平,亦即李严)常冀亮当自补复,策后人不能,故以激愤也"(同上书,第922页)。审如是,武侯之仁厚可知矣。

④ 夏侯霸以新降之人,而获重用,故曰: 伯约成之。《蒋琬费祎姜维传第十四》载:"后十八年,复与车骑将军夏侯霸等俱出狄道,大破魏州刺史王经于洮西,经众死者数万人。"(同上书,第982页)

⑤ 先主之于赵云也,坦然而不疑。当败军之际也,"有人言云已北去者,先主以手戟擿之曰:'子龙不弃我走也。'顷之,云至"(同上书,第875页)。先主之于糜竺、黄权也,昭然而不怒。"芳为南郡太守,与关羽共事,而私自携贰,叛迎孙权,羽因覆败。竺面缚请罪,先主慰谕以兄弟罪不相及,崇待如初。"(同上书,第895—896页)"而道隔绝,权不得还,故率将所领降于魏。有司执法,白收权妻子。先主曰:'孤负黄权,权不负孤也。'待之如初。"(同上书,第963页)裴松之注曰:"汉武用虚罔之言,灭李陵之家;刘主拒宪司所执,宥黄权之室,二主得失县邈远矣。《诗》云:'乐只君子,保艾尔后。'其刘主之谓也。"(同上书,第963页)此诚千载不刊之论也!

⑥ "廖化……为前将军关羽主簿,羽败,属吴。思归先主,乃诈死,时人谓为信然,因携持老母昼夜西行。"(同上书,第993页)

⑦ "裔自至吴数年,流徙伏匿,权未之知也……权言笑欢悦,有器裔之色。裔出阁,深悔不能阳愚,即便就船,倍道兼行。"(同上书,第933页)

⑧ 同上书,第812页。

军之后,必有凶年'(《老子·道经·第三十章》),何必孜孜焉以兴汉为志耶?"此所谓有见乎一,未见乎二,有见乎后,未见乎前者也。昔汉高祖定鼎天下,不免白登之围;光武帝席卷关东,犹有陇西之患。似此小困,何惧之有?一者,季汉之所以立于世者,在乎"正统"二字而已矣。倘若今岁不战、明年不征,汉人偏安日久,必生安逸之心,减却兴汉之志。二者,据道讨淫,不在众寡。汤以亳,武王以鄗,收四方豪杰,合天下甲兵,以区区百里之地而化顺中华。似此不战而胜者,岂非王者之师乎?故诸葛武侯《正议》曰:"军诚曰:'万人必死,横行天下。'昔轩辕氏整卒数万,制四方,定海内,况以数十万之众,据正道而临有罪,可得干拟者哉!"①三者,季汉之所欲追求者,非独四海归统之王朝,更为敬天保民之治世,此所谓济事民为本也。当武侯之北伐中原,雍、凉震动,三郡叛魏,孟达反复,焉知季汉之不能问鼎天下也?

(三)兴汉志不移

先主少怀羽葆盖车之志,年近半百,尚有髀肉复生之叹。后值倾覆,益州疲敝,自诸葛武侯以至大将军维,其念念不忘、耿耿于怀者,皆为早日克定中原,恢复汉室。盖事有不可为者,有不可不为者;有不可忘者,有不可不忘者。不可为者,汉魏易势,国力悬殊,蜀道艰险,补给不易;不可不为者,王者之师,有征无战,顺而且义,莫敢抗也;不可不忘者,季汉之接连败于魏吴之手,大伤元气,更当勉力,以雪前耻;不可忘者,天下万民之所望,皆在汉而非曹。是以诸葛提兵数万,五伐中原,慨然有匡扶汉室之心,直下两都之志,以至雍、凉不卸甲,中国不释鞍。后至姜维,虽不免身死名灭之憾,亦尝有威震华夏之功。

孙盛曰:"姜维策名魏室,而外奔蜀朝,违君徇利,不可谓忠;捐亲苟免,不可谓孝;害加旧邦,不可谓义;败不死难,不可谓节;且德政未敷而疲民以逞,居御侮之任而致敌丧守,于夫智勇,莫可云也:凡斯六者,维无一焉。实有魏之逋臣,亡国之乱相。"②鄙哉孙盛之论也!此诚狂犬吠日、詈骂忠良之语,不值一哂,亦不足一驳。虽然,请试言之。姜伯约宵衣旰食,不敢稍息,宅舍敝薄,资财无余,而又衔命北征,耀武奋威,云彻席卷,讨贼兴汉,数十年间,孜孜焉而谋汉室之复兴。凛凛此心,天所共鉴。夫以中材之人,尚不欲以眇眇之身,见主上之惨凄怛悼,而况于伯约乎?且"不肤桡,不目逃,思以一豪

---

① 诸葛亮.诸葛亮集[M].段熙仲,闻旭初,编校.北京:中华书局,2014:15.
② 陈寿.三国志[M].裴松之,注,卢守助,校点.上海:上海古籍出版社,2002:986.

挫于人,若挞之于市朝"(《孟子·公孙丑章句上》),匹夫之勇耳。季汉有大勇者,猝然临之而不惊,伪托降魏而思欲兴汉,乃至"臣欲使社稷危而复安,日月幽而复明"①之语,千载而下,炳炳如丹。孟子云:"自反而缩,虽千万人,吾往矣"②,其姜伯约之谓欤?吾是以知兴汉志不移者也。

三、 余论

仁君者,推己溺己饥于天下者也。当刘备之未访隆中也,虽数十载戎马倥偬,犹不能定鼎天下,栖栖焉,惶惶焉,俨然若丧家之狗也。③ 然则周监二代,封建同姓,肺腑枝叶,念在弭乱。当关公之擒于禁,斩庞德,攻曹仁,战徐晃,水淹七军,威震华夏,操欲迁都,以避其锋,兴汉之志,几乎实现。奈何天数之茫茫,况复盈虚之有数,终见汉室之倾颓,乃有竖子之作乱,不亦悲乎!

遂作诗曰:"人道是,十有九人堪白眼,百无一用乃书生。岂不闻,皇叔坎壈谋兴汉,庾信文章老始成!成都本自九天开,千载兴亡恨难裁。忆昔川蜀偏安日,北魏兵戈卷地来。桓桓汉朝多义士,仗钺奋忠志可哀。奈何运数到此尽,社稷崩摧将星陨。惟有伯约气力高,以血补天徒勔劳。空留忠名垂青史,天下车书险属曹。呜呼!可哀也已哉!千官枯冢咸阳道,邙山苑外萦蔓草。大汉不能定中原,锦城唯见杜鹃泣。万古悲歌滞长江,回首恍闻风雨急。此志谁堪续,此恨曷有极。我亦为叹息,念之常恻恻。燕有荆轲剑,汉有苏武节。煌煌出师表,天地泣壮烈。苍冥正气不可夺,姜维肝胆岂容灭。蛟龙原非池中物,英雄到死心如铁。新诗咏罢愈觉悲,苍茫不晓欲何之。君不见,昭烈提剑入西川,霸业图成在天府。群雄割据今何在,明月澄澄照今古!"又云:"跼舍何偃蹇,长恐岁蹉跎。料得苦寒月,惯看离别多。琼树遥飞镜,金波耿玉绳。微云不能掩,永夜亦何清!谁识千年人事已萧条,惟余明月澄澄照今古!我今炯炯不可寐,夜吟思欲采薇去。奈何举步艰难涉荒榛,况复遐哉邈焉居异处!检点此身竟何似,江汉飘

---

① 陈寿.三国志[M].裴松之,注,卢守助,校点.上海:上海古籍出版社,2002:985.
② 同上书,第65页。
③ 此所谓"丧家之狗",自非贬义。《史记·孔子世家》曰:"东门有人,其颡似尧,其项类皋陶,其肩类子产,然自要以下不及禹三寸,累累若丧家之狗。"(司马迁.史记[M].北京:中华书局,2006:325.)其孔子之谓也。刘备之摩顶放踵而利天下,虽九死其犹未悔,谓之"丧家之狗",孰为不可?

零之腐儒。或秉世间浊气生，数载逡巡漫嗟吁。秋夜已愁花落尽，极望无涯怅自悯。望秋叶兮旋起，顾眇眇兮吾身。叹芳华兮易逝，凭谁问兮羁人。万方声一概，寥落近高秋。既不能生于古人之时兮，亦何恨乎今夕惝悢增欸之烦忧！君不见，庾信既已著诗赋，少年壮气更无双。会当率彼中流上，直挂征帆溯大江！"

（作者学校　复旦大学）

参考文献

[1] 陈寿.三国志[M].裴松之注，卢守助校点，上海：上海古籍出版社，2002.
[2] 王夫之.读通鉴论[M].舒士彦点校，北京：中华书局，2013.
[3] 杨泽波.孟子评传[M].南京：南京大学出版社，2011.
[4] 诸葛亮.诸葛亮集[M].段熙仲、闻旭初编校，北京：中华书局，2014.

揭开五四的面纱
——读周策纵《五四运动史：现代中国的知识革命》

王智博

　　五四运动是中国近现代史上具有里程碑意义的重大事件。它在政治、思想、社会等各方面对中国产生了巨大影响，五四运动之后，社会主义思潮蓬勃发展，中国的革命发展道路进入到了新阶段。对五四运动的相关历史进行研究，对于我们理解中国近代历史和社会思想发展历程具有重要的意义。周策纵先生的著作《五四运动史：现代中国的知识革命》（以下简称《五四运动史》）则是五四运动研究中具有极大影响力的作品。

　　周策纵先生的著述首次出版于 1960 年，此前对于五四运动的研究，在国外尚未引起重视。在国内来看，部分著述或集中于对 1919 年 5 月 4 日前后的事件的研究，或着重于考察五四运动在政治上的相关因素（如十月革命）和后续发展，如荣孟源的《五四运动》，刘弄潮的《十月革命对中国五四运动的鼓舞》等；而有些著述虽然考察了除政治以外的其他方面，如刘承坤的《"五四"时期的"问题和主义"的讨论》，夏东元的《略论五四运动的经济条件》，吴泽的《"五四"前后"疑古"思想的分析和批判》等，综合性的著作则有于 1951 年出版的华岗所作《五四运动史》，各家在五四运动的不同方面各有议论，不乏好文，但文章多受时局影响，略有偏颇之处，也无法对五四运动前后时期进行较高涵盖的研究。周策纵的《五四运动史》则通过对 1915 年至 1921 年期间历史的研究，并综合在此之前的思想文化具体状况，对五四运动进行了一次较完整的阐释，并且获得了成功，同时也开启了海外五四运动研究的大门。

　　首先，作者在导言中明确了其讨论的"五四运动"的定义，从 1919 年 5 月 4 日的学生运动出发,作者通过运动的思想来源、学生运动的影响、不同群体对于五四运动定义的主张,最终给出了自己的看法:五四运动的研究应该包括广义的新文化运动,五四运动的时间段应划在1917—1921年,并认为五四运动应当分为两个阶段——第一阶段是新兴知识分子对传统思想文化进行攻击,第二阶段是以学生为主力,对传统社会进行全方面的攻击批判。其次,作者介绍了五四运动相关的经济、社会、政治背景,包括20世纪初期中国进入经济转型期,原有社会阶层的瓦解而新的社会阶层尚未形成,社会不稳定因素增加等。

具体来看,本书首先围绕促成五四运动的两股力量展开:一方面是日本的"二十一条"引起了国民的民族主义情绪,救国思想兴起;另一方面,海外留学生群体的改革意向强烈,以前往法、美、日三国留学的学生群体为代表,各自带来了不同的思想主张,如美国带来的文学思潮、从日本流入的社会主义和无政府主义以及法国留学生开展的勤工俭学运动。这些海外留学生从不同的方面,为即将到来的五四新文化运动奠定了思想基础,留学生们也具有在运动中起领导作用的能力。在这种背景下,聚焦于日本的对华政策,这批新知识分子们开始了反抗。首先是陈独秀创办了《青年杂志》,以期唤醒"新鲜活泼之青年",消除"陈朽腐败者",1917年,蔡元培推动了北京大学的改革,践行了其"兼容并包,思想自由"的主张,同时北大中一批学生组织创办了《新潮》杂志,新式知识分子进行了初步的联合,并提出了基本的改革观点。这一时期的新思潮对青年们产生了极大的吸引力,爱国青年们在新思想的引领下,在1918年展开了初步的抗日请愿。之后,在巴黎和会外交失败的背景下,五四学生运动最终大规模爆发,但在日本方面的压力和内部斗争的情况下,当时的北京政府并没有给出满意的答复,最终导致了学生的罢课,运动很快在全国范围内展开,并且获得了劳工和商界的支持。最终,北京政府内阁垮台,代表团也作出了拒签《凡尔赛和约》的决定。此后,新式知识分子形成了团结一致的态势,但之后,随着运动中各派思想的矛盾凸显,团结局面破裂,运动也向政治化方向发展。

《五四运动史》对于20世纪早期的这场知识革命进行了一次完整的勾勒,这是该书的一大贡献。这其中包含了很多细致的工作。正如作者于自序中提到的"不要随便接受道听途说和有目的的陈述,更须提倡'不轻信'这一观念和习惯",作者对于"五四"相关的史料进行了细致的考证工作:例如提到上海工人和商界的罢市罢商运动时,除了对事件进行详细阐释以外,还在相关细节上进行了论证,在论及罢市过程中商界的反应时,作者引用了商界代表虞洽卿向北洋政府的护军使卢永祥报告的"店主本来不想罢市,可是同情学生的店员要实行",虞的此番话语表面上反映了商界对于罢市运动的反应。但作者再综合其他报道中各店主积极响应的状况,以及护军使与当时上海商界关系紧张的现实情况,即可得出商界事实上是主动对学生的爱国运动进行响应,这类小处的考证不胜枚举。这些工作不能被看作是一种舍本逐末的多余工作,正是这些细节上的工作使得本书填补了许多五四运动研究的空白,使得全书的立论有了坚实的基础,同时让我们在看待这段历史时可以避免陷入"以经证史"的逻辑,得以窥见五四运动真实的历史面目。上面提到的这番阐释是对商界在五四运动中的定位的一个有力的佐证,体现了当时商人民族意识的觉醒,是当时民众同仇敌忾,亲日政府渐失人心的有力佐证。

除了大量的考证之外,作者还在书中对于五四运动的许多事件进行了独到的分析。例如谈及苏俄对于五四运动的影响时,作者选择了1919年苏俄外交人民委员加拉罕提出的废除中俄不平等条约为切入口,这则消息增强了知识分子和民众对苏俄的好感情绪。因当时北京政府的反苏倾向,官方对于这一主张无动于衷,且北京政府与新式知识分子关系紧张,在两方的反差之下,部分新式知识分子开始大规模地向苏俄和共产主义思想靠拢。通过当时法租界对学生运动的高压政策的对比,反映了当时新式知识分子对于西方的失望态度;并结合当时在华的美国学者杜威的认识,指出西方对华政策的殖民主义态度和西方杜威、罗素等人的思想观念有巨大的矛盾,而同时中国本身也缺少个人主义传统。由此得出,在具有偶然性的加拉罕的主张和逐渐对西方思想失去耐心的情况下,本来在1919年以前"很难与自由和民主的观念相比的"布尔什维克主义引起了新式知识分子的兴趣。这与当时国内主要将五四运动与十月革命结合起来的政治视角的思考方式不同,为我国最终走上社会主义道路提供了一个思想上的来源方向,并展现出历史发展道路选择中存在的戏剧性和复杂性。

除了考证和分析之外,《五四运动史》中还呈现了许多总括性的结论。这主要集中在最后一章结论中,在该部分作者主要分析了自由主义者、保守主义者、守旧主义者和共产主义者对于五四运动的不同评价,然后就五四运动的领导者、五四运动的本质、五四运动的成就、五四运动的不足、五四运动的余论等方面给出了观点。其中在"五四运动的真正本质——一种仅供参考的阐释"这一小节中,作者指出"五四运动实际上是一场思想和社会政治相结合的运动,它企图通过中国的现代化来实现民族独立、个人解放和社会公正。从广义上来说,五四运动的本质是一场思想革命,因为它的基础是假定思想变革是实现这一现代化任务的前提,它所促成的主要是思想的觉醒和变革,并且它的领导者是知识分子。这又进而促进了各种社会、政治和文化的变化"。这一阐释体现了五四运动由思想起步,扩展到社会政治等多个层面的观念。之后,作者通过将五四运动与之前的改革运动和思想解放运动进行了比较,提出五四运动的基本精神和出发点是"批判旧传统,创造新的现代文明"。在成就与不足部分中,作者将五四运动的主要成就集中在思想方面,社会方面的变革则次之;在此基础上作者也指出五四运动在思想层面存在着一般性缺陷——改革者在传统思想的批判上存在着或过于极端,或过于肤浅的现象,且新式知识分子在提出自己主张时过于自信,未能全盘考虑当时的综合情况,而这也是导致知识分子的团结最终瓦解的一个因素。这些结论是后来者理解五四运动的历史,理解中国发展道路选择的重要窗口。

站在今天的角度来看这部《五四运动史》,其犹有可圈可点之处。这部作品的一大功绩便是上述的为我们看待这段历史提供了一个完整的、逻辑严密的思想史视角的阐释。直至今日,海内外进行有关五四运动思想研究的著作层出不穷,这部作品实有首创之功。而五四运动时期作为我国历史上思想大变动时期,实乃思想史上一大枢纽,因此,完整地对五四运动中的思想与知识革命进行考察,是一项有关运动前的思想整合和运动后的思想动向观察的重要工作。而《五四运动史》对于运动前的各派思想进行了精确的阐释,上溯乾嘉学派,下至黄侃、梁漱溟,提玄勾要。对于运动后的考察则体现在不同的道路选择上,例如不同思想与政治派别之间的联系等。此为《五四运动史》重要的学术价值。另外,《五四运动史》对于青年学子来说,还应学习其中的治学精神,正如作者于自序中引用的"所见异辞,所闻异辞,所传闻异辞"。近代史的史料往往会遭遇这种难以辨别真伪的情况,作者在考察五四运动的各种事件时,或有添油加醋,或有畸轻畸重,或有无中生有,或有抹杀事实,对于此一类史料,作者往往广征博引,通过比较各种史料,再经过反复的筛选甄别,最终得出成果,这种严谨求索的精神值得代代青年学子效仿。

当然,本书虽为佳作,但也存在一些不足之处:例如,全书对于思想变革的考察,多注重其从晚清至北洋军阀时期,从新文化运动早期到高潮时期的连续性,而忽略了五四运动思想演进过程中,个人在思想变化上的不连续特征;另外,全书的主基调依然是从列强对中国的侵略出发,谈论中国的知识分子与大众的回应与对抗,事实上是在

"冲击—回应"这一框架下完成的,而忽略了中国社会内部的原动力。当然,要做到尽善尽美的研究,也绝非一本书能够达成的使命,相信作者在写书时也多有割爱之处。在此书之后对五四的研究也是不断在填补这一空白。

总之,《五四运动史:现代中国的知识革命》一书使我们大受裨益,是作者对这段历史研究的思想结晶,也是我们看待那段历史的重要指引。

(作者学校 复旦大学)

参考文献

[1] [美]周策纵. 五四运动史:现代中国的知识革命[M]. 陈永明,张静,译. 成都:四川人民出版社,2019.

[2] 王汎森. 启蒙是连续的吗?[M]. 香港:香港城市大学出版社,2020.

[3] 荣孟源. 五四运动[J]. 历史教学,1952(12):28—33.

[4] 王晴佳. 五四运动在西方中国研究中的式微?[J]. 北京大学学报(哲学社会科学版),2009,46(6):136—142.

读《唐代政治史论述稿》之感悟
——对书中"关中本位政策"的细考察

张芊宇晨

一、关中本位政策的内容概括

　　田余庆有言，陈寅恪先生"重视以不同的种族、家族、地域、文化为背景的社会集团的活动，从中发现历史的联系和推移，并以之解释各种纷繁的历史现象。"①关中本位政策，即为陈寅恪先生此等研究方法的结晶。陈寅恪先生在《唐代政治史论述稿》中，经由考证唐皇室起源，驳其自称祖居武川论调，推断其为赵郡李氏后裔或同乡，遂引出宇文泰在位时，以"少数六镇民族，关陇一隅之地"，创建"融合关陇地区内鲜卑六镇民族，其他胡汉土著之人"，从而创建一全面系统的"关中本位政策"。据陈寅恪先生所述，关中本位政策的目的在于融合宇文泰麾下力量，是包括宇文氏在内的少数民族汉化的途径之一；不过与其他汉化途径不同的是，宇文氏并不强夺汉文化中心区域以自证为汉之正统，反而行诡辩之术，将自己所占据的汉文化边缘地区伪称作汉文化发源之地。此外，又径取鲜卑部落之制，成府兵制，作为关中本位政策的重要一端。此政策即在关陇地区的胡汉民族煊赫者中，形成所谓关陇集团，历经西魏、隋、唐而不衰，始终占据统治中心地位，融胡汉文武于一体；唐皇室及任命功臣，大都为关陇集团中人，皇

---

① 田余庆.魏晋南北朝史研究的回顾与展望——在中国魏晋南北朝史学会成立大会闭幕式上的发言[A]//田余庆.秦汉魏晋史探微[M].北京：中华书局，2004：404.

室成员与大臣为同一阶级的"同类之人"。后玄宗时,进士尊崇,府兵制逐渐崩溃,宦官专擅朝政,藩将开始胡化,府兵制已开始溃败;至周武之时,遂被打破。

关中本位政策,一经人所熟知,便几近奠定中国中古政治史研究的基本格局。陈寅恪先生敏锐的洞察力及独到的治史方法,迅速为诸史家吸收并应用;下节即细论此学说的影响、优势及所体现的陈寅恪先生的治史特色。然事无十全十美,其固有的缺陷以及陈寅恪先生本人对其的补充,留待第三节讨论。

二、 关中本位政策的影响、优势及所体现的陈寅恪先生的治史特色

陈寅恪先生就西魏、隋至唐纷繁的事件中抽出关陇地区作为其学说的主线,乃中古集团地域学说的活用。虽陈寅恪先生的关中本位政策一出,大大推进了集团地域学说在史学领域的蔓延,然以地域为切入点展开中国史的论述,非陈寅恪先生独有,亦非其首创。《唐代政治史论述稿》(以下简称《论述稿》)出版于 1934 年;但早在 20世纪 30 年代,从地域视角治史,已成惯例。在 1927 年,蒙文通在《古史甄微》中,引入区系类型的概念,将上古民族分为海岱、江汉、河洛三系;并指出由于分布于不同的地域,不同民族的经济文化亦各具特色。[①] 傅斯年在名篇《夷夏东西说》中指出,地形的差别,形成不同的经济生活和政治组织,因而"古代中国之有东西二元,是很自然的现象。"[②]他的另一篇著述《周东封与殷遗民》,亦从种族和地域立场考察上古史。大致同时,谷霁光亦从河北地方势力之形成、河北与关中之地域隔膜的角度分析安史之乱的成因。[③]

虽非集团地域学说之首创,但陈寅恪先生的关中本位政策确有独到之处。它延续了陈寅恪先生在本书中的一贯手法,即从复杂的政治脉络中,凭借着超凡的洞察力,化约出往往以身份、地域为界限的相互对立的两股势力;然后以这两股势力的矛盾为突破口,引出当时社会上独有的经济、文化和政治现象,并站在双方矛盾的基础上给种种现象作以解释。陈寅恪先生以此模式,描述了魏晋嬗代性质时儒家豪族与阉宦阶级的

① 蒙文通.古史甄微[A]//蒙文通.蒙文通文集:第 5 卷[M].成都:巴蜀书社,1999:1—127.
② 傅斯年.夷夏东西说[A]//傅斯年.傅斯年全集:第 3 册[M].台北:联经出版事业有限公司,1980:86—157.
③ 谷霁光.安史乱前之河北道[J].燕京学报,1936(19).

矛盾、南朝侨姓大族与晚渡伧人之争。① 本书中,陈寅恪先生又叙述了安史之乱后长安与河北的对立,前者秉持汉族文化,后者胡化,导致国家出现两个互不统领的政治中心,唐中央从而丧失其对边疆的控制;牛李两党的对立,前者进士出身,代表新兴地主;后者士族出身,代表门阀世族。至于在关中本位政策下形成的关陇集团,虽无势均力敌的统治势力,但陈寅恪先生仍旧以关陇集团为引,以其混合胡汉为一体的特性,合理地为当时社会上府兵制盛行、皇亲贵戚多出胡种、中央凝聚力强,地方叛乱多告失败等现象给出了解释。同时,从此角度而言,陈寅恪先生晚年为关中本位政策做出的补充,即扩充了同关陇集团相对应的"山东豪杰"这一势力,从完善其学术理论的形式的角度,无疑具有必然性。作为陈寅恪先生史学理论中贯穿数朝,具有非凡政治影响的统治势力,在《论述稿》中,自兴盛到衰亡竟从始至终无一力量曾能与之分庭抗礼,即使衰败,也未详叙其被后起势力经由殊死的搏斗压倒的过程,诚为失误,此留第三节详论。

上述陈寅恪先生的治史方法,在魏晋史研究中体现较多。首先,陈先生本人从政治集团代表人物的阶层而非地域来源出发,讨论魏晋之际的党派分野;将魏晋之兴亡递嬗,归结为东汉晚年内廷阉宦阶级之代表曹魏,与为外廷士大夫之代表的晋的竞争问题。② 后万绳楠先生在 1964 年运用地域集团论指出,曹魏政权中存在着汝颍和谯沛两大地域性的政治集团,而高平陵政变的实质是汝颍集团与谯沛集团的斗争。③ 这一说法颇受认同,成为后人研究曹魏政治史基本论调。

田余庆先生,作为三国政治史无可忽略的学者,受陈寅恪《书世说新语文学类钟会撰四本论始毕条后》一文的影响,④吸收陈氏治史精华,指出曹操晚年向儒家世家转变的政治倾向,后又将蜀汉政治史分为新旧、主客势力,⑤将孙吴政权分为外来的淮泗集团和土著的江东大族。⑥ 田、万二位先生利用地域集团说构建的三国政治史研究框架,沿用至今;田先生后又在东晋政治史的研究中将地域集团研究的方法推向新高度。

---

① 仇鹿鸣.陈寅恪先生范式及其挑战———以魏晋之际的政治史研究为中心[A]//北京大学中国古代史研究中心.中国中古史研究:中国中古史青年学者联谊会会刊:第 2 卷[M].北京:中华书局,2011:204.
② 陈寅恪.崔浩与寇谦之[A]//陈寅恪,陈美延.金明馆丛稿初编[M].上海:生活・读书・新知三联书店,2009:47—54,120—158.
③ 万绳楠.曹魏政治派别的分野及其升降[A]//万绳楠.魏晋南北朝史论稿[M].合肥:教育出版社,1983:78—92.
④ 田余庆.曹袁之争与世家大族[A]//田余庆.秦汉魏晋史探微[M].北京:中华书局,2011:145—162.
⑤ 田余庆.汉魏之际的青徐豪霸[A]//田余庆.秦汉史魏晋探微[M].北京:中华书局,2011:97—128.
⑥ 田余庆.孙吴建国的道路,暨艳案及相关问题[A]//田余庆.秦汉魏晋史探微[M].北京:中华书局,2011:262—327.

此前,地域研究以人为主,考察人物的籍贯;田先生则改弦更张,以地域为主,将重点置于不同人物及势力对方镇的争夺之上。① 至于南朝和十六国北朝的国史研究,除受日本学者地域社会学风的影响外,亦受陈氏为代表的集团地域学说的影响。

地域集团论,作为研究政治史的一种基本方法论,几乎自现代史学建立起就与之如影随形;陈氏作为地域集团论的大家,借关中本位政策所奠定的基本格局,对国内政治史的研究产生了深远影响。

三、"关中本位政策"固有的缺陷及陈寅恪先生对其的补充

笔者在阅读《论述稿》时,对关中本位政策产生了疑问。其一,对李唐皇室来源的论证缺乏说服力。② 其二,关中本位政策起始之际,除了宇文泰改易氏族,建立府兵制之外,未提及其他巩固关陇集团的措施。那么,何以见得当时宇文泰将麾下的所有胡汉精英都加以聚拢了呢? 若全部加以聚拢,那么被聚拢的家族有哪些? 若不然,哪些家族未被聚拢? 陈先生并未对关陇集团的主要成员作以具体的范围限制,诚为可惜;主要成员既未曾明言,那么,关中本位政策横跨数朝,始终保有至高的权力和非常的凝聚力的结论,亦有可商榷之处:世间岂有一政治集团跨越上百年之久,而未曾有过分化组合? 或许李氏的关陇集团同宇文氏的关陇集团相比,其构成家族已有变化。其三,关中本位政策何以跨越北周、隋、唐三代之更替,未有明言;似乎此政策生来便"顺应天命",而未有阻力一般。其四,关中本位政策的破坏,言之过简。既然李唐政治核心人物皆为关陇集团成员,武后作为一外来者,如何在关陇集团成员的包围中瓦解关中本位政策的? 其可有政治上的同盟? 如果有,为何人? 在瓦解过程中,关陇集团作何反应,可有反扑? 失去统治地位后,其成员命运如何? 其五,如张耐东所言:"陈氏在论述'关陇集团'瓦解与权力整合时,其选择之参照系为'关陇集团'掌权期之状况。职此之故,其将宦官群体、外朝士大夫与边地武将分为'种族—文化'不同之集团,且以此为《述论稿》中篇论说之纲领。"③细读本书,这一"种族—文化"理论中,似含对各民族

---

① 田余庆.东晋门阀政治[M].北京:北京大学出版社,2012:172.
② 胡戟.陈寅恪与中国中古史研究[J].历史研究.2001(4):155—156.
③ 张耐冬.从"关陇集团"到"李武韦杨"——陈寅恪对唐代政治史解释的转变[J].唐宋历史评论.2016:283—309.

的刻板印象；其尤为强调"六镇鲜卑及胡化汉族既保持胡部特性，而不渐染汉化，则为一善战之民族"①。敢问，一民族善战与否同其文化果真有如是紧密之联系吗？两族相争，非私人寻衅。胜败与否，取决于组织力、后勤供应、军队训练强度、环境熟悉程度、当权者政策调度等等极复杂因素，岂可以"民族文化"简言论之？

陈寅恪先生在世时，虽未能解决关中本位政策中的部分问题，但在其晚年的《论隋末唐初所谓"山东豪杰"》和《记唐代之李武韦杨婚姻集团》中，②考察了《述论稿》中未曾提及的"山东豪杰"，为关中本位政策作出了补充。整合其思路，大抵可得："山东豪杰"乃在唐初政治中能与"关陇集团"并驾齐驱一政治团体，出于北魏屯营户，胡汉杂糅，善耕战且具有较强组织性；武则天及李勣，即为这一集团之代表人物。在武德时期储位之争与唐高宗初年废王立武的政治斗争中，山东豪杰皆扭转局势，最终助武氏夺得皇后之位，而使关陇集团就此失势；然而，山东豪杰与其说是关陇集团的继任者，不如说为唐政治中心从关陇集团过渡到下一个统治集团铺路。《记唐代之李武韦杨婚姻集团》说明，在关陇集团败退后，李武韦杨婚姻集团则取其而代之，独掌枢机之权，控制王朝命脉，同关陇集团前后相继，而权力始终高度集中，直至安史之乱爆发。③

李武韦杨婚姻集团，按先生所述，乃是以高宗、武后为核心，附加以韦、杨两姓，依靠婚姻关系所形成的政治集团。此集团在保证权力稳固的同时又调整国策，放弃关中本位政策，久居洛阳，转移全国重心于山东，重进士词科选举，拔取人材，遂破坏南北朝之贵族阶级，运输东南之财赋，以充实各方力量。

和关中本位政策一样，李武韦杨婚姻集团之所以具有极强的解释力，在于陈氏采取的化约式处理，即将武后至玄宗时期的宫廷政变与政治纷争，除李重俊事件外，皆判作"婚姻集团"内部派系之争；而外朝大臣如姚崇、宋璟、张说与张九龄，内廷宦官如高力士，皆为婚姻集团之附庸。

婚姻集团相对于关陇旧学，对本身概念的阐发更加确切。"关中本位政策"和"关陇集团"两个概念，在《论述稿》中并无详细的解释，而婚姻集团则被明确地指出了核心（李武二氏）、附庸（韦杨二氏）、维持者（武则天任用的外朝内廷人士）、大致结构（通过

① 陈寅恪. 唐代政治史论述稿[M]. 北京：商务印书馆，2016：197.
② 陈寅恪. 论隋末唐初所谓"山东豪杰"[A]//陈寅恪、陈美延. 金明馆丛稿初编[M]. 上海：生活·读书·新知三联书店，2009：254.
③ 陈寅恪. 记唐代之李武韦杨婚姻集团[A]//陈寅恪、陈美延. 金明馆丛稿初编[M]. 上海：生活·读书·新知三联书店，2009：266.

婚姻关系构建)以及人才选拔方式(科举和任命)。该集团的核心统治措施亦被详细说明,作为对关中本位政策的替代:长居洛阳,改全国政治中心为山东,重科举,选人才。"婚姻集团"这一概念亦将关中本位政策的结束时间大大提前至武氏掌权之日;并针对关陇集团长时间无一竞争对手的局面做出了修正。就此,我们可以说,"关中本位政策"的第三和第四个问题,已经由陈寅恪先生本人做出了解答。

关中本位政策乃陈寅恪先生的唐代史中重要的组成要素,不仅体现了陈氏的治史特色,其留下的问题亦成为"婚姻集团"的引子,最终串联起"关陇集团——婚姻集团——安史乱后权力三分"的陈氏唐代史链条,重构陈氏的北朝隋唐政治史体系;关中本位政策解释中所遗留的问题,亦为后来者提供了宝贵的研究方向。

(作者学校　华东师范大学)

于"视"中品《万历十五年》

——视角·视线·视域

陈　莫

　　以传记体的铺叙方式看明代大失败的总记录,或能窥见一个时代定格于尚未与世界潮流冲突的特殊位置。由美籍华裔历史学家黄仁宇先生编著的《万历十五年》三十余年长销不衰:自 1982 年在中华书局首次出版以来,不断再版重印,多年来伫立于史学研究的独峰。本书被誉为"改革开放以来思想文化界影响优选的 20 本图书之一。"

　　黄仁宇先后撰写了《万历十五年》《中国大历史》等学术著作,在探索微观视域以外的大历史观等方面获广泛赞许,但也不乏在争议中踽踽独行,却仍散发着文笔风骚掩映下的独到而锐利的思想光芒。

一、视角

　　二十多万字的著作,花费了作者七年之久。每一章节的末尾,我们能看到长达几页的注释和参考文献的列举,可见作者对本书倾注的心血。《万历十五年》选取明朝万历十五年(1587 年)作为考察切入点,通过对六位关键历史人物悲惨命运的描述,探析了晚明帝国走向衰落的深刻原因。在本书中,作者将这些政治经济文化冲突具体反映在这些具有代表性的人物身上。万历皇帝朱翊钧,行政首辅张居正和申时行,军事将领戚继光,清官海瑞和思想家李贽虽属于不同的领域,但他们有一个共同的特点——都具有悲剧性结局。在一个制度极其腐化的政治环境下,个人的努力对挽救王朝的衰败境况或许都是杯水车薪。结合今日部分史学家发出的"明之亡实亡于神宗"的感叹，更能体现个人命运与时代脉搏的紧密联系。

作者在自序中坦言："结论从材料中来。多年以来摸索于材料之中，我对明史中的若干方面形成了自己的初步看法，开始摆脱了人云亦云的束缚。"这种敢于大胆假设、小心求证，富有批判精神的学术态度值得我们细细品味并运用于实践之中。摆脱束缚，我们能看到一个更广阔、更明晰，更需要理性考察的万历十五年。

新年钟声敲响，不知不觉中我们迎来了2021年。回想40年前，美籍华人历史学家黄仁宇的《万历十五年》得到首次刊行，如同一颗响彻云霄的核弹，引发了中外历史学界的地震；作者聚焦于中国明代错综复杂的276年历史中看似平平无奇的一年，也就是其英文书名所点明的"没有意义的1587"，上至高高在上的万历皇帝，下至疯疯癫癫的李贽，从经济到政治，从政治到文化，为我们铺开了一幅雄壮而不乏细致、多彩而又瑰丽的历史画卷。

这40年，也是中国史学界走出阴影、经历涅槃的40年，一路走来，我们的史学取得了举世瞩目的辉煌成就，但我们的史学教育研究仍面临着许多难以解决的现实问题；习近平总书记在十八届中央政治局第十三次集体学习时曾经指明："既不要片面地讲厚古薄今，又不要片面地讲厚今薄古，而是要本着科学的态度，继承和弘扬中华优秀传统文化，努力用中华民族创造的一切精神财富来以文化人、以文育人。"

作者写作此书的目的，正是试图挖掘这本社科经典中独特的治史方法与深刻的人文内涵，为解决史学教育研究所面临的现实问题探索方法，为弘扬中华优秀传统文化寻求可行的途径。我们的历史学，绝不应该是陈旧的、脱离人的学问，也不应该是否定过去一切的偏颇思想，而是一门研究历史发展规律，从既有资料中汲取养分，去展望未来的科学。解读《万历十五年》，便是我们总结过去，探索史学新道路的一个很好的切入口。

二、 视线

翻阅这本书的目录，我们便能看出这本书不同寻常的一面。不同于人们印象中引证繁杂、长篇累牍、大段文言的严肃史学研究，这本书的精简弥足可贵。作者运用"文学方法"触动读者对历史的侧隐之心,并为读者提供与作者同等地位的思考价值的方式。

将"文学方法"与"史学方法"并用,是对历史的尊重与创新性叙述,也颇有学术意味和严谨治学的态度。比如在描写万历午朝时,作者对文武百官的慌张神情的有趣描写与端门午门前的格外冷清形成了鲜明对比,给人留下了深刻的印象;同时也阐明了万历皇帝这位历史人物,在各官僚集团复杂的争斗下,被强迫纳入历史所设置的规范,而不是让自己的个性得到充分发展。这样一个皇帝实际上已经不是国事的处理者,而是权威的象征。

又如在对于万历皇帝服饰的描写上,作者的还原既考究又细致,简洁又形象,颇有些白描的意味,一幅生动的皇帝登基图便仿佛跃然眼前,人们在被吸引的同时,也会对明代的礼仪制度有更深层次的了解与思考。类似的叙述形式与文学手法,我们同样可以在被誉为"史家之绝唱,无韵之离骚"的《史记》中看到。不同于先前史书多采用编年体体裁,《史记》采取纪传体形式,把记言与记事相结合,以人物活动为核心,精彩的故事既具有丰富的史学价值,也不乏优秀的文学手法。《万历十五年》在这点上,无疑继承了前人的优秀成果,既做到了"文史不分家",也做到了贴近读者,实在难能可贵。

在人们日趋浮躁的今天,我们往往缺少的就是人文社科类的优秀作品:市面被各种历史兴趣读物充斥,人们往往忽视作为历史学核心的资料,静不下心去读历史资料,去读学者编著的经典史书,只会看些经过加工的皮毛。这不仅仅是读者的问题,也是我们作品的问题。

习近平总书记曾经多次强调要讲好"中国故事",我们如何继承中国史学的优良成果,如何向广大中国人乃至外国友人讲好"中国故事",如何在写出优秀文学性极强的历史作品的同时,又能做到以严肃的考证来保证历史学的专业性,《万历十五年》无疑是一个极佳的范本。

不同于历史学家把明亡的原因归结于"税重民穷",本书提出"民穷"的根本原因不在国家的赋税过重,而端在法律的腐败和政府的低能,一改我们过去对明代税收的偏见,将中国由世界强国走向衰落的制度因素铺展得更为清晰细致。值得注意的是,作者不仅强调了东西方税收的横向对比,也注重了中国内部各地税收的差异,更在西方研究成果基础上着重分析了中国的资本主义萌芽,虚掩着当时社会尚未与世界潮流冲突时的侧面形态和彻底创造历史的机缘。

作者的研究借助了《资本论》等多本专业书籍，资料既详尽又独到，说服力极强。尤其是提出问题后分析症结，着重于中国古代社会将道德代替法制的历史传统。虽然这个观点略失偏颇，但其对我们当前的民主和法治建设不无启发。马克思特别强调："唯物主义辩证法不崇拜任何东西，按其本质来说是批判的、革命的。"如何继承批判性思维这一人类重要哲学传统，将辩证法思想深入到我们的历史研究领域，既做到打破陈腐之物，又能发扬前辈的光荣传统，将是我们历史学研究面临的一个现实问题。《万历十五年》的这种创新却不失本真的精神，即使在实践中可能存在欠缺之处，却仍然值得我们去深入思考。

三、 视域

当下，学科专业间的界限正在不断被打破，不同学科呈现融合趋势。《万历十五年》虽作为历史读物上架，却打破了学科间的壁垒，展现出多元魅力。除历史学外，我们能在其对明代经济制度的描述中学到经济学相关知识，也可以从李贽的故事中了解些许哲学史与不同派别的哲学思想，其在政治学领域对皇权制度的探讨中更不乏对于权力结构和政治技巧的分析。可以说，《万历十五年》的综合性是其畅销不衰的秘诀，读者不经意间就能学到很多跨领域的知识，从而扩展自己的学科视野，培养综合素质。

《万历十五年》一书，对我们解决当前面临的困难不无启发。作者强调的"大历史观"，是一种强调宏大规律的范式。同时，作者也打开了其研究微观领域的独特视角：选定近三百年宏大历史中看似平淡的一年，复杂历史人物中特定的几个，跳出宏观制度架构，去观察这个制度的细枝末节……这不仅新颖，更为我们的历史研究开启了新的发展方向，迎合了范式转换的历史趋势。

但是，这本书仍然存在诸多明显的问题，也致使了其读者间的争论不休。从书中某些史料的处理方法上，作者采取了较不严肃的处理方法，体现对材料的偏袒征引与错误解读上，虽然在多次修订后得到改正，但仍能窥见在史料处理上的不足。对于作者的"大历史观"，强调从技术角度看历史，学界也不乏质疑。

作者在本书的序言里就曾坦言自己对具体历史人物的具体评论会和国内外历史学家有所出入，可以说，作者这些新的尝试，本身就会带来争议。而其作为"半路出家"

的研究者,研究专长又在经济领域,更不可能不会犯些许错误。对此,我们应该采取客观的立场,来重新审视这部作品,取其精华,去其糟粕。

笔者认为,《万历十五年》诞生于改革开放初期中国历史学重新走向正轨的时代,其独特的视角与铺叙方式,对于当时乃至我们现在的历史学方法论的重塑可以说起到重大的正面作用。但我们也要正视问题的存在,做到辩证地看待。恩格斯说过:"在辩证法中,否定不是简单说不,或宣称某一事物不存在,或用任何一种方法把它消灭。"我们对待这本书的态度,也应该抱着渴求知识的心态,秉持客观的态度,去自由批判,去深入思考,以求把好的东西内化于心,培养起自己的批判性思维,做到真正的活学活用。我想,这才是这本书带给我们最大的精神财富。

让我们读史书,品经典,以史为鉴,致敬百年,未来可期!

（作者学校　安徽大学）

狂人走后怎样?
——兼论《狂人日记》中的本真性悖论

王瀚庆

　　《狂人日记》作为中国现代白话小说的开山之作,凭借其文本的开放性和故事的寓言性为文学评论提供了巨大的阐释空间,鲁迅所塑造的这一"狂人"亦成为近现代文学史上一个具有"革命者""启蒙者"意味的经典形象。

　　然而,"革命者""启蒙者"的标签背后似乎存在着更多阐释路径的可能性。无论是从文本本身还是鲁迅创作这篇作品时的背景来看,"狂人"这个形象在本真性、主体性层面上都表现得十分模糊,表现出一种强烈的悖论感。鲁迅可能正是有意淡化了"狂人"作为革命者、启蒙者形象的本真感和自主性,借此表达了当时对于中国革命政治的悲观看法和对革命者的警示。而这一形象又和鲁迅6年后于北京女子高等师范学校《文艺会刊》上发表的演讲稿《娜拉走后怎样》中娜拉"不是堕落,就是回来"的命运构成了历史的呼应。

　　本真性问题和鲁迅作品里深切的"立人"关怀具有一脉相承的联系。解放者、革命者没有认同自己的身份(identification),没有感受到自己行动的主体性,那么这样的革命者说到底是不彻底的,是无法带来真正的革命与解放的。《狂人日记》作为鲁迅"十年沉默"[①]后出现的一部有力作品,已经或隐或现地表现出鲁迅对这一问题的担忧。这个难题虽然在"狂人"身上表现为一个悖论,没有被解决,但却变成了鲁迅注意到的一个终极关切,并成为理解鲁迅的重要潜藏线索。

---

① 钱理群.十年沉默的鲁迅[J].浙江社会科学,2003(1):135—141."十年沉默"是钱理群对鲁迅在1908年创作了《破恶声论》后直至1918年创作《狂人日记》10年间除少量日记、随笔外的创作"低迷期"的形象概括。在这10年中,鲁迅将其赴日留学期间思考的一些有关民族存亡复兴的重大问题进行了进一步的思考,并体现在其五四期间及以后的创作中。

一、革命与疯狂的悖论

鲁迅通过"狂人"这一形象,在革命与疯狂之间描述了一个颇为荒谬的悖论:一方面,革命通过疯狂得以表达,又因疯狂而走向覆灭;另一方面,疯狂高擎起了革命的旗帜,却又堕落了革命的气质和精神。

首先,《狂人日记》中的疯狂与革命意识的存亡息息相关,即疯狂在很大程度上影响了革命意识的生发与消亡;革命精神与疯狂具有高度的同构性。

正是因为有了"狂人",因此叙述者的视角才能通过其日记的叙述从常人世界中得以短暂的解脱,日记成为了摆在读者面前的审视对象,于疯癫狂谬中透露了"吃人"的社会隐喻。小说的叙述时间从夜晚开始:"今天晚上,很好的月光""晚上总是睡不着。凡事须得研究,才会明白"①……夜晚是小说中大量重复使用的意象,是孕育了狂人、与象征着常人世界的白天相对应的神秘场域。狂人诞生于夜晚,于这"全没月光"的晚上"翻开历史一查",看到了"满本"的"吃人"。简言之,夜晚将狂人从"常人世界"中抽离出来进入了"狂人世界",从疯狂与极端中诞生了对历史的反思和嘲讽,这亦可以视作为五四新文化运动革命精神的一个具体体现。

但不无讥讽的是,疯狂这一事件本身具有的偶然性,注定了革命意识的唤醒是偶然的,其覆灭也更是必然的;当狂人从"狂人世界"返回"常人世界"后,革命意识随之覆灭;原本潜在的革命者又被收编成为"常人世界"中芸芸众生中的一分子。作者通过小序交代了狂人最后的命运:"然已早愈,赴某地候补矣。"看似漫不经心的一句交代,却从日记开头的小序中就为整篇小说奠定了基调,革命意识在狂人自己的内心中几经沉浮、苦苦挣扎的主观斗争最后却被"早愈"这样的一个客观性事实轻轻磨灭。主观精神与客观情况、狂人世界与常人世界的张力和撕裂感已在此处显露无疑。

其次,《狂人日记》中的疯狂更与革命精神的品质息息相关,这也是容易为以往文本解读所忽略但又极其重要的一点。一方面,存亡问题更多地是一个事实情况,而品

---

① 鲁迅. 狂人日记[M]//鲁迅. 鲁迅全集:第1卷. 北京:人民文学出版社,1981. 本文中直接引自《狂人日记》的文本皆摘自此版本,之后不再标注。

质问题则更多地是一个价值问题。关注革命精神的存在与否固然重要,但其存在的价值、深度、高度更需要得到细致的考察,以往的文本解读只重前者而轻后者,这是有失偏颇的;另一方面,价值问题或许是比事实问题更加重要,但同时也更加难解的一个问题,解读疯狂与革命精神品质的关系,更有利于把握鲁迅对当时左翼政治的一些看法。

先来看鲁迅对于由狂人体现出的革命精神的看法。狂人从疯狂中首先看到了现实中的吃人境况:"青面獠牙的一伙人""几个人便挖出他的心肝来""他们会吃人,就未必不会吃我"……继而又窥见了历史上确凿的吃人证据:"易子而食""食肉寝皮"……狂人对整个社会从横向和纵向上进行了彻底的解构和完全的颠覆,瓦解了常人世界平和、安全的状态。① 鲁迅借狂人之口"对于中国的社会,文明,都毫无忌惮地加以批评。"②这种思想革命的力量不可不谓之大、不可不谓之惊世骇俗。然而,对于这样具有革命性的思想,在狂人以外的常人看来,不过都是些"荒唐之言"罢了;这场在狂人世界中发生的思想革命,在常人看来不过是无声的浪潮而已。

革命本来具有崇高的品质,却因为疯狂而败坏了它伟大的性格和品质;革命本来抱有远大的理想,却因为疯狂而被局限在狂人世界的角落之中。进一步细究"疯狂"这个词,"疯"和"狂"实际上是狂人所具备的两种不同(外部和内部)的品质:"狂"绝不等于"疯","狂人"这个称呼满含着一种宿醉式的革命激情,而"疯子"则似乎单纯地指向一种言行无忌的精神失常。鲁迅在题目中以"狂人"冠之,在正文中却以"疯子"名之,"疯狂"内部的分化,正昭示着"疯"(外部世界—常人世界)对"狂"(内部世界—狂人世界)的败坏。③ 这正是鲁迅对于以"特殊知识阶级""正人君子"④为主导的"革命"所抱有的关切和给出的警告,并且在 8 年后的《孤独者》中对革命者与群众关系的问题做了更加深刻的现实主义思考。⑤

① 薛毅,钱理群.《狂人日记》细读[J].鲁迅研究月刊,1994(11):13—21.
② 鲁迅.华盖集·题记[M]//鲁迅.鲁迅全集:第3卷.北京:人民文学出版社,1981.
③ 石小寒."疯子"与"狂人":《狂人日记》再解读[J].中国现代文学研究丛刊,2020(9):161—170.
④ 钱理群.与鲁迅相遇:北大演讲录之二[M].北京:生活·读书·新知三联书店,2018:244—245."特殊知识阶级""正人君子"是鲁迅在与现代评论派的论战中对现代评论派的两个嘲弄式的命名,表达的是鲁迅对其知识权力意识和精神优越感(实际上是脱离广大人民和革命初衷,从而成为一种精神反动)的批判。
⑤ 汪晖.论鲁迅小说《孤独者》[J].扬州师院学报(社会科学版),1982(Z1):218—224.《孤独者》发表于1926年,距鲁迅1918年发表《狂人日记》已过去8年。

二、狂人的人格与本真性

更深一步地剖析狂人这个形象,似乎会发现更多的疑点。对狂人来讲,如果疯狂唤醒了他潜意识中对社会的批判意识,那么他是对之进行了自我的表达,抑或仅仅是一种无意识的流露? 换言之,狂人的革命性、启蒙性是否具有本真性?

不可忽视的是,狂人对于社会历史的批判在一定程度上的确直击要害:

> "有许有的,这是从来如此……"
>
> "从来如此,便对么?"

但另一方面,狂人无法脱离常人世界,他既是纵向的历史的产物,又是横向的社会的产物。鲁迅在 1918 年 8 月 20 日写给许寿裳的信中道:"偶阅《通鉴》,乃悟中国人尚是食人民族,因成此篇。此种发现,关系亦甚大,而知者尚容容也。"从这一点上来看,狂人就是这个"食人民族"的后裔,"食人"的厄运像一个影影绰绰的幽灵一样笼罩在他的命运之上无法摆脱。不仅如此,狂人也是"食人家族"的一员:"吃人的是我哥哥! 我是吃人的人的兄弟! 我自己被人吃了,可仍然是吃人的人的兄弟!"综上所述,狂人不仅不可能成为"食人民族"之外的冷眼旁观者,因为他本就是这其中的参与者,更是有着食人族血脉的罪恶的后代!

狂人是兼具革命者和原罪者身份的"双面人",那么他的思想革命、自我批判是更多地源于革命者一面的觉醒,还是原罪者一面的愧悔? 其实,两个思想的方向都能在鲁迅的创作生涯中找到其依据,前者源于鲁迅作为"精神界之战士"[①]的自觉自立,后者源于鲁迅作为"历史中间物"的无奈怅惘。确定狂人"疯狂思想"的本真性变成了一个棘手的问题,"本真性"成为《狂人日记》中一个难解的概念。

"本真性"(authenticity)是一个十分麻烦的概念,它麻烦在难以界定"本真性"的范

---

① 语出鲁迅《摩罗诗力说》。"精神界之战士"是鲁迅所期待看到的首先觉醒的知识分子,他们有独立的精神追求、创造精神和想象力。(钱理群. 与鲁迅相遇:北大演讲录之二[M]. 北京:生活·读书·新知三联书店,2018:90.)

围与限度。① 举一个例子说，一个人说"我饿了"，那么他到底是由于饥饿产生了切实的需要，还是在消费主义、社会常识的鼓动下作出了一个无意识的选择呢？很明显，前者是一个更具"本真性"的选择，后者是一个略微欠缺"本真性"的选择。但是，更具"本真性"的选择中同样会产生分化，因为一个人很难只按照最低的生存标准来安排自己的生活，任何这之外的选择都有可能被打上"非本真性"的标签。在这个意义上来讲，人的"非本真性"与"社会的构建"就成了一句无用的"正确的废话"，失去了其原有的概念规范力（因为"非本真性"几乎可以被扩展到所有的人类行为）。狂人身上所体现的本真性的模糊感就在于读者无法对他人格中可能存在的任意一边进行持续地追问，因为如果必须这样做，读者则会不可避免地发现对于狂人人格的界定将落入原本论点的对立面。

但无论狂人是作为一个革命者还是一个原罪者，造就他的原初力量就是那个充满问题的社会："食人的"社会逼得狂人起来反思、起来反抗、起来革命；"食人的"社会又逼得狂人负有内疚、负有厄运、负有原罪。

透过本真性的模糊感，鲁迅却清楚地看到了社会如同"利维坦"般的实在感和强大感："所谓中国的文明者，其实不过是安排给阔人享用的人肉的筵宴""大小无数的人肉的筵宴，即从有文明以来一直排到现在。"②这其中十分清楚的，固然有鲁迅作为一个精神战士面对不公社会的勇毅，但更多的则是一种辛酸与无奈，一种个人在面对扭曲社会时无法不体现出的"非本真性"的扼腕叹息。

三、 本真性的获得——狂人走后怎样？

狂人革命精神的覆灭如鲁迅在创作《狂人日记》6 年后③于北京女子高等师范学校

---

① ［加］查尔斯·泰勒. 本真性的伦理［M］. 程炼，译. 上海：上海三联书店，2012.
泰勒在这本书中较好地探讨了"本真性"（authenticity）这一概念，其基本含义是指人忠实于自己的内心而不盲从于外在的压力和影响；深层上则与人的自我意识和自我认同密切相关；因此这也是一个对存在主义哲学尤为重要的概念。"狂人"这一形象在本真性上的模糊感表示鲁迅已经开始有意无意地探讨面对剧变的外部环境（在西方体现为虚无与战争，在中国体现为革命与救亡）时个体存在的意义，这也是全世界文化哲学界在 20 世纪面对的一个重大课题，鲁迅在这一点上不愧为一个具有深邃思想洞察力的文学家。
② 鲁迅. 坟·灯下漫笔［M］//鲁迅. 鲁迅全集：第 1 卷［M］. 北京：人民文学出版社，1981.
③《娜拉走后怎样》发表于 1924 年，距鲁迅 1918 年发表《狂人日记》相隔 6 年。

《文艺会刊》上发表的演讲稿《娜拉走后怎样》中娜拉"不是堕落，就是回来"的命运一样，在其创作脉络中得到了历史性的呼应。如果说在《狂人日记》中，鲁迅还仅仅是对狂人模糊的本真性所造成的对革命存亡、品质的影响表示一种隐忧的话，那么，在《娜拉走后怎样》中，鲁迅则将这样的隐忧通过女性主义、女权运动的现实问题具象化地表达了出来。对娜拉"不是堕落，就是回来"这一命运的概括或许也可以更好地适用于《狂人日记》——狂人要么在狂人世界中无限地"堕落"成为一个"真正的"疯子，要么从狂人世界的激情畅想中回到常人世界"赴某地候补"的庸庸碌碌。这样，"堕落"和"回来"其实殊途同归，狂人要么被自己放逐，要么被社会放逐；其本真性无论如何都会不可挽回地失去至少一部分。

鲁迅之所以成为一个具有国民级影响力的伟大作家，其中一个原因或许就在于他是悲观而不绝望的。可能正是因为看到了本真性在价值判断中可能带来的混乱与误解，因此鲁迅在其创作观念中更倾向于"悬置"这一问题，而号召应先"敢于直面惨淡的人生，敢于正视淋漓的鲜血。"①获得本真性的基本前提是存在一个真实的、可获得本真性的主体——如果只有虚伪的文学、虚伪的国民，那就遑论革命意识和本真性了：

"中国人向来因为不敢正视人生，只好瞒和骗，由此也生出瞒和骗的文艺来，由这文艺，更令中国人更深地陷入瞒和骗的大泽中，甚而至于已经自己不觉得。"②

因此，鲁迅虽然借狂人之口缔造了一个巨大的本真性悖论，但又通过"赴某地候补"证明了狂人启蒙狂想的幻灭性，将这个悖论通过一个颇具荒谬感的结局"悬置"了起来。鲁迅戏谑地将这一首酣畅淋漓的"革命狂想曲"在现实层面上归于一场梦幻和疯狂；但又潜在地在这常人世界和狂人世界之间创设了一个互文性的关系——狂人世界中本真性的悖论正象征着常人世界中本真性的缺失。鲁迅正是要用这一种或隐或现的暧昧关系唤醒普通民众的心灵，这确实也可视作鲁迅"弱者本位"的"立人"思想的具体体现。

"本真性的理想"或许是鲁迅为今天这个时代留下的一个难题，但也同时是他为我们留下的宝贵的文学遗产。人类社会或许正处在本真性的"初级阶段"，其核心任务正是要"立人"，正是要"正视人生"，破除"瞒和骗的文艺"。同时，在这个问题上，鲁迅也

① 鲁迅.记念刘和珍君[M]//鲁迅.鲁迅全集：第3卷[M].北京：人民文学出版社,1981.
② 鲁迅.坟·论睁了眼看[M]//鲁迅.鲁迅全集：第1卷[M].北京：人民文学出版社,1981.

与 20 世纪世界范围内的伟大学者擦出了精神上的火花：面对价值理性①泛滥的时代，我们如何协调个人与社会、理想与现实之间种种的龃龉和冲突？鲁迅并不倾向于五四时期盛行的"新旧之分"，即要打倒旧文化、学习新文化，虽然鲁迅在他的创作里有这样的表现，但他做出这个选择的内在逻辑是不同的。鲁迅选择"新"是因为它"好"，排斥"旧"是因为它"坏"；本质上来说，鲁迅是要用"好坏""优劣"这样务实的标准来代替"新旧"那种主观的、随意的标准。鲁迅要让他的读者活在现实里，不去理想化那些"不在场"的生命状态，一味怀古或者憧憬一个"美好的"未来，觉得"现在远不如从前""将来胜过现在"，②鲁迅强调"此在"与"本真"的同在（co-exist），只有过一种具有现实感的生活，才能够进而获得达到本真的可能性。在这一点上，鲁迅给出了一个尽管文学化，但绝不仅仅是流俗于浪漫主义的软绵绵的回答。

狂人确乎已经离我们远去了，无论是在现实中还是在精神上。鲁迅给我们提出的一个问题是，狂人走后怎样？还会有下一个狂人吗？我们的社会怎样面对和处理这样的狂人？如果我们自己成为了狂人，那么又该怎样面对这个社会？

在鲁迅写下《狂人日记》一百余年后的今天，"不是堕落，就是回来"这样的答案似乎已经不能对这些问题作出妥善的回答和安放。"本真性的难题"变为了"本真性的理想"，鲁迅似乎在这里留下了一个"类哈贝马斯"式的断言（或许是哈贝马斯"类鲁迅"也未可知）："本真性的革命"——一项未竟的事业。

（作者学校　华东师范大学）

---

① 德国社会学家马克思·韦伯（Max Weber）提出的概念，与工具理性相对。人们出于价值理性，只赋予选定的行为以"绝对价值"，而不管它们是为了伦理的、美学的、宗教的，或者出于责任感、荣誉和忠诚等方面的目的。价值理性泛滥，即是说人类社会的价值体系有陷入唯我论的危机，因此个人与社会、理想与现实之间原来被宗教、权威遮蔽的矛盾彻底暴露和释放，鲁迅在五四时期摈弃"新旧"而选择"优劣""好坏"的价值标准，是其思想贡献。
② 王乾坤.鲁迅的生命哲学［M］.北京：人民文学出版社,1999：24—33.

断鸿

杨涵斌

沪有鸿鸣悲者,失群也。有船焉,廿丈而桅八,其势若沉。夫鸿之船,目帆损桅破,人之将溺也,遂拾木衔石,意在救亡也。然见逐。

俄而天地变色,事乃愈急,故有掷人于海者,凶也;有号哭于舱者,惧也;有安之若素者,主也,若船二焉。唯袒右盟坛者欲亡,乃召令。弗从。鸿击之以喙,走。鸿亦走,而鸣愈悲,以船之将沉也。忽见一宅,桑桦陈阵,竹松荫掩,林霏拥日,鸟雀悦梁。鸿喜而往。见一人坐于宅前,其状若思,然蹙破纸砚。鸿以其宅院亲,魄遂去其躯,附之。

其人名何?丹徒刘鹗也,字云抟,又字公约。其蹙为何?书也。鸿之附也,鹗猝然有感,乃书之,其辞曰:"吾人生今之时,有身世之感情,有家国之感情,有社会之感情,有种教之感情。其感情愈深者,其哭泣愈痛,此鸿都百炼生所以有《老残游记》之作也。棋局已残,吾人将老,欲不哭泣也得乎?吾知海内千芳,人间万艳,必有与吾同哭同悲者焉!"

故书,名曰《老残游记》。

老残姓铁氏,名英,以慕懒残煨芋之事,号补残,或曰老残,江南人也。长而不仕。尝会道者某,某曰:"尝异人受我,医百病,人皆以为是。"老残乃师医于道,游于四方。

当是时也,海内乏主,兵戈纷乱,群雄莫制,九州竞逐。列强并至,虽修矛不能裁殄;周疆喧沸,虽王鼎皆窥轻重。或以为忧,曰:"为之奈何?"故有张、李兴洋务富国,师西技强军,然则天国倒清、义拳灭洋,及革命云起,盖求其所欲者,缘此之论也。鹗亦如是。

首回言覆船者,老残尝曰:"予之罗盘,明南北而走,船不可安乎?"辞,答曰:"汉奸也!"时人不暇视之,后人若余者思之,乃知鹗以船喻国,哀罗盘所不遇也。及论于桃花山,申子平谓玙姑曰:"北拳南革,皆恶人也。"此鹗向清之故,重西技洋务耳。

鹗幼聪慧,师太谷。不仕。尝为僚,有治黄、开矿、荒政之举。此质之始也。今人以阶级论之,夫轻革命而重西技,意在保皇者,曰地主,或曰地主阶级。彼之骚客,多类鹗者耳。故曰:夫《老残游记》,鹗之政论也。然止论此乎?

书可为史,《老残游记》亦如是。其字若铜镜,余每读之,有感,遂问于己:"鹗,近人也,尝涉政。夫师西技者,岂独鹗乎?"俄而自言于余,曰:"余尝读《续资治通鉴·宋纪·宋纪七十九》,见王安石有'天命不足畏,祖宗不足法,人言不足恤'之论。彼金瓯崩坏,北极不堪,列强云集,舰船影从。人或师祖,或师泰西。师其技者曰洋务,立宪者曰立宪保皇,兵者曰天国,曰革命。周之将崩,百家争鸣,故曰:'变局生争鸣。'今清之将亡,其势反邪?答曰:'其无反也!人皆法祖乎?'

"至于《老残游记》,后世属文学。余今观之,其亦史也。老残之论,实为鹗论,究其质者保皇。所论者何?曰:'阐救国之理,明向清之心。'噫!是新乎?虽然,此晚清争鸣之详证也!

"北拳者,义和拳也,后称义和团;南革者,革命也。此皆恶人乎?然类鹗者斥之,革命者喜之,后世颂之。或曰类鹗之于革命,犹水之于火,不融也,其质在九五,《老残游记》明之。

"每言争鸣,今常以'先进''落后'比之,然其何以判?以先事较之,知李斯以秦为今,李密谓汉为伪,敬翔视唐为新,方有千册析明月之长,万卷定天地之实。鹗,清人也,书竹松之间,仕庙堂之内,岂无误乎?虽然,余可见今世于《老残游记》中,品新茗于桑桦下,欲以说己,何苦之有?

"余尝见今文,言及侠者云云。侠者何?老残也。老残所以为侠者何?书也。

"试论之。十五回名'烈焰有声惊二翠,严刑无度逼孤孀'者有妓曰'二翠',以灾亡,遂妓,且姊将妻亡赖贼,老残救而妻之,更名环翠,并引案一。老残友黄人瑞曰:'某镇,以齐东友人名之,曰齐东镇。镇民魏某妻贾女。会中秋,某以毒死,父、仆俱死,令以贿系贾女,且将刑之,正色曰:'无辜者无贿!''人言弗是。人瑞遂仰老残,请救之。

"残赴省视案,又之齐东,明案,系凶。及救,逢友德慧生齐河。慧生及德夫人延老残及环翠之扬州,允。后访泰山。环翠将去,老残释之,并托其弟于独。

"或曰:'老残似神。'医、河、刑、政、佛莫不通,此鹗也。故余窃以老残为鹗。然何以言老残？曰：'侠。'夫侠，判万物之理，去天地之恶，不媚庙堂而恤黔首。观之老残，不贪幕府，斥恶而救民，仁以为己任，或曰理想，或曰神祇。虽然，不亦侠乎？此余所以言鹗托己于老残也。老残去官，语在第四回，名'宫保求贤爱才若渴，太尊治盗疾恶如仇'。

　　"由是观之，鹗为清人，初不仕，后仕河南巡抚吴大澄、山东巡抚张曜下，为僚。入总理各国事务衙门。虽恶世，竟不反清，故有'北拳南革，恶人也'。然时变局，多争鸣，亦志救国，有侠、仁之心。"

　　夫古之中国，重廉而轻贪。至于文章辞赋，多类《三现身包龙图断冤》《海忠介公居官公案》《海公大红袍全》云云，咏正颂清者如牛毛，愤淫鄙昏如泥沙。然《老残游记》之廉者如玉贤、刚弼，皆苛猛而寡知，多冤而鲜德，何也？

　　子曰："政宽而民慢，慢则纠之以猛。猛则民残，残则施之以宽。宽以济猛，猛以济宽，政是以和。"玉贤、刚弼之弊，在猛而失宽，民残而弗有小康。或曰："站笼死者二千，岂无冤乎？"又治民某死，盗以为昏。语在第三、四、五、六回。

　　较之宋明骚客咏廉者，鹗独析廉罪，以为昏焉。廉而无能者有冤，苛政废柔者有戾，此前未有之也。古者求廉若渴，誉为"青天"，未离"人治"之理；今者立法弗怠，号为"法制"，其实"法治"。故曰："鹗亦近人。"或曰："但丁者，旧之殿，今之始也。"但丁者，意大利人也，作《神曲》，新文文之。古者求廉，今者求法，鹗虽未言法，然竟去廉也，其非中国文学之旧殿今始邪？此所以知言"历来小说皆揭赃官之恶，有揭清官之恶者，自《老残游记》始"。

　　鹗以《老残游记》，超古之愚昧，开近之新理。新理者谓何耳？谓西技救国，廉亦有恶也。然则天下有变，鹗独善乎？如余前言，国强所以侵华，侵华所以启民知，惟列强未知且防也。鹗之知，《老残游记》可知也。一言以蔽之，此亦争鸣之论，而不仄也。荀子曰："君子安位。"不亦是乎？

　　或自问曰："《老残游记》，其止政论邪？"

　　答曰："非也。"

　　问曰："非者何也？"

　　答曰："鹗曰：'夫此如梦五十年间，可惊，可喜，可歌，可泣之事，既不能忘；而此五十年间之梦，亦未尝不有可惊，可喜，可歌，可泣之事，亦同此而不忘也。同此而不忘，世间于是乎有《老残游记续集》。'续集尝书地狱，此非政论也。

　　"鹗尝师太谷，怀救人之心，有渡众之志。老残尝谓阎罗天子曰：'陛下可宽乎？臣以为重者，所以教人善也，然地狱重甚焉。'阎罗天子答以人罪重而有苦。余尝读《神曲》，尤爱《地狱》《炼狱》。今以观之，此实类《神曲》，言以地狱渡人，可渡者可渡也。余学史，见太谷曰：'度尽众生，方许成佛。'又曰：'教养天下。'此太谷异于黄老者也。鹗之书书，岂非渡人而成佛乎？鹗思想之善，此可见也，而有孔子之风耳。

"时四海鼎沸，变局已成。怯者羡鼠，烈者欲佛，然罗汉皆能为佛乎？鹗尝为僚仕清，有政声，竟著书以为资，后充军，流放新疆，死乌鲁木齐，何无悲乎！夫鹗之悲也，亦西技治根之悲也。然或虽治根，亦多败焉。悲乎！鹗之悲实时之悲也！

"彼清国衰微，而欲为强者，必磨筋动骨，苦身乏志，故孟子曰：'天将降大任于斯人也，必先苦其心志，劳其筋骨，饿其体肤，空乏其身，行拂乱其所为，所以动心忍性，曾益其所不能。'国亦然，而烈者将劳，志者将乏，行者将乱，鹗岂辟乎？

"时或讥类鹗者'汉奸'，以其羡西技也。故余曰：'鹗，迁客也，所迁者志。犹鸿之离群，号其断焉。'

"类鹗者少乎？答曰：'众也。'

"然何以觅之？答曰：'居四方也，虽宇莫能限，虽宙莫能逝耳。'"

今读《老残游记》，见老残若侠，然鹗终孤死，无复言之，惟悲不能自已。

（作者学校　南通大学）

"零余者"与"忧郁症"
——浅谈郁达夫的《沉沦》

何雨阳

郁达夫的小说《沉沦》是现当代文学史上的名篇,其中塑造的男主人公"他"也成为了中国现当代文学人物长廊中的一个典型形象。从概括的角度来说,这个形象往往被视作是一个"零余者","忧郁症"则是其身份性格特点的重要表现。而这个形象,可以从社会历史背景、小说创作和作者经验等角度进行进一步的理解分析。

一、"袋里无钱,心头多恨": 平民"零余者"的无用与理想

"零余者"这个形象,往往会使人联想到普希金笔下的奥涅金或是屠格涅夫的罗亭,但与俄罗斯文学中的"零余者"系列形象不同,郁达夫笔下的"他"并不属于衣食无忧、有钱有闲的贵族阶层,而是五四以来的平民知识分子的典型:从小"他"的生活相当艰难,"三岁时就丧了父亲""家里困苦不堪";在"他"的青年时期,因为兄长的仕途失意,家庭的经济状况也没有很大的改善。

这种社会地位的区别,使"他"没有机会和奥涅金一样夜夜笙歌,直到对宴饮和舞会的享乐感到厌倦;反之,他需要不断奔波,考虑、处理自己的经济和生计问题。因此,"他"从未亲身获得感官享乐从满足到厌倦的体验,"他"亲身获得的体验,是人世间种种的困苦与不愉快。因此,"他"面对社会时,显得多忧愁苦闷、多冷漠厌倦。他对"零余感"的体验,更多的是感受到自己的无用,而不是因厌烦享乐而在社会中找不到自己

的位置。

这种感受可以从作者的另一篇文章《零余者》的表述中找到说明："我的确是一个零余者，所以对于社会人世是完全没有用的。A superfluous man! A useless man! Superfluous! Superfluous!"此处的 superfluous 和 useless 指的就是这种"无用"的感觉。造成这种无用的原因，作者通过一首被反复重复强调的小诗进行了揭示："袋里无钱，心头多恨。／这样无聊的日子，教我捱到何时始尽。／啊啊，贫苦是最大的灾星，／富裕是最上的幸运。"在此处，贫穷与"零余感"建立了逻辑上的联系，这种联系是"他"在俄罗斯的"零余者"兄弟们所没有的，是"他"平民知识分子的特定身份和所处的特定历史时期决定的。

但是，"无用"的概念是建立在与"有用"的概念的对立之中的。在这个程度上也可以说，"他"并没有彻底地厌世并弃世，相反，渲染和痛恨自己"无用"正意味着他依然对"有用"有着一种理想性的追求，这也在《零余者》的结尾获得了暗示："前进！前进！像这样的前进吧！不要休止，不要停下来！""他"应对"零余感"的手段，不是堕落，不是漫游，而是前进。

与《零余者》相比，《沉沦》的结尾似乎更加富有悲剧性："他"最终选择了投海自尽。然而，即使是选择自尽，也并不意味着理想与希望的缺失或毁灭——"他"的自尽是因为痛苦，是因为自我性格的极度分裂，是因为在如此绝望的环境之中承担不了希望的重负而导致的。在当时的社会历史条件下，"他"无法实现理想，但"他"并没有摒弃理想本身——自尽前的那三声呼喊恰恰迸发出了极其炽热明亮的理想光芒，这种理想光芒并没有因为"他"的死亡而烟消云散，而是被"他"的死亡推向了极致、得到了彰显并进行了放大。

二、"弱国子民的强烈情结"：作为性格底色的社会政治背景

"他"的性格特征和情绪活动，与小说创作的时代背景有着千丝万缕的联系。《沉沦》被视作是一部"自叙传"式的作品，发表于 1921 年，是郁达夫在日本留学期间创作的。抒情主人公"他"，与作者一样，都是 20 世纪上半叶去日本留学的中国青年。因此，这部小说的时代背景天然地具有一种独特的双重性：作者是在近代中日双重的社

会影响下创作小说的，作品中的"他"也是在中日双重的社会影响中生活的。这种外在的影响在心理层面上，以"弱国子民的强烈情结"表现了出来。

20世纪初的日本，正处于资本主义社会的上升时期，总体呈现出开放、向上、欣欣向荣的面貌；而此时的中国，恰逢五四退潮后北洋政府的统治时期，显得贫弱而动荡。作为一个初到日本的中国青年，两种社会的对比无疑给"他"带来了很大的冲击。这种巨大的心理冲击，一方面转化为了"他"对日本的仇恨，认为"他们都是日本人，他们都是我的仇敌，我总有一天要复仇"，另一方面则转化为了强烈的自卑感和被迫害感，"他们都是日本人，他们对你当然是没有同情的""他的日本同学在那里欢笑的时候，他总疑他们是在那里笑他"。仇恨感与复仇的欲望是强烈有力的，自卑感和被迫害感则是敏感被动的。环境冲击同时带来了两种性质截然相反的情绪，不断地撕扯着"他"，从而使其性格中有着一种分裂和变态的倾向。

留学生作为"他"的独特身份，可以看作是"他"的孤独感、无用感的来源之一，因为他在日本和中国社会中都难以找到归属，找到自己应该处于的位置。"他"不是身处的日本社会中的原生的成员，因此与他身边的一切格格不入；但是，"他"同样也无法从他的故乡那儿找到归属感——远赴东瀛，他与自己的祖国拉开了距离，当"他"再回首观照自己的故国时，实际上也是用一种外部的、他者的角度来审视的。而这种外部视角的审视，能够使他更加清楚地看到当时中国的黑暗贫弱，对"弱国"有着更明晰的洞察，这种洞察最终爆发为了绝望的呼喊："祖国呀祖国！我的死是你害我的！""你快富起来！强起来吧！""你还有许多儿女在那里受苦呢！"此时，孤独感转化为了一种强烈的绝望感，将"他"推向了人生的悲剧。

在孤独感之外，社会环境种新旧冲突的重重矛盾也为他的"忧郁症"提供了根据。这种"忧郁症"表现为无端的伤感情绪和极度的敏感性格。"他"的"忧郁病的根苗"，是在不满于学校的专制而退学后，蛰居在富阳老家的那段时间埋下的。这种"忧郁病"，其实也是当时中国知识分子的"时代病"，在五四运动退潮后的社会中具有相当的代表性。"忧郁病"的病因正来源于当时黑暗病态的中国社会。在"革命起来了"的年代，年轻学生和接受了新思想的知识分子同时受到了中国自古以来的封建思想、官僚习气和西方势力进入中国后，借助的宗教等方式限制学生自由这两方面的压迫。五四以来的新生思想处于一种内外交困的状态，具有进步思想的青年学生的处境如此艰难，他们感到精神失落并因此而患上"忧郁病"也是不足为奇的了。

三、 文人精神与浪漫主义： 中西方文化对"他"小说创作的影响

郁达夫的《沉沦》被称作"自叙传"式作品，在某种程度上可以被看作是作者自己在日本留学期间的心境的反映。因此，从小说创作和作者经验的角度而言，也可以在"他"身上看到西方浪漫主义思潮与中国文化传统的影响。

在表层上，浪漫主义为"他"的抒情提供了可供模仿的范式。

一方面，"他"的情绪本身模仿了浪漫主义的感伤情绪。在开篇，"他"读到了华兹华斯的诗句，"眼睛里就涌出了两行清泪来，他自己也不知道是什么缘故"；在第一部分的结尾，"他"译完了华兹华斯的《孤寂的高原刈稻者》，在田野之中出神微笑时，一有人经过，"他就把他脸上的笑容改装了一副忧郁的面色，好像他的笑容是怕被人看见的样子"。此时，"他"的忧郁感与"零余感"还没有很强烈，他还没有在情绪上彻底地体验到绝对的伤感时，浪漫主义的文学作品就已经告诉了"他"伤感的情绪表现应该是怎样的，并在潜意识里鼓励他的情绪去不断接近和模仿这种伤感，从而促使"他的忧郁症愈闹愈甚了"。在这个方面，"他"最初的感伤情绪其实是矫饰的，是对浪漫主义作品中流露的感伤情绪的模仿。另一方面，浪漫主义在抒情方式上也为"他"提供了可供模仿的手段。例如在开篇的风景描写中，"他"觉得草木在向他微笑，大自然在向他点头。这种对风景的幻想与共鸣，将风景作为交流对象和情感对象的抒情方式，浸透了"他"的情感的印象式的风景描写，无不与欧洲的浪漫主义作品一脉相承。此外，"他"极其发达的感官体验和想象力，对于一个极小的细节的不断阐发的幻想，也无不带有浪漫主义的痕迹。

而在深层上，浪漫主义（尤其是其先驱者卢梭）的主张和价值取向，对"他"的形象的塑造也产生了巨大的影响。郁达夫极其推崇和喜爱卢梭，在他眼中，"卢梭既是真理的战士，又是自然的娇子；既是思想界的伟人，又是依赖情感的柔弱者。"[①]卢梭在政治上的革命性与在私生活上的堕落性在郁达夫眼中获得了奇妙的统一，"种种袒护和赞叹后面的潜台词是：人，即便是哲人，也不必为自己的情欲苦闷、忧郁情怀和神经质而羞

---

① 许子东.浪漫派？感伤主义？零余者？私小说作家？——郁达夫与外国文学[J].中国比较文学,1985(1)：203.

愧。不，这不是邪恶，也并非堕落。如果说这是精神弱点，那也是社会压抑所致。人的天性，本来是纯洁的，自然的。情感的价值，个性的尊严，必须肯定，应当张扬……"①据此，作者其实也将卢梭的形象隐藏在了"他"的背后，将卢梭作为参照物，为"他"许多看似大逆不道的行为进行了无声的辩护，使"他"成为了一个可怜但不可恶的人。

中国文化的传统同样也影响着"他"的性格。与浪漫主义的影响一样，中国文化传统的影响同样也是多角度、多层次的。

在情绪表现的层面上，与华兹华斯诗作中的感伤一样，传统的离愁别绪同样为他提供了另一种可供模仿的感伤情绪的范式。在"他"离开东京时，给朋友写的明信片是一首旧体诗，引用的诗句是唐诗中的"黄莺久住浑相识，欲别频啼四五声"，这些都是中国文化中传统的离愁别绪的表露方式。与开头"他"读华兹华斯诗句时矫饰的伤感一样，此处"他"也不知道"你的眼泪究竟是为谁洒的呀"，他也不知道自己伤感的离别情绪的原因。实际上，这种感伤情绪也是有着矫饰成分的，是在相似的、模式化的离别语境中对中国传统的离愁别绪的模仿。

而在心态与人生态度的层面上，"他"无疑是受到了传统的文人精神的影响。一方面，"他"受到了"入世不得，就归隐山林"的传统模式的浸染，在人际交往中碰到问题、感到挫败时，天然地将寄情于大自然作为自己的退路或保护手段，"他"在后期搬入山上梅园居住的行为就可以看作是对归隐山林的一种实践。另一方面，中国文人传统的家国情怀也对"他"造成了影响：他将个人的痛苦、自卑感归因于国家的贫弱，这在逻辑上其实是断裂的；但在家国情怀、家国同构的思维模式下，这两者之间自然而然地具有一种联系与过渡。

因此，在"他"身上，中西文化的多种因素被压缩在了一起，这种压缩在某种程度上可以被看作各种文化元素的畸形再现。这种畸形的压缩再现与鲁迅先生描述的中国社会的状态异曲同工："中国社会的状态，简直是将几十世纪缩在一时，自油松片以至电灯，自独轮车以至飞机，自镖枪以至机关炮，自不许妄谈法理以至护法，自食肉寝皮的嗥人思想以至人道主义，自迎尸拜蛇以至美育代宗教，都摩肩挨背地存在……四面八方几乎都是二三重以至多重的事物，每重又各自相矛盾。"②社会状态的压缩与矛盾不可能不反映在社会之中的个体身上，"他"的性格就是这种压缩性与矛盾性的反映。

---

① 许子东. 浪漫派？感伤主义？零余者？私小说作家？——郁达夫与外国文学[J]. 中国比较文学，1985(1)：203.
② 鲁迅. 鲁迅全集：第一卷[M]. 北京：人民文学出版社，1981：344—345.

中西文化在他身上既融合又冲突,在他的性格中不断地发酵、变化,因此,除了作者自己所用的概念"零余者",也有学者将"他"称为"畸零人",其中"畸"的概念就是这种矛盾冲突进行发展后的体现。

此外,除了各种文化因素的压缩,理性元素的缺失也是"他"值得玩味的性格特点之一。这或许有两方面的原因。

一方面是由于中国近现代时期文学的急速演进。在中国的新文学肇始之初,西方同时期的文学已经在强调理性的古典主义之后经历了浪漫主义、现实主义,开始进入现代主义。此时,面对西方众多的文学流派、主张,相对"过时"的古典主义势必无法对现代文学产生一种主导性的影响,因此,中国文学史的发展过程中,并没有像西方一样经历一个全面崇尚理性的时代。浪漫主义在中国,是被嫁接而来的,而不是在古典主义的理性树桩上自然地生根发芽的。因此,深受浪漫主义影响的"他",身后并没有理性主义的阴影,无法充分地调用理性来剖析自己的情感,而只能在强烈抒情的过程中对情感进行宣泄。

另一方面,郁达夫本人的志趣也与这种理性的缺失有着很大的关系。公认的说法是,郁达夫偏向于较多地阅读和学习那些与之趣味相符的文学作品。相关资料显示①,郁达夫欣赏崇拜的外国作家大多集中在浪漫主义流派,而很少有古典主义大家。因此,在"他"的形象的创作过程中,由于郁达夫本人的偏好,确实也鲜有理性主义的元素注入其中。这也是"他"的性格形象的独特之处。

(作者学校　华东师范大学)

---

① "这是一张为郁达夫所注目所欣赏所崇拜所感兴趣的外国作家的名单:屠格涅夫、陀思妥耶夫斯基、赫尔岑、歌德、施托姆、林道、斯特恩、理查逊、华兹华斯、哈代、D·H·劳伦斯、王尔德、卢梭、拉法耶特夫人、波德莱尔、魏尔兰、佐藤春夫、葛西善藏……"(许子东. 浪漫派? 感伤主义? 零余者? 私小说作家? ——郁达夫与外国文学[J]. 中国比较文学,1985(1):203.)

"三境"叠映下的阿 Q 与革命
——针对《阿 Q 正传》中批判性的再论

严　语

　　1921 年,鲁迅先生名作《阿 Q 正传》问世。时至今日,大多读者对阿 Q 的批判聚焦于其奴性及愚昧,并认为鲁迅先生是对阿 Q 做出批判的。本文试图从作品、作者、读者三个位面重新解构及分析:鲁迅先生作为这篇名作的作者,只是深刻地揭露;而其作品的"批判性"在于读者的认知——我们作为读者,对于这种批判性的认知是可以随着语境、世境变迁的。作品的时代语境是辛亥革命后,而当下的读者已然身处百年光阴之后。近十年有一种声音叫做"去鲁迅化",试图将鲁迅先生的一些作品移出课本。那么,此文的解构分析,或许可以作为一个回应:鲁迅先生自嘲的"速朽"二字,却是赋予了作品"不朽"的内蕴,《阿 Q 正传》的文学批判意义及其传达出的革命意义,并未随百年光阴的流逝而褪色。

引言

　　"要做这一篇速朽的文章,才下笔,便感到万分的困难了。"①

　　1921 年冬,辛亥革命洗礼过后的中国,鲁迅为阿 Q 立传。阿 Q"初出茅庐"便被赵太爷一个嘴巴打去了姓,也顺势丢了籍贯,只留下光头脑后的一条小辫子,和一个不详

---

① 鲁迅.鲁迅全集:第一卷[M].北京:人民文学出版社,2005.

的字母 Q。其后百年，他成为那个时代愚昧国民的代表被批判至今，而鲁迅先生"哀其不幸，怒其不争"——此观点成为读者的盖棺定论。

《阿 Q 正传》这篇小说，描述了一个处于暗黑世界的虚构角色，映照着的是作者所处的中国最黑暗的时代。百年之后，我们读者处于另一个时空再次品读的时候，在小说的"虚境"、作者的"史境"、百年之后当下的"实境"这三境之间，就此产生了奇妙的纠缠。笔者认为如前述那般的"盖棺"之论，在"三境"的虚实之间、跨时空之间，是可以也有必要再论的。鲁迅先生在 1921 年，冷静地剖开了如阿 Q 一般的国民们卑微的灵魂，寄望于觉醒无限的民众，深深地拥抱当时废墟般的中国，立民族自强之信念。虽然，这段痛苦的历史已然过去，时代已然新生，但《阿 Q 正传》这篇"速朽"之作，仍未到被"放下"的时间。

一、 阿 Q 的革命意识解剖："生的哲学"之倒影

作品中，"革命"是贯穿全文的，隐射着现实世界中的辛亥革命，最终必然走向失败的结局。其根因在于阿 Q 们的革命意识：一种低层次"生的哲学"的"身体"革命，而非真正革命意识的觉醒。对于"民族、民权、民生"，阿 Q 们大抵是一无所知的，而千年统治阶层用阉割过的儒学早已固化了阿 Q 这样底层民众的无知。所以，"虚境"里阿 Q 被砍了头——"史境"下辛亥革命失败，是注定的悲剧结果。

鲁迅先生大篇幅刻画了阿 Q 的生存，揭示了"生存欲与性欲"这二者构成的阿 Q "生的哲学"。在摸了小尼姑的脸后，他飘飘然地求爱吴妈："我和你困觉！我和你困觉！"[①]——这是阿 Q 性欲求的迸发，是其"恋爱的悲剧"[②]故事；从替人做短工而被赞"阿 Q 真能做"，到做偷儿的手下为人唾弃，这个小人物为了"生计问题"[③]浑浑噩噩地寻找出路，终于从"中兴到末路"[④]，这是阿 Q 的求生故事。阿 Q 的"生的哲学"是浑噩的，极度幼稚且蒙昧的。

阿 Q 的革命意识正是基于他的"生的哲学"而多次转折。顺民阿 Q 向来图安恶

---

① 鲁迅. 鲁迅全集：第一卷[M]. 北京：人民文学出版社，2005.
② 鲁迅. 鲁迅全集：第一卷第三章标题[M]. 北京：人民文学出版社，2005.
③ 鲁迅. 鲁迅全集：第一卷第四章标题[M]. 北京：人民文学出版社，2005.
④ 鲁迅. 鲁迅全集：第一卷第五章标题[M]. 北京：人民文学出版社，2005.

变,以为"革命党便是造反"因而"深恶而痛绝之"①。但他与"革命"初次接触,描绘革命党杀头时看到"听的人悚然而且欣然",获得了未庄人的尊重。在看到"未庄的一群鸟男女慌张的神情"后,阿Q的革命意识觉醒了:其一,他潜意识地认为这是一场复仇,未庄内外联手压迫致使他今日落得屈辱的地位,作为阿Q的敌对势力,未庄人一致的惊惧推动他完成了向革命神往者的转变;其二,阿Q的"革命"梦中,他借革命的谈助提高了社会地位、肆意掠夺财富、发挥性欲,他高喊出"革命"的纲领:"好,我要什么就是什么,我欢喜谁就是谁。"②此处"飘飘然"一词再次出现,先前在阿Q求爱吴妈时使用,这正暗示着:正如同对吴妈的爱欲突破森严的社会秩序使阿Q下跪求爱那样,"革命"也不过是他的身体本能与根深蒂固于意识中的传统秩序法则之间的抗衡结果而已。③ 至此,阿Q对"革命"态度的第二次转变也有理可循了。他在寻求"白盔白甲"的合作时被假洋鬼子和赵秀才抢占了先机,剥夺了他革命者的身份,在革命者与未庄男女之间难寻立场,只得重新毒毒地点头诅咒:我总要告状,让你满门抄斩!

弗洛依德认为④,人类所有行为的动力来自两股力量,一个是生之本能——性,另一个则是死之本能——攻击。阿Q的"生之本能",驱动其走向"革命"⑤——"'革命也好罢,'阿Q想,'革这伙妈妈的命,太可恶! 太可恨! ……便是我,也要投降革命党了。'"⑥。阿Q的"攻击本能"造就了一场"革命"的悲剧,他的生存终是在人群的喝彩中败亡,且竟是一场荒谬的"错位"——他以为自己是为了革命而死,其实是因为偷,竟连死去的罪名也如此卑猥!

实际上,阿Q的"革命意识"正与他为人熟知的精神胜利法交替显现。阿Q常常处于失败的境地,于是他将痛苦异化为一种幻想的生活,或是将欺侮凌辱转移到更弱者身上,捏小尼姑的头皮、偷抢尼姑庵……精神胜利法的两层面即为不敢正视自己作为失败者的位置、幻想自己是胜利者。究其根本,是奴性使然。但纯粹批判之外,阿Q不如此就无法生存,在他身上没有被寄予一种英雄的反抗精神,实际上他活得千疮百孔。无论"革命"还是"精神胜利",都只是不该存在于落魄的阿Q身上的理想主义形式,以"现实法则"制定出幻化世界而生活其中,以此屏蔽可感的痛苦。

①② 鲁迅.鲁迅全集:第一卷[M].北京:人民文学出版社,2005.
③ 汪晖.阿Q生命中的六个瞬间[M].上海:华东师范大学出版社,2014.
④ 弗洛依德.性爱与文明[M].滕守尧,译.合肥:安徽文艺出版社,1987.
⑤ 鲁迅.鲁迅全集:第一卷第六章标题[M].北京:人民文学出版社,2005.
⑥ 鲁迅.鲁迅全集:第一卷第六章[M].北京:人民文学出版社,2005.

阿 Q 是典型的、普遍的，作品的"虚境"真实不虚地映照着鲁迅先生所处的"史境"。自上而下的革命从未深入到底层民众，底层的阿 Q 们只是把它异化为有利可图的工具。在作为"革命"对象的国民中，一众旧社会掌权人物投机进入"革命"的行列，利用"咸与维新"的政策，就能维持先前权力——"吃人者"仍在吃人，而阿 Q 们只想着复仇"做主人"。革命之下是一个个深渊。这不是现代意义上的改革，一切无非是压迫者和受害者社会功能的转换，今天的压迫者就是昨天的受害者。所谓革命，是不能使阿 Q 们脱胎换骨的。

二、 对立构图中的"启蒙者"形象分析

《阿 Q 正传》的批判性是内蕴在对阿 Q 们的刻画与揭露中的，鲁迅先生并未从道德制高点去俯视阿 Q，而是深入角色内部。更重要的，批判不是唯一的、也绝不是最终的目的。

在阿 Q 被推向公堂下跪的瞬间，阿 Q 与"长衫人物"形成了鲜明的对立构图，阿 Q 的"奴隶性"借"长衫人物"之口指出。由此，革命失败的原因与作为革命者的"长衫人物"联系起来：

> "站着说！不要跪！"长衫人物都吆喝说。
>
> 阿 Q 虽然似乎懂得，但总觉得站不住，身不由己地蹲了下去，而且终于趁势改为跪下了。
>
> "奴隶性！……"长衫人物又鄙夷似的说，但也没有叫他起来。[①]

长衫人物是秀才、假洋鬼子、知识分子……他们被共同称为"启蒙者"，被认为是中国革命的担当者。革命的启蒙和文化修养使他们鄙夷地批判他们的对立面，正跪着的阿 Q 们——在强权面前，阿 Q 奴性爆发，本能地下跪；握不住的那支笔于他而言，正是完全陌生的抽离现实的"知识"二字的具象化，他是难承其重的。两者对立之中，阿 Q 的奴

---

① 鲁迅. 鲁迅全集：第一卷[M]. 北京：人民文学出版社，2005.

隶性被对象化,长衫者对阿Q的喝骂也被对象化了,长衫者眼中的阿Q只能以"奴隶性"形容——这是长衫者的诅咒,也是启蒙者的诅咒,在当时的大众视野里,这却是正义和法律的审判。

在之后囚车上示众的情节中,阿Q看到喝彩的人们渴望死亡的眼睛,像极了要咀嚼他皮肉的饿狼的眼,在"咬他的灵魂"。他对看客的恐惧导致精神胜利法的失效,从而在生命最后的时刻达成了觉醒。看客们是冷血麻木的,他们完成了对死亡的赏鉴。末章名"大团圆",可阿Q的命运却如他未画成的圆那样,终究是支离破碎了。

类似于公堂上的对立构图在鲁迅先生的作品中被多次地展现,其中的人物通常是不幸的、悬殊的,在对立中有如阿Q般落败者,也有无形中得胜者。如《祝福》中,无力的祥林嫂与学成归来、知识广博的"我"相遇,二者的对话构成较量的场。在"我"的眼里,"她分明已是一个乞丐了",然而:

> "她极秘密似的切切的说,'一个人死了之后,究竟有没有魂灵的?'"
>
> "那么,也就有地狱了?"
>
> "那么,死掉的一家的人,都能见面的?"①

面对真正需要解救的人关于灵魂与得救的问题时,"我"如遭了芒刺,落荒而逃。这场对立是最打动人的部分,悲恸不在其本身被呈现,而是在另一架构中呈现。底层人物一反麻木形象,带着灵魂的大希望与大恐惧提出最自然的问题时,焕发出强大的力量,使踌躇满志的知识分子原形毕露,作为有见识者的优越与超然轰然崩塌。鲁迅并非站在所谓启蒙者的视角去看待阿Q、祥林嫂们,而是用所谓启蒙者的形象与阿Q们对驳的手法,去冷静地揭示"史境"实际存在的社会冲突。以这种方式,鲁迅完成了他的"双重否定"——否定奴性,也否定了高高在上的"启蒙者"对具奴性者们的鄙视,带给当时的革命者更深层次的思考,也对愚蒙的民众做出了当头棒喝。

小说"虚境"中的阿Q、祥林嫂与长衫人物们,正是"史境"中华夏民族最黑暗时代的国民群像,大部分国民们蒙昧浑噩,大多数智者却只是长衫人物这样五十步笑百步的所谓"智者"。所谓的"革命"实则是对中国历史另一种传统附属性的表达:在晚明

---

① 鲁迅.鲁迅全集:第二卷[M].北京:人民文学出版社,2005.

社会就已掀起启蒙思潮反对程朱理学，却又难逃圣贤及其文本；李贽也曾在书信中猛烈抨击"开口谈学"之人言行不一，①而至鲁迅的时代，"仁义道德"的字缝之间仍满写着"吃人"，看似对立的"礼教"与"吃人"并列而行②——这是对中国历史内部反传统之传统的延续，是对固有之物的再表达。那句"奴隶性"的背后，最可怕的不是"被吃"而是"吃人"，鲁迅先生批判了奴性，更鞭挞了奴隶的"主人们"。

从严复论世变之亟、梁启超以小说界革命改中国国民性，到辛亥革命时的孙中山先生，中国上层阶级、有识之士不断地寻求变革，但都如镜花水月落在空处。而鲁迅先生将视野投向了底层的民众，以悲天悯人的大胸怀，握如椽巨笔，为小人物做"正传"。一切实已了然：群众基础缺失才是革命失败的根源。

三、 再论《阿Q正传》的文学批判性

此刻，再次审视这个问题：鲁迅先生真的批判阿Q了吗？

从早期的作品去探寻鲁迅先生的文学批判之路，他在《摩罗诗力说》中疾呼"今索诸中国为精神界之战士者安在？"③在《文化偏至论》中寻"大士哲人"④。这个阶段的鲁迅先生，是直接的，是尖锐的。

但经历了一系列"启蒙"革命轰然崩毁之后，他用八年时光的沉寂，将目光投向社会底层的阿Q们，终于写出了"无力者"的力量。他在废墟上体验寂寞与晕眩，却不再寄望走其他的道路，将革命成功的期望寄于被当时启蒙者鄙弃的民众："中国倘不革命，阿Q便不做，既然革命，就会做的，我的阿Q的命运，也只能如此，人格上也恐怕并不是两个。"⑤他深刻地体验阿Q的食色性、祥林嫂们的无力、闰土们的麻木，与他们同在。废墟的具象化就是无尽的阿Q，要干革命的人也存在于这无限普遍性之中，阿Q们就是唯一的。而鲁迅深深地拥抱着像废墟一样的中国。⑥ 他再没有停留在大士哲

① 黄力之."反传统"也是我们的文化传统[N].社会科学报，2019－03－13.

② 吴虞.吃人与礼教[J].新青年，1919,6(6).

③④ 鲁迅.鲁迅全集：第一卷[M].北京：人民文学出版社，2005.

⑤ 鲁迅.鲁迅全集：第三卷[M].北京：人民文学出版社，2005.

⑥ 周展安.在文学内部思考政治——重探中国现代文学的特质及其历史逻辑[J]文艺理论与批评，2017,4(9)：78—79.

人的精神高潮上理解世界。①

　　或许鲁迅先生在撰写阿Q时是抱着大绝望的,却也是对他藏有大希望的。故而三年后,他写下的《复仇》中甚至不再提及"阿Q"类的任何称呼,仅是一无所有、赤身裸体的二人,他们期待着"一柄尖锐的刀,只一击……将见那鲜红的热血激箭似的以所有温热直接灌溉杀戮者",他们"以死人似的眼光,赏鉴这路人们的干枯,无血的大戮,而永远沉浸于生命的飞扬的极致的大欢喜中。"②鲁迅先生期待着一场国民觉醒的革命,期待阿Q们完成对看客真正的复仇。

　　村上春树说:"鲁迅的《阿Q正传》通过精确描写和作者本人截然不同的阿Q这一人物形象,使得鲁迅本身的痛苦和悲哀浮现出来。这种双重性赋予作品以深刻的底蕴。"③鲁迅先生冷静地刻画了阿Q的一生,通篇都未有看到任何表达其明确批判阿Q的文字,但我们所有读者,都深刻地感受到了作者的沉痛与悲哀。这不是批判,这是深刻地揭露,鲁迅先生的深刻底蕴正在于这种克制——批判是留给读者的;但这也是一种批判,读者的思辨会叠加到这一重冷静的刻画上,从而迸发出比单纯批判"阿Q是多么愚昧"更深远的文学批判意义:揭露不是为了批判愚昧,不是发现问题之后的简单痛斥,而是为了启发,是为了唤醒沉睡的雄狮,去解决问题。这才是鲁迅先生的批判文学作品的真正力量。

结论

　　百年前的那个时空,鲁迅先生写下《阿Q正传》这篇"速朽的文章",以"虚境"中的阿Q和长衫人物们映射出"史境"里的国民群像,从而揭示出历史中革命未彻底深入民众之弊,他更希望"文字须与时弊同时灭亡"。百年后和平安康的时代,这篇作品依然存于世上。我们看到长衫人物对阿Q说出"奴隶性"这三个字,是感到快意? 还是悚然而惊心? ——我是悚然而惊的:如果没有改革开放后的现代教育,我们或者是阿

---

① 周展安. 行动的文学——以鲁迅杂文为坐标重思中国现当代文学[J]. 文艺理论与批评,2020,5(7): 76—77.

② 鲁迅. 鲁迅全集: 第二卷[M]. 北京: 人民文学出版社,2005.

③ 林少华. 村上春树谈鲁迅[EB/OL]. (2016 - 12 - 26)[2021 - 03 - 03]. http://blog. sina. com. cn/s/blog-48f36ce00102wkxx. html.

Q,最多或许就是个长衫罢了。那样的我们,真的有资格批判阿 Q 的奴性吗?

我们已经习惯了偶尔鄙夷地用"阿 Q 精神"嘲讽他人,也见惯了网络上大量的批判。蓦然发觉,原来百年后的我们和百年前的阿 Q、长衫,有那么多共性——总是意图在声明立场时建立自己的身份认知,对存有异己之见的人划清界限,沾沾自喜于自己的"清醒",以为这就是"革命"的觉悟,最终却被卷入社交民粹的狂流。一场场"舆论革命"轰然而起,而后快速湮灭。这些"劣根性",存在已久了。

鲁迅先生为阿 Q 们立的传,依然有力地给予劣根性之鞭挞,它时刻照出你我灵魂深处的"阿 Q",在直至今日的持续革命中得以未朽。

(作者学校　上海大学)

山河破碎风飘絮，身世浮沉雨打萍

——读《桃花扇》有感

周怡然

　　《桃花扇》第四十回一直具有很高的争议度，关于侯方域、李香君在张道士的点醒下双双入道的结局，有两种主要观点：一类赞同，持此观点者认为这种结局别出心裁，跳脱出传统才子佳人大团圆的窠臼，发人深省，将"爱情悲剧"与"国家悲剧"这二重主题融合，达到"家国同构"的境界，是作者对现实深刻关注的体现，此观点强调结局的"主题性"；另一类反对，其支持者从人物塑造和事理逻辑入手，认为侯、李二人历经磨难、痴心不改，终于团聚之时，却因道士张薇三两句话便双双入道，这既不符合人物性格也不符合人情常理，颇为突兀，似乎是作者主观意识的强行介入，此观点侧重结局的"逻辑性"。

　　孔尚任创作《桃花扇》的过程经历了三易其稿，其主人公的结局安排必定是经过细细考量和反复推敲的。孔尚任肯定也注意到"入道结局"的逻辑漏洞，但是他依然保留了这个结局，并对此相当自信，称："有始有卒，气足神完，且脱去悲欢离合之熟径，谓之戏文，不亦可乎？"[1]结合孔尚任对好友顾天石的《南桃花扇》中侯李二人团圆结局的强烈不满来看，若孔尚任决心为后世读者留下一个永恒的议题，又怎么会对自己的安排表现出这样强烈的肯定态度呢？

　　要解答这个问题，我们需要重新审视《桃花扇》的主旨。《桃花扇》主旨为"借离合之情，写兴亡之感"，这句话的常规理解是：以侯方域和李香君的爱情离合为线索，展

---

① ［清］孔尚任.桃花扇［M］.［清］云亭山人，点评.李保民，点校.上海：上海古籍出版社，2016：2.

现南明王朝覆灭的历史过程,借此传达出国家兴亡的感叹和末世环境中个人命运的无常。这种理解方法虽然得到普遍认可,但是难以解释《桃花扇》第四十回侯李二人结局的合理性。

如果以对《桃花扇》主旨的常规理解来看待其结局,就会陷入其"主题性"和"逻辑性"的选择困境之中,上文所述的两种观点的差异根源是在常规理解的框架下"主题"与"逻辑"的取舍不同。倘若我们跳出原有的思维框架,重新审视"借离合之情,写兴亡之感",不难发现侯李的爱情不仅是特定时代下的男女倾慕,更是一个具有象征性的喻体,侯李结局中的三个主要人物:侯方域、李香君和张道士各有特定的隐喻意,而这个结局本身也形成了一个隐喻。

在所有出场的角色中,侯方域和李香君显然是最耀眼的两个,孔尚任在他们身上赋予了诸多光环:男才女貌,复社文人与秦淮名艳,治世之能与高洁品格。但是他们并不完美,有着很明显的局限性,且二人的光环与局限恰是互补的:侯方域是名门士人,又身为复社"清流",有在政治上施展拳脚的先决条件,三大罪、五不可之论是他政治才能的证明。就能力而言,侯方域足以成为南明王朝风雨飘摇中的支柱之一,但他的缺陷在于意志上的软弱和认识的不足:第七出《却奁》中面对阮大铖的虚情,侯方域已然动摇;第十四出《阻奸》开篇,他的唱词"国仇未雪,乡心难说,把闲情丢开后些"的评语:"末句仍题闲情,恐未丢尽也。"[①]第四十出《入道》中侯李见面,心心念念着"夫妻还乡""男女室家"的人不是李香君而是侯方域。

作为复社成员,侯方域心中自然有其热血战斗的一面,但是他并没有达到把个人命运上升到与时代环境结合的程度:与其说他不与马、阮同流合污的态度是出于爱国之情,倒不如说是他身为文人的操守使然;与其说他在史可法身边进言献策的行为是出于救国救民的责任感,倒不如说是情势所迫下的随遇而安。同为救朝廷于倾覆之中的臣子,侯方域不同于史可法、左良玉、黄得功,他缺乏投身乱世的意志、自我牺牲的信念以及尽忠至死的觉悟,在国家与个人之间,他更看重后者。

侯方域对马、阮的本质、权力的斗争以及王朝的衰亡的认识还不如李香君深刻,若说《却奁》表现了李香君深明大义、不畏权势的一面,那《骂筵》则流露出她对家国命运的深切关注以及对奸臣误国的强烈痛恨:

---

① [清]孔尚任.桃花扇[M].[清]云亭山人,点评.李保民,点校.上海:上海古籍出版社,2016:54.

【五供养】堂堂列公,半边南朝,望你峥嵘。出生希贵宠,创业选声荣,后庭花又添几种。把俺胡撮弄,对寒风雪海冰山,苦陪觞咏。

【玉交枝】东林伯仲,俺青楼皆知敬重。干儿义子从新用,绝不了魏家种。①

香君此等见识,整本《桃花扇》中无人能出其右,但是她偏偏身为风尘女子,是市井中下九流的被边缘化群体的一员,性别和身份的枷锁使她深明大义的话语缺失了相应的力量。作为缺少话语权的底层百姓,李香君无力改变现实,甚至无力掌控自己的命运。从《却奁》到《逼婚》,从《骂筵》到《选优》,她始终是权贵手里随意蹂躏的玩物。换言之,李香君空有一腔热血,在当时的情境下连自保都困难,更不用说救国民于乱世之中。

顾天石在《桃花扇·序》中说:"当其时,伟人欲扶世祚,而权不在己;宵人能覆鼎辣,而溺于宴安。檻腕时艰者,徒属之席帽青鞋之士;时露热血者,或反在优伶口技之中。"②《桃花扇》中的重要人物都存在着外在与内在的"错位",忠义如史可法,是明王朝最后的中流砥柱,护国心切却心有余而力不足;奸恶如马士英、阮大铖,却位高权重,掌握国家命脉;智慧通达如柳敬亭、苏昆生,不过是一介平民,人微言轻,诸如此类,比比皆是。这些人物身上或多或少都有救国救民的必要条件,但这种"错位"使他们无法成为救世者。这是作者孔尚任基于广泛的历史资料和深入的研究所做出的艺术设定,也代表了他对明朝灭亡根源的一种认识观点。而孔尚任理想中士大夫应是侯方域和李香君形象的结合,他将这种理想形象具有的身份才能和品格信念,分别赋予了男女主人公侯方域和李香君,若取二人之长相融合,生成的人物就是一个真正的完美的士人形象。这种人物设定使侯李的爱情结合除了两性之间的吸引力外,更有一种精神上的契合感和互补性:他们的结合象征了理想士大夫人格的诞生,他们的分离则反映了沉重压抑的历史现实——即便乱世,也未出英雄。

侯李结局中的另一个重要的人物便是张薇张道士。相比于试出《先声》中首位出场、联结戏里戏外的"纬星"老赞礼,"经星"张道士直到闰二十出《闲话》中始登场,且在全本《桃花扇》中的笔墨也不算多,但是孔尚任却选择了他作为指点侯李入道的"先知"。其背后的深意依然需要从张道士这一人物身上的隐喻入手。

---

① [清]孔尚任.桃花扇[M].[清]云亭山人,点评.李保民,点校.上海:上海古籍出版社,2016,100—101.
② 同上,1.

张道士名薇,原是锦衣卫堂官,首次出场时,他在前往南京的路上与蔡益所、蓝田叔偶遇,孔尚任借三人在豆棚中的闲话向读者展现了明朝覆灭之际崇祯帝后凄惨的结局。帝后是中国古代国家的最高统治者,亦是王朝的象征,此处写崇祯帝后蒙受之难实指黎民百姓所承之灾、国家王朝罹患之祸。张道士见证世间乱相、深感中兴无望后,决心归隐。这并非绝境之中的无奈之举,而是主动选择入道。此选择实为后文侯李入道做铺垫,重看侯李二人的人生轨迹,不难发现其与张道士经历的高度重合性:在现实中挣扎,对现世无望,转而入道归隐。可以说,孔尚任有意创造出张道士这样一个角色来作为侯李二人的先行者和引路人,从而顺理成章地在侯李沉浸于儿女情长之时点化他们。张道士所指引的道路其实是孔尚任为乱世中的个人提供的出路。

值得注意的是孔尚任让张道士扮演了一个具有特殊能力、能够看见鬼神的角色,这使其人带有奇幻的色彩。《闲话》中张道士为崇祯帝哀叹,在风雨之夜看见崇祯帝后的鬼魂携文武官员赴盂兰会,于是便有了次年七月十五脱度冤魂之约;《入道》里他践行诺言,设坛行礼,招崇祯皇帝以及殉节诸臣之魂,仪式后半段,张道士为众人指点北去君臣的命运,忠臣皆得册封,奸佞自食其果。孔尚任借张道士之口交代已故者的身后事,除了满足作者的惩戒心理以及读者朴素的道德观,也为全剧悲痛沉重的基调增添了些许暖色。但更重要的是,张道士不是魂灵世界的转述者,而是见证者。《入道》评语中说"'梦见'二字有身份,不同巫师捣鬼。"①可见孔尚任在塑造这个桥段时着重强调其严肃性,张道士闭目静观之景不是某种美好愿景的幻想,而是在另一个世界里真正发生的事情。现实世界已经无可救药,而通过张道士所目睹的景象中:君臣一心,善有善报,恶有恶果,俨然是一个理想的世界。而张道士就是沟通理想世界与现实世界的桥梁。

经过以上分析,我们再重新聚焦侯李的结局。当侯方域和李香君重会诉请时,张道士突然呵斥,并撕毁了桃花扇。"桃花扇"在全剧中的意义显然不止于定情信物,三十七出《劫宝》总批云:"桃花扇乃李香君面血所染。香君之面血,香君之心血也。因香君之心血,而传左宁南之胸血,史阁部之眼血,黄靖南之颈血。"②桃花扇上的血色桃花亦是那些于大厦将倾之际抛头颅洒热血的忠义之士一片真心的象征。而撕毁桃花扇这一举动,不仅宣告家国罹难之际个人命运的飘摇,也在暗示现实世界已无出路,任忠

---

① [清]孔尚任. 桃花扇[M]. [清]云亭山人,点评. 李保民,点校. 上海:上海古籍出版社,2016,168.
② 同上,157.

义之血怎样空流，也挽不回将倾之厦，救不了覆巢之卵。对于现实世界，侯李二人尚存希望，而张道士用"国在哪里？家在哪里？君在哪里？父在哪里？"四句掷地有声的质问，彻底割断了这种希望，象征着侯李所象征的理想士人人格在现世无路可走，他们的理想世界不存在也不会来临，除了离开现世再无选择。张道士作为连接理想与现实的中间人，指引侯李入道，带他们从绝望的现世中解脱出来。

　　一旦理解了这个隐喻的构成，侯李结局的"逻辑性"问题就被消解了：因为他们入道的选择本身是喻体的一部分，是孔尚任隐藏在情节之后想要传达出的真正意图。而孔尚任思考的结果，却是一个相当悲观的答案：无路可走。现世已无希望，何必留恋不返？侯方域和李香君知晓其中道理，一个"大道才知是，浓情悔认真"，一个"回头皆幻景，对面是何人"，言语之间尽是幻灭的意味。

　　从字面上看，"入道"结局让侯李二人分道扬镳，拆散团圆，是悲剧性的，这是一落；但更深层的含义，是作为理想人格象征的侯李重新回归理想的世界，他们的高洁人格没有被乱世污染，将永远作为美好的化身保持着。于悲剧之中透露出些许希望和慰藉，这是一起；但从整部作品的全局来看，理想人格回归理想世界的前提，是现实世界已然不存在任何希望，侯李二人的入道建立在现实世界毁灭的基础上，"国家"不仅是众多人群集体的总集，更代表了一种认同感，当这种无可替代的认同感消失后，将个人命运与集体命运串联在一起的人们，除了殉道，便是归隐。尽管理想世界带来的些许希望，其底色是更加深重的绝望，这是一大落。通过这三次起落，孔尚任在《桃花扇》结局这短短篇幅中，将全剧的悲剧感推向了顶峰。

（作者学校　上海大学）

恐惧与绝望：《狂人日记》中的"否定"与"否定之否定"
——《狂人日记》读书报告

黄　原

前言：　酝酿与抵抗之间

　　鲁迅的小说，常让人读到鲁迅，而非他所构建的小说世界。出于此，在谈论《狂人日记》前，无法不谈鲁迅。"鲁迅的孤独、悲凉的人生境界也是超越而伟大的。"①李泽厚曾如此对鲁迅之人作出总结性的评价。观其作品与人，之所以厚重到"刺耳"，可以说皆源自"孤独"与"悲凉"。或者粗略地说，是某种成因复杂的，既包括对"超越社会的形上人生孤独感"②，又包括对社会黑暗腐朽、国民性无知顽固以及自己终究亦是旧世界同谋的"绝望"。这两种绝望无法分开，它们交织糅合成为独属于鲁迅的绝望。绝望愈深重，声音也就愈厚重以至于刺耳。无疑，这种绝望感是浸润鲁迅生命的永恒奔流。

　　鲁迅摆脱痛苦的方法，最初是酝酿痛苦。在《狂人日记》发表后，鲁迅摆脱痛苦的方法，是酝酿与抵抗交替共存。"当我沉默着的时候，我觉得充实；我将开口，同时感到空虚。"③《狂人日记》无疑是鲁迅开始成为一名"这样的战士"，一名面对绝望举起投枪

---

① 李泽厚.中国现代思想史论[M].北京：东方出版社,1987：121.

② 同上，117.

③ 鲁迅.鲁迅全集：第2卷　彷徨　野草　朝花夕拾　故事新编[M].北京：人民文学出版社.2005：163.

的战士的节点。在此之前，他似乎尚未沉醉于绝望，拥有尼采式的超人理想①。但接踵而来的失败与清醒所致的苦闷让他认为"我绝不是一个振臂一呼应者云集的英雄"②，并在阴森的鬼屋中酝酿着绝望——直至《狂人日记》这第一声尖厉的呐喊。

抵抗着绝望，前提是需存在绝望，而后用文字对"绝望之为虚妄，正与希望相同"进行描摹。竹内好将其总结为"对绝望也绝望了"③，一种"徘徊于无地"④的处境。这使他的作品尤为悲壮且具备相当彻底的抵抗性质。由此，作为酝酿与抵抗间诞生的，如此特殊的《狂人日记》，其写作除可感的对"暴露家族制度和礼教的弊害"⑤的否定之外，还需考虑，如何探寻鲁迅在这部作品中展现出于其复杂绝望的，更深层的"否定之否定"？笔者将以此为基点分析这部精彩的作品。

狂人在怕什么？ ——狂人恐惧中的"否定"

鲁迅自己所说的"暴露家族制度和礼教的弊害"，这一重否定是无可置疑的。狂人是"怕"的，他以"怕"来否定"家族制度和礼教"，使"家族制度和礼教的弊害"凸显了出来。但这里需要探讨的是，"家族制度和礼教的弊害"在小说中是以何种表征令狂人感到畏惧的？

狂人所怕的，由"吃人"这一行径构成。《狂人日记》中的"吃人"常被理解为象征性行为，然而正如一些研究者所言，狂人在整部小说中所抗拒的正是实实在在的"吃人"。⑥ 但这些吃人行径皆是出于伦理纲常，是伦理纲常反人性的极化。因此，在理解"吃人"时，象征性与写实性的把握皆不可少——最终的落脚点，笔者认为仍是象征性的，这也是理解《狂人日记》的根本出发点。

狂人在小说中多次面对过吃人者的"觊觎"，然而他的情绪有时"怕"，有时"不怕"。狂人所怕的"吃人者"主要有以下数种：赵家的狗、一伙小孩子、女人、青年。狂人所不

---

① 《文化偏至论》与《摩罗诗力说》中体现了这一倾向。

② 鲁迅.鲁迅全集：第1卷　坟　热风　呐喊[M].北京：人民文学出版社.2005：439—440.

③ ［日］竹内好.鲁迅[M].李心峰,译.杭州：浙江文艺出版社.1986：110.

④ 鲁迅.鲁迅全集：第2卷　彷徨　野草　朝花夕拾　故事新编[M].北京：人民文学出版社.2005：163.

⑤ 鲁迅.鲁迅全集：第6卷　且介亭杂文　且介亭杂文二集　且介亭杂文末编[M].北京：人民文学出版社.2005：247.

⑥ 薛毅,钱理群.《狂人日记》细读[J].鲁迅研究月刊,1994(11)：13—21.

怕的吃人者，则为赵贵翁（"我可不怕，仍旧走我的路"）、大哥和老头子（"我也不怕；虽然不吃人，胆子却比他们还壮"）。

以上不难看出，狂人所怕的吃人者，大多为中国纲常礼教体制下的"被征服者"，他们也常是鲁迅杂文中所欲唤醒的对象。① 而狂人所不怕的吃人者，则多为中国纲常礼教体制中的"征服者"——家长、地主、乡绅。这就为狂人恐惧的缘由提出了进一步的问题，即前者与后者作为"吃人者"的区别何在？以及狂人为何怕前者而不怕后者？

首先，是前一个问题。狂人在劝告哥哥时曾对吃人者有过区分："我认识他们是一伙，都是吃人的人。可是也晓得他们心思很不一样，一种是以为从来如此，应该吃的；一种是知道不该吃，可是仍然要吃，又怕别人说破他，所以听了我的话，越发气愤不过，可是抿着嘴冷笑。"②有研究者将这段话中的吃人者区分成"狼兔心理者"与"保守自负者"③"笃信礼教者"与"掩藏本性者"④。这样的区分是以面对纲常礼教的心理态度为标准，用表象解释表象，缺少了一些说服力。笔者认为，这里狂人对吃人者的区分，与他所怕的和不怕的吃人者相一致。明确地说，"从来如此，应该吃的"吃人者对应纲常礼教体制下的"被征服者"，"知道不该吃，可是仍然要吃"的吃人者对应纲常礼教体制下的"征服者"。

这两种吃人者在文中皆有其明确代表。前者为二十岁的青年，后者为狂人的大哥。"有是有的，这是从来如此……"青年在回答狂人"吃人的事，对么？"⑤这一诘问时如此回答。这一人物显然属于前一种吃人者。而大哥作为后一种吃人者，则是从狂人试图劝转他的对话以及他的反应中得知。狂人在劝转大哥前，曾对大哥属于哪一种吃人者有过犹豫："最可怜的是我的大哥，他也是人，何以毫不害怕，而且合伙吃我呢？还是历来惯了，不以为非呢？还是丧了良心，明知故犯呢？"⑥在接下来的对话中，狂人显然解开了这一疑问。在狂人劝转大哥时，大哥的表现在狂人眼里是"只是冷笑"。紧接着，狂人就指明了"知道不该吃，可是仍然要吃"的吃人者的表现——"抿着嘴冷笑"。大哥属于何种吃人者不言自明。

---

① 《我之节烈观》《我们现在应该怎样做父亲》《寡妇主义》《灯下漫笔》等皆有体现。
② 鲁迅.鲁迅全集：第1卷 坟 热风 呐喊[M].北京：人民文学出版社.2005：452.
③ 万晓高.鲁迅小说中的"黑暗情结"及其悲剧性蕴涵[J].天津大学学报(社会科学版),2008(1)：76—82.
④ 孙庆君.《狂人日记》的深层意蕴论析[D].东北师范大学,2002.
⑤ 鲁迅.鲁迅全集：第1卷 坟 热风 呐喊[M].北京：人民文学出版社.2005：450—451.
⑥ 同上，450.

在 1918 年 7 月发表（与《狂人日记》发表时间极近）的《我之节烈观》中，鲁迅曾对中国男性压迫女性之"明知故为"作过有趣的阐释："然而男子一面，何以也不主张真理，只是一味敷衍呢？……男性究竟较女性难惹，惩罚也比表彰为难。"①这是一个比较抽象的关于性别压迫的说法。鲁迅把中国性别身份中的"征服者"，即男性，看作是"一味敷衍"，即"知道不该吃，可是仍然要吃"的"吃人者"。而"上当"的"被征服者"，即女子，遵着"妇者服也"成为了"无意识杀人团"中"从来如此"的"吃与被吃者"。这种看法，与狂人对吃人者的分类是很相近的。

"征服者"明知纲常礼教的残忍之处，却为了自身利益"仍然要吃"，所以被说破，便"气愤不过"，因此冷笑。"被征服者"则受了纲常礼教的蛊惑，以为"从来如此"，便陷入了"被吃"，甚至于"一伙里面，也会自吃"②的恐怖陷阱。结合《狂人日记》自身文本以及《我之节烈观》中的表述，笔者尝试如此去理解这两种吃人者。

这两种吃人者的区分，离不开《狂人日记》的寓言性质——只有将纲常礼教中一对相互对立的身份抽象而出，并象征式地注入到符号式的人物中，才会存在是"吃人者"而非"被吃者"的情况。《狂人日记》中除狂人之外的人物与其说是人物，不如说是身份符号。《狂人日记》中破碎与非实在的时间与"没有年代"的历史，仿佛为小说设置了一个终末般的"弥撒亚时间"，其中的人物也因此更具有浓缩的象征化特征。性别身份、家族身份、政治身份，是诸如赵贵翁、大哥、孩子等人物符号的所指。因此，他们根本无法接纳狂人的狂语，压迫是绝对的，难以抵抗的——或者说，以不同标准所分类出的抽象化身份，使压迫变得绝对化了：男者压迫女者、家长者压迫幼者、有地者压迫无地者，这些都在文中凭借人物符号表现而出。

接下来，是第二个问题。狂人为何惧怕作为"被征服者"的吃人者，而非"征服者"的吃人者？鲁迅批判纲常礼教下的国民性（常作奴隶性、狗性），往往最痛惜于"被征服者"尤为残酷的"自食"。或者说，"征服者"对"被征服者"的压迫，是古今中外皆有的，然而"被征服者"自己吃掉自己的合理性，则是纲常礼教催生出的国民性所导致的。因为要针对这一点进行否定，所以小说中的狂人才会对此尤为害怕。这种弱者间的自食，是国民性的最深刻体现。回到小说，狂人在超越性意味的月光照耀下，他"精神格外爽快"，意识到自己作为"被征服者"，成为了貌似清醒的人，意欲向那些同样认识到

---

① 鲁迅.鲁迅全集：第 1 卷　坟　热风　呐喊[M].北京：人民文学出版社.2005：127.
② 同上，452.

"吃人之残酷"的"征服者"们发出挑战。然而他惊讶地发现,"被征服者"竟皆在自吃,这种残酷的自吃使他陷入一种绝对的孤立与必然灭亡的恐惧中,让他产生一种前所未有的,"叫喊于生人之中"①的孤独感。这些都使他尤为害怕。而更为恐怖的,是被征服者的"自吃"行径,暗示了他也并非清白,他"清醒"后所意欲劝转的对象,其中正可能包含着他自己,他自己可能也在将来"容不得活在世上"。于是,这种清醒在狂人眼里,即将导向一种双重的虚无——社会层面的绝对黑暗与个人层面的终末之死,狂人恐惧自己之清醒将变得毫无意义,和"发昏"的状态没有差别——而这的导火索即为"被征服者的自吃"。当狂人意识到自己可能吃了妹子的肉,将之前自己心中不愿承认的暗示写在日记上时,狂人走向了"否定之否定"的绝望之绝望。

"救救孩子……"——狂人绝望中的"否定之否定"

《呐喊》的写作是"听将令"的,"听将令"的表现是"不主张消极",因此《药》的瑜儿的坟上平空添上一个花环,在《明天》里也不叙单四嫂子竟没有做到看见儿子的梦"②。但《狂人日记》却不见了这丝脉脉温情。它的气质是狠厉的,是厚重到刺耳的,是配得上作为第一声呐喊的。这种气质,是充实鲁迅一生的"绝望之绝望",而其始发即为《狂人日记》。"绝望之为虚妄,正与希望相同"——《狂人日记》因"表现了某种根本的态度而有其价值"③。下面笔者试探讨狂人是如何通过绝望中的"否定之否定",即否定掉自己的"新"以及现存社会制度思想的"新",来表现出这一"根本的态度"的。

在十二节之前,狂人认为自己是个"真的人",是能被容得活在将来的世上的。但其后,他心中的暗示显露而出:"我未必无意之中,不吃了我妹子的几片肉,现在也轮到我自己,……有了四千年吃人履历的我,当初虽然不知道,现在明白,难见真的人!"④

狂人之前将自己想成了"被征服者"中的清醒者,是清白且有资格成为新世界的领导者的。伊藤虎丸对其有过精准的阐释:"'被吃'这种'被害妄想狂的'被害者意识也同时是从'独自觉醒的意识'中产生的。这种自谦也就是一种领导者意识。这种意识

---

① 鲁迅.鲁迅全集:第1卷 坟 热风 呐喊[M].北京:人民文学出版社.2005:439.
② 同上,441.
③ [日]竹内好.鲁迅[M].李心峰,译.杭州:浙江文艺出版社,1986:81.
④ 鲁迅.鲁迅全集:第1卷 坟 热风 呐喊[M].北京:人民文学出版社.2005:454.

还常常同生疏感以及被害者意识互为表里。"①然而，当他意识到自己也是吃人者后，这种意识被残忍地击碎了，他不得不为了前进的可能而放弃自己——即第二层的"否定之否定"。他原本是想以己之新，否定社会之旧，但他终于彻底清醒，否定了原本以己之新作为基点的否定，而转向至将自己否定掉，去寻求更彻底的、真正的"新"。正是因为狂人否定了自己原初的第一层否定，陷入最深沉的绝望，才会迸发出"救救孩子"的"呐喊"而终归于黑暗。狂人之病愈和他自己对日记的命名——"狂人日记"，也可由此理解：他终究是旧社会的一员，他属于黑暗，终于绝望，却又有清醒的苦痛。因此准确地讲，他将他自己打入了"无地"——他不是能作为领导者的"真的人"，而只是个"狂人"，一个"中间物"。因此，他放弃了拯救自己的挣扎，余存清醒的悲观意识等待终末：赴某地候补。而这本《狂人日记》的命名，就是在呼告着不可预见的未来："我并非真人，只是狂人，只有那些不知有无的孩子们才有资格成为真人。"而之所以"不知有无的孩子们"有资格成为真人，是因为他们尚不存在，准确地讲，他们代表一种不断抵抗、不断革命的状态。而不可预见的未来之所以不可预见，是因为它们并非现有，而需在超越性的未来现实中以动态的抵抗形式存在着。"鲁迅不相信新事物。那也许会有，但他自己不以为然。"②——准确地讲，是被对象化了的固定的"新"事物。鲁迅是在对刺激的反应，对外界的抵抗与否定中把握社会以及自身的，狂人亦如此。

鲁迅在这部小说中根本没有提及新文化运动期间"启蒙思想"常见的诸如自由平等共和立宪等社会前进的通路：狂人在劝转大哥时，说道"转一步"，但终究不知转到哪里；说道"跨过这门槛"，但终究不知如何跨过，反而自己在最后一声"救救孩子"后"赴某地候补"去了。结合鲁迅对"新文化运动"的态度，这一"残缺"可以试理解为另一重隐含的，对当时"新文化运动"期间如火如荼的思想风潮及社会制度构想的"否定之否定"。鲁迅不停歇的抵抗状态造就了它，或者用竹内好的话来说，这表现为一种通过文学对政治的反思——他是不相信固定了的所谓"新"事物的。早在1907年的《文化偏至论》中，鲁迅就曾表示："明者微睇，察逾众凡，大士哲人，乃蚤识其弊而生愤叹，此十九世纪末叶思潮之所以变矣。""更睹近世人生，每托平等之名，实乃愈趋于恶浊，庸凡凉薄，日益以深……"③热衷于尼采、斯蒂纳的鲁迅，显然是对传统的启蒙价值观有

① ［日］伊藤虎丸.鲁迅、创造社与日本文学［M］.孙猛，徐江，李冬木，译.北京：北京大学出版社，2005：147.
② ［日］竹内好.从"绝望"开始［M］.靳丛林，编译.北京：生活·读书·新知三联书店，2013：200.
③ 鲁迅.鲁迅全集：第1卷 坟 热风 呐喊［M］.北京：人民文学出版社，2005：50,52.

着相当程度的反思的，这种想法一直都未改变，且在其很多文章中都有体现①——概括地说，即"别人应许给你的事物，不可当真。"②对任何固定的新事物，鲁迅都是保持着他一贯的多疑。他所倡导的"改造国民性"看似是一个固定的出发点，然而这以"立人"为根本手段，是要"张个人"。"张个人"，便不是一个固定的对象化事物，因此也是变动中的不变，也是我所认为的这篇小说可供玩味的底蕴所在。

（作者学校　华东师范大学）

---

① 如《娜拉走后怎样》《论"费厄泼赖"应该缓行》《写在〈坟〉后面》《不满》《热风题记》等。
② 鲁迅.鲁迅全集：第6卷　且介亭杂文　且介亭杂文二集　且介亭杂文末编[M].北京：人民文学出版社.2005：635.

儿童视角下的反讽温度

——读萧红《呼兰河传》

何清怡

20 世纪 30 年代，东北已然沦亡，萧红远在香港，独自承受失去第二个孩子与远离故土的沉痛。《呼兰河传》的创作，或许是萧红内化痛苦，回归宁静的一次尝试。记忆始终带有梦幻般的瑰丽色彩，但现实的沉痛终是不可避免地渗透在每一处回忆的书写之中，深重的悲哀充斥在这个方才构建的乡土空间之中。

浓厚自传性的小说总是会引导人们沉浸到某一特定文本叙事视角中去。即使有第三人称叙述的补充，《呼兰河传》中儿童视角的叙事仍是占去文本的半壁江山，第一人称的儿童视角之重要性由此可见一斑了。

阅读儿童语体的小说，我们可借由儿童的眼光与思维探索儿童构建的符号空间。它带着温情，却无时不刻指向文本基调所强调的反讽意蕴。这是一种共生，是乐音式的协奏，是有着生气勃勃的愉悦感，却包含本真性与陌生性的"冷酷肃杀"，带来梦幻与清醒、欢跃与哀思边界的悄然模糊。

"陌生化"的艺术之美在其中展现得淋漓尽致。一段尘封的记忆，一片失去生机的土地，一个又一个嵌套着的细碎而单调的生活，如何能超越日常认知，延长审美时间，恢复人们对本真面目的敏锐追索？唯有摒弃艺术构建的成果，重视艺术构建的过程。萧红的文字架构中无处不在释放着破除常规、提升语义内涵的新鲜感，结构如花瓣般延展收拢，语言在阻碍变形中绽开，儿童叙事自身，便赋予了叙事语言与叙事结构独特的魅力。

儿童的思维是活泼自由的，在语言层面更是热衷于随性发挥，既不过分关注语言的逻辑性、事物的关联性与表述的准确性，也不关注其书面性和得体性。萧红的语言更是如此，尽显儿童稚嫩天真，却也在语词运用上登峰造极，难动一字。语法的存在甚至都被刻意抹去了，"只因为这驴子哭瞎了一个妇人的眼睛，所以不能不记上"，显然是将动作的发出与原因搅浑一处了。驴子的主动态暗含着"我"的不可置信与好笑心态，动物反而因主人的过激反应"遭了罪"，实在妙趣横生。

中西传统叙事的逻辑基本以时间的线性逻辑为主，空间仅被视作对时间线索的补充，因而时刻处在被支配的状态之中。《呼兰河传》的时空构建却完全打破了这一铁律，呼兰河这一独立场域的构建，正是以空间与空间中的物象作为主体，就仿佛呼兰河是个模糊的影子，等待着有记忆关联的人们为它塑性、填色，为此，唯有私密的体验才是真实而有意义的。

以意识为主线，以回忆为依托，独立构建起一系列时空坐标，这种叙事突显了微观确定性，反衬得宏观不再固定而明确了——个体记忆正是如此。呼兰河是怎么诞生在我们的脑海中的：先从两条大街开始，看见了几座店铺后，牙医生与"李永春"来了又去，急迫进军剩下两条街道，两家学堂的逸闻趣事跃然纸上，东二街道的大泥坑粉墨登场，新式教学的因果报应论令人发笑……空间的拓展是迟缓的、波动的，呼兰河的场域是可以无尽延伸的，它们随着我们的记忆与想象一同生长。

社会意义上儿童等同于未成熟状态，这时的个体恰好处于初步社会化的阶段。也正因这一缘由，鲜经社会规训的儿童面对社会规训的产物，自然而然会流露出质疑与困惑，这一经验于强化反讽意蕴而言显得弥足珍贵。儿童的思维无拘无束，自由活泼，儿童的思维与语言的映射关系相对直接，因此话语就显得随心所欲，乃至无厘头。由于这样的特质，儿童反而更容易透视成人世界的所谓规则，控诉"充斥于成人世界的荒谬、不合理处乃至人性的扭曲"便有了动人心魄的力量。

萧红从不吝惜在女性人物塑造中投注的笔墨。女性主义与女性意识的观照层层叠叠，呼兰河便成为了一个完整的女性符号空间，揭示男权社会不断压迫女性的文化与社会空间的本质。所谓"女性气质"不过是男权社会的产物，而非生理的、自然的，这使得女性恒久地处于被动、弱势的地位。长此以往，中国传统社会的女性主体意识之缺失愈发明显，这早被敏锐的萧红捕捉到了。她将脱离女性客体化怪圈的希望投注到作为叙事主体的儿童身上，因为"我"暂且未被同化，"我"始终表现出质疑与反叛。

《呼兰河传》处处闪现着或富隐喻性的、或针锋相对的指向女性刻板印象与传统性别对立的情景。"我"习以为常,"我"做出了童趣式的解读,但终有一日,"我"不再静默。

老胡家的团圆媳妇来了,这是一位被男权社会凝视的年轻女性,是被每一位被男权中心思维浸润的社会成员观看和认知的女性。团圆媳妇必须要年幼青涩,落落大方不行,个子高不行,不合年龄也不行;饭量大是男性力量的表征,决不能作为女性的特质;身在婆家却一直添饭,竟不"看看人家的脸色"。不得体不乖顺,非青涩非"女性",乡民正在排斥着不符合男性的价值需求与特定审美的非主流女性,"我"却一往无前。

"我"与小团圆媳妇愉快地交流、戏耍,坚定地认为小团圆媳妇好好的,没有疯,这是儿童凝视对背离刻板印象的女性的认同与欣赏。儿童并未接受这样的社会训诫,纯粹的从人格秉性的维度观察女性,得出了小团圆媳妇温柔亲切、富有力量与美感的结论。小团圆媳妇"病了""疯了",这种男权社会对试图逃脱女体规训的女性之放逐与排斥,毫无疑问,对一位细腻而纯真的女孩而言,它并无约束力,这种我行我素就是证明。

封建社会的纲常伦理刻板荒唐,成人早已失去反思的能力,却被儿童误打误撞中洞见个体、群体与社会的本质。两者落差何其之大,反讽之意又是何等的强烈。只可惜具有自然属性的儿童凝视对男性凝视发起了挑战,甚至将这一反叛局部上升到了行动层面,但仍是石子入滔滔江水,浪花一时醒目,仍是难逃淹没于男权驯化下的呼兰河乡人群体中的命运。而面对苦难的生存困境,"我"的无力阐释又将解读的权力交付到了读者手中,这便给了我们更充分的机会,身临其境的体验那些遥远的失序与异变,痛心疾首,唱叹哀恸,读懂萧红之清醒与无奈里的那份"哀其不幸,怒其不争",那是全然来自一位根植在那片土地、并无限热爱那片土地的作者炽热的心灵。

不只有女性,一切人物都模糊地存在于满目疮痍的生命园地之中,生存是痛苦的,生存又是无聊的,呼兰河内部的成员于既定的生存困局里艰难呼吸。呼兰河里的大地与天空是生气勃勃的,呼兰河的人却存活在一泓死水之中,漠视改变,卑琐而盲目,挣扎求生却处处弥漫死气。

儿童天生就对活着的、具有生命气质的事物有着本能的亲近,对全然静止的事物没有十足的兴趣,对于死亡本身与蕴含死亡意义的事物表现出恐惧与抵触,面对沉寂,儿童存在"根本的自身中心化"的特质会将生命的活力充盈于符号空间之中。儿童的无意想象是流动着的,随时随地都可能发生,也会将外物与自我,外在与内在含混一体,一切都是自己一般有生命的、有情感的。这些意象构造出浑圆一体的幻想空间,它具有心理真实性,既有现实真实的基础,又有儿童思维变幻瑰丽的审美体验。

这一混沌的状态会随着成长走向结束,却能永远活在作品里,活在萧红的精神世界中。泛化的生命构筑物我合一、生命力共通的儿童符号空间就集中在"我"的后园里,构建符号则为"我"的独立记忆,"我"与祖父的共同记忆以及各式各样由"我"捕获的文学意象。何处不生机,何处不喜悦——花开如睡醒,鸟飞便上天,虫子会言语,蝴蝶自如来往,倭瓜爬藤,玉米冲天,黄瓜开花结果,一切都是自由的,都有无限的本事,这本质上就是儿童生命力的外化。"这院子是荒凉的",可是在符号的丰度上,对于一个孩子而言,又怎么会贫瘠呢。一切都是相互陪伴的,砖块泥土晒着太阳,破缸破坛依偎一处,脏水里有不知名的生物游动,猪槽子里小蘑恣意生长,就连朽烂的犁头还在下雨天流淌着黄色的水,不甘寂寞,要与小院里的一切交流。

小院构筑的符号空间解构了"荒凉"的概念,使它成为了兼具野性、生命力,又具有边缘化色彩之悲哀的儿童空间。呼兰河的植物自由生长,呼兰河的动物恣意健康,他们构建的意义空间是闭合的,是欢乐而洒脱的,而"我"仅仅是一个闯入者。这一抵御社会荒芜的场域中蕴含的欢愉让孩童依恋,却无时不刻强化着孩童同时与外界和自由内核的疏离性。生灵是这般自由,呼兰河的住民却是麻木的、卑琐的,靠着酒神式的狂欢短暂获得生命的欢愉,随后又沉浸到了窒息的生存苦难中去了,但是,他们也有着良善与勤奋,挣扎在这历史与地域遗忘的角落。这是一个面目并不清晰的群体,具有深切的群体悲剧性,其内核便是沉寂的、封闭的、死了的文化,顺着陈旧的轨道不断滑坡。

恣意生长的万物是寂寞的,而凝视"荒凉",从中汲取生命自由美感的"我"也是寂寞的。没有审美主体的体察,自由的生灵终究是死亡着的,尤其是沉浸在生存魔咒中的呼兰河住民的思维中,因为自由、不顺从的生灵只会带来资源的浪费,是倒霉的。"我"是母亲的第一个孩子,没有同伴,父亲冷淡,母亲恶语相迎,只有祖父的疼爱,并且"只要有祖父的爱就够了"。此刻观萧红构建的小院空间,这一自由的国度,既是"生命可以无限扩展的空间",却也是"生命被彻底疏忽遗忘的虚空",个体静置于空间的罅隙里,"自由而孤寂,自信而恐惧"。

以封闭的微小空间反讽宏大的历史空间,以非人质内含反讽人类文明,这种构建具有难度。但是正因为儿童的视角与宏大叙事的淡化,个体性精神得以弥散在叙事的全过程中,得以与呼兰河住民们的生活惯性对抗。呼兰河的底层人民看似苦苦求生,实则是"死"的;万物的活跃是鲜明的,但被逼入边缘,成为了"死"的。呼兰河民众淡去的生命意识,消失在单调的时间轴与空间坐标里,消失在交错的空间与时间之中。"死"与"生"的意象相互交织,也同时淡去了意义,婴孩的降生、嫁入呼兰河的女子,繁华而苍凉的扎彩铺、被折磨到死的女子,卖豆芽的寡妇疯了、冯歪嘴的孩子一天天地变瘦,"生老病死,都没什么表示的",不过日常罢了。

但是反讽的意义并没有止步于此。微细之处,童心笼罩下的呼兰河文化空间被包容,被反思,成为了含泪的微笑,沉重哀思与民族苦难被笼罩在人性的观照之中。萧红的语言是抒情的,这让反讽本身充满了包容与沉思,转而指向一种深刻的同情。沉寂的呼兰河因萧红回忆的构建而归于富有活力的状态,从而成为永恒的存在,萧红挽起的不仅是呼兰河民众的永恒记忆,更是中国传统社会与整个民族的共同记忆。呼兰河也好,中国乡土空间也好,立于如此一个衰朽与苦难并存的时代中,除了鞭挞国民性,或是回避现实性之外,还可有一种独特的语态,那就是回忆。呼兰河场域"既不是天堂,也不是地狱,是有着温情让人悲悯的人世间",萧红内在的悲悯投射在每个曾经存在着的个体身上,在生的苦难与死的沉重的对立中达成和解。

《呼兰河传》带来的意蕴沉浸与审美愉悦是动人心魄的,那个来自呼兰河的孩子与我们是如此的亲切,又是如此的渺远。这是怎样一番精心的处理与打磨,既不褫夺了儿童这一艺术形象的内在特质,又不能割裂成人与儿童叙事转换中的抒情断层与阐发空洞。纯然的生命力天然地对麻木、庸常、封闭、濒死的群体与文化内核构成冲击。虽然这一冲击仅能造成个体与个体符号空间同社会的背离,无法解除民族与社会的苦难,却也能为我们创设反思的空间。

何为反讽,仅是一种对荒诞、黑色的嘲弄,与人文层面的观照存在着不可弥合的分裂? 答案必然是否定的。毫无疑问,反讽一定蕴含人性关怀,只是这一种变形的、潜藏着的人性关怀需要艺术家大胆而含蓄地揭露。儿童叙事本位带来的限制视角与限制叙事使成人叙事的蕴含性与儿童抒情的张扬性相结合,恰好满足了"具有人性关怀的反讽"的要求。同样,是否会抹杀文学作品的深刻性与表现张力,答案也是否定的。诚然,将反讽与关切蕴含深处,这样的艺术处理会削弱作品本身对社会复杂矛盾的呈现。历代文学评论者并不回避《呼兰河传》的缺憾,但在民族灾难和社会革命迭起的苦难岁月中,萧红未曾放弃对生命的终极关怀。立在生命意识的顶点处,凝视呼兰河这一方小城的生存困境,以体察生命、包容生命、关怀生命的宏大视域反观民族苦难与社会荒芜,在鞭挞国民劣根性中蕴藉对生命意义的沉思,便成一种包含真挚与悲悯的创新。

"散文化小说是抒情诗,不是史诗""它的作用是滋润,不是治疗",汪曾祺对于《呼兰河传》叙事的概括再恰当不过。它是沉静的流水,没有高潮,没有悬念,只是静静地流淌着。儿童那天真烂漫、无瑕澄澈的眼眸里倒映着一个光怪陆离的呼兰河,一个被特殊叙事锻造的、多维度拓展的边缘小镇。呼兰河不仅仅是呼兰河,这是萧红珍视的语体空间,以陌生化叙事为表层结构,社会与哲理兼作驱动的审美场域,于异化中洞察生命,于反讽中锤炼人性,终以温情叩问苦难,将人性关怀注入荒芜的文化园地。

（作者学校　浙江工业大学）

记忆的召唤： 读鲁迅《在酒楼上》

彭逸芳

一、 为什么读《在酒楼上》

关于鲁迅的小说，无论是《阿 Q 正传》中的阿 Q、《药》中的老栓、《故乡》中的闰土，还是《祝福》中的祥林嫂、《离婚》中的爱姑，提到他们的名字时，有经验的读者立马就会想到这些人物身处的环境，勾勒出对那一整个时期的想象——被"帝国主义的战神"玷污的"东方文明的公主"、壮烈而慷慨的革命怒吼、纷繁复杂的社会环境、无限的期待和随之而来的失望与迷茫……这意味着，在这样的时代氛围中，一部小说要写出所谓"反映现实"的品格并不困难。或者说，要通过解读一部处于转型时期的文学作品进而"还原"历史现实的复杂性似乎是一个必然的，也是不得不为之的路径。

诚然若此，将小说仅仅用作对历史现实或某种抽象的革命思想的印证，就像是用整片星空的存在去证明一颗星星的运行规律，虽然也不无道理，但星空之所以无限不是因为多了这一颗星星，而这颗星星之所以独一无二也不应该全归功于星空，更在于它自身的运行如何与黑夜和白昼发生关系。某种意义上，在鲁迅的小说中看到对革命的复杂态度是必然的，但也要注意到其中的一部分原因是中国社会本身的处境所带来的。要说明这点绝不是要否认解读鲁迅文本中的思想性和独创性，而是要由此指出这样一个事实：中国社会的复杂性在《狂人日记》《阿 Q 正传》等作品中的确首先可以被直观地捕捉。这也是为什么即使大部分读者对那一时期的历史细节并无太多了解，也能够通过文本所勾勒出的世界做出一个"正确的"解读,也即对革命理想与革命现实之间的冲突、启蒙所面临的现实问题、国民性等等问题的感性认知。

然而,《在酒楼上》《孤独者》这类作品则不同。一方面,它们似乎脱离了知识分子在写作中所要处理的主流的现实问题和社会矛盾。另一方面,小说恰恰通过对日常小事的书写以及对记忆问题的关注,以另一种方式触碰到了现实本身。因而,《狂人日记》等作品与《在酒楼上》之间并非简单是写作上对于虚构与写实、关注外部或转向内部的选择问题,而更是产生一种让书写本身——或者说语言本身——的问题置于前景的可能性。虽然"白话小说"的出现开始就带有"为人生"的目的,但这不代表它实际产生的效应就是作为思想的工具存在。在《在酒楼上》这些作品中,小说叙事或小说语言的问题被凸显出来,同时它并不要求用抽象的诗学结构来给出答案,而是向我们提供了这样一种提问方式:我们如何阅读这部作品?它为何无法自然而然地指向现实,而让我们产生了从小说语言到现实指涉之间过渡的障碍?其中是什么在发挥作用?若将这一作品置于鲁迅同一时期其他作品的网络中考察,会有什么新的发现?我们不妨从回忆这一行为线索出发,来看看叙述者"我"与主人公吕纬甫之间究竟存在着什么关系。

二、 记忆的召唤

小说开头,主人公绕道寻访旧地 S 城,面对物是人非的场景,虽然让人意兴索然,但也都不在意料之外。于是"我"便锁了房门去从前常去的酒馆坐坐,找了个清净的角落坐下,看着楼下的废园,感慨自身作为客子的哀愁,然而却"很舒服的呷了一口酒"。他看着废园,渐渐感到孤独,但"又不愿有别的酒客上来"。可以见得,开篇虽出现"孤独"一词,但这似乎与深刻的悲哀不着边际。它是漂泊者的普遍心境,也是与人群和废园都保持着相宜距离的"我"得以品味甚至审美的凭依。然而,随着吕纬甫一人的出现,文章开始从一种散文化的独语逐渐进入小说的叙事之中——

> 约略料他走完了楼梯的时候,我便害怕似的抬头去看这无干的同伴,同时也就吃惊的站起来。我竟不料在这里意外的遇见朋友了,——假如他现在还许我称

他为朋友。

"阿，——纬甫，是你么？我万想不到会在这里遇见你。"

"阿阿，是你？我也万想不到……"

如果是为了塑造一个孤独寂寞的回忆者形象，作者只需书写那个倚窗眺望的人就已足够，无需安排一个偶遇的故人逼迫叙述者进入对话的语境中。故人出现的偶然性彻底打破了个人记忆的屏障，让"我"从舒服的遐想姿态一下乱了手脚。不管两人是否真的进行了一场深入的交流，相遇并且面对面坐下，意味着他们不得不承担起对话的责任——公共地对过去进行某种评价、选择和叙述。于是吕纬甫开始说起近些日子来的事情。但有意思的是，他们并没有共同回忆往事，而是绕开了共有的记忆，讲起了吕纬甫这些年的琐事——那个被他六次评价为"无聊"的为亡弟迁葬和为邻居家的女儿买剪绒花的故事。

我们怎么理解这个六次出现的"无聊"一词呢？首先，如果他真的是如自己所评判的那样过着日复一日、浑浑噩噩、自我消沉的生活，他是说不出这两件"小事"来的。其次，他叙述的语气以及对细节的描写都是充满温情和怀念的，而非贬斥或嘲讽的态度。可以看到，造成他用这个词来评价的原因在于：曾经的两个革命者和知识分子在革命不了了之后重逢这一场境下，二人头上悬置的革命话语对于这些"无聊的事"的作用——它们无法再被视为有意义的事。虽然关于革命的记忆只稍稍在谈话出现了一瞬，也即那句关于"一起去拔掉神像的胡子"的回忆，但它并不因自身的消逝而离去，而是以无时无刻不进行价值评估的方式塑造了整个的记忆叙述。这意味着，重点或许不在于"无聊"，而在于做出这一价值判断的行为本身在吕纬甫的叙述中反复出现。因此，与其说是记忆召唤出了吕纬甫对于过去现实的回忆和情感，不如说是记忆这一行为帮助吕纬甫召唤出一种在当时未能被处理的过去——不仅仅是那个在当时并未引起他过多注意的阿顺和他从未谋面的弟弟，而且也是已成过去的革命，它通过一种反讽的、反复确认的方式得以被叙述，并因此滑入现实的领域。

而在吕纬甫滔滔不绝的同时，叙述者在哪里呢？他在风景书写背后隐秘现身：

这园大概是不属于酒家的，我先前也曾眺望过许多回，有时也在雪天里。

堂倌搬上新添的酒菜来，排满了一桌，楼上又添了烟气和油豆腐的热气，仿佛热闹起来了;楼外的雪也越加纷纷的下。

　　窗外沙沙的一阵声响,许多积雪从被他压弯了的一枝山茶树上滑下去了,树枝笔挺的伸直,更显出乌油油的肥叶和血红的花来。天空的铅色来得更浓;小鸟雀啾唧的叫着,大概黄昏将近,地面又全罩了雪,寻不出什么食粮,都赶早回巢来休息了。

　　通过视线可以看到,叙述者一边听吕纬甫讲述,一边不断地继续眺望窗外。这暗示了叙述者和吕纬甫之间的交流并不是平等、对称的对话关系,甚至称不上是讲述与聆听的关系,因为我们甚至无法确定叙述者到底有没有认真听吕纬甫的讲话,他只是不断望向窗外,而且细细地品味起风景来。如果说叙述者看一次是为了确认过去的废园还在,看两次是为了看看它与记忆中的变化,那么看了很多次则不是确认看到的事物本身了,而是要确认自己那眺望的目光也如记忆中一般存在。

　　这与吕纬甫对于"无聊"这件事的反复确认形成了一种对照关系。对于这个第一人称的叙述者而言,对"目光"而不仅仅是对"雪"的确认才构成了他的记忆得以呈现的形式。而位于这种目光核心处的无意义又与"无聊"产生了一种呼应——过去无法像当下流逝的时间那样一晃而过,而只能表现为当下对于过去延迟的确认。然而,二者又并不互相确认——一个人不停在说,另一个却看向窗外,他们几乎不发生任何交流(无论是语言上、肢体上还是眼神上),更没有要去塑造出两个人的共同记忆。于是,在这两个人物的关系之中,以及二人戏剧化相遇的必然性当中,作者渐渐现身。作者对这一偶遇的安排并不是为了呈现一种既有的现实,甚至也不是为了使一种不定的现实具有一个能够被再次讲述的可靠的叙述,而只是尝试通过写作这一行为使得逝去的过去和无法被言说的情感留下痕迹。

　　回到文章开头提到的问题。不同于《呐喊》中的小说,《在酒楼上》并不直接指向一个主流话语的叙述或对于现实的描述,而是通过记忆叙事这一中介承担起或召唤出读者对于现实的一种想象。在吕纬甫这里,我们发现对于生活现实的感受并不来自吕纬甫口中"无聊的事"的情节本身,而是这个人物自身的生存方式。无论这是鲁迅自己内心情感残余的化身,还是另有原型,他的出现本身都是作者的一次召唤,是试图在反复回到过去的当下仍找到一种存在的可能性。即使这种可能性包含了消亡和否定,最终也将模模糊糊地消逝,但他们仍然在当下的现实中生活着,正如吕纬甫"敷敷衍衍"地活下去。对于一部小说而言,我们在这里看到了作者——文本中不仅包含了吕纬甫的存在,而且让他的存在能够自己立足。因此,如果说文本确实包含了对现实的某种批判性或更为强烈的指涉性,那也应该将文本的写作与阅读这一行为纳入讨论,而不应将文本视为思想与现实无中介的指称符号。因为我们恰恰是在记忆指向自身而非"回忆对象"的时刻捕捉到了作者的声音——那个游荡在文本中的孤独者的声音。

三、"孤独者"形象

在鲁迅 1922 年的写作中,"寂寞"是高频词。在《呐喊·自序》中,他这样说道:"凡有一人的主张,得了赞和,是促其前进的,得了反对,是促其奋斗的,独有叫喊于生人中,而生人并无反应,既非赞同,也无反对,如置身毫无边际的荒原,无可措手的了,这是怎样的悲哀呵,我于是以我所感到者为寂寞。"但到了 1925 年,这种"寂寞"似乎逐渐转为一种深刻的孤独——"我的生命,至少是一部分的生命,已经耗费在写这些无聊的东西中,而我所获得的,乃是我自己的灵魂的荒凉和粗糙。但是我并不惧惮这些,也不想遮盖这些,而且实在有些爱他们了,因为这是我转辗而生活于风沙中的瘢痕。"

如果说叫了没人应是寂寞,那么叫了一声之后听到了自己的回声,则是孤独。寂寞是对共通感、集体感和认同感的一种需求,是铁屋子中人所感到的悲哀,是《狂人日记》《阿 Q 正传》中叙述者的痛切,那在小说集《彷徨》以及散文诗集《野草》中,这"孤独"与"无聊"则是由对自身处境的反复确认而生发的复杂情感。前者与一个共同集体的未来期望相关,包含了对社会现实的抗争、对启蒙可能性和必要性的评判等,而后者则与过去相关,是对辛亥革命记忆的处理、对新文化运动的评价、1923 年兄弟失和所带来的打击……用鲁迅的话说,是一种对黑暗的捣乱、对过去的咀嚼,是"逝去的生活的余痕",是"黄昏"与"黎明"在昼夜交替的反复过程中被确认的状态。它既不定义白昼,也不定义黑暗,而是通过一次次的"消逝"与"沉没"证明着自身的规律——它不定义他者,也因此不轻易被他者定义。我们很难说这是否指向了一种"自由"的需求,但至少呈现出鲁迅在经历了 1923 年的沉默之后产生的一种对于过去和生活的新的思考。它关乎革命、革命的反思,更关乎被革命话语所间接塑造的记忆叙事——在革命话语之下的情感维度如何获得自身的合法性?在这里,鲁迅将目光停留于生活的痕迹,通过对经由记忆召唤而出的生存状态的爱消解了宏大话语下对光明之爱和对黑暗之憎,对未来之爱和对过去之恨。它最终凝结为一种对于痕迹的眷恋,对于生存状态的反复确认,对于革命和卑琐之中间物的重复叙述。

最终,这种对于《在酒楼上》的阅读给我们提供了这样一种理解鲁迅那所谓"非文学的"文学方法,亦或"文学的"非文学实践的眼光,即在于无论我们怎样用"小说的自觉""杂文的自觉"等去研究鲁迅文本的不同侧面,我们最终都要回到它对读者的一种整体的召唤。如果说,在《呐喊》中,这种召唤直接体现为向读者发出的一种呐喊,一句痛骂,一声冷笑,而在《彷徨》《野草》中,它更多通过文本的结构呈现。它表面上呈现为一种自我剖析、自我辩驳的内卷的精神特征,但它同时又正是通过这种不断重复的、直面记忆形式本身的文字的实践行为产生了非实体领域的转变。它试图去重新言说革命、革命的记忆、反思、希望、爱与憎、生与死,仍试图用自己的消逝召唤出一种新的可能性。小说中的人物称这些不过是"无聊的事",但他也要这个黑暗的世界全部属于它自己,然后"我"也永远成为"我"自己。吕纬甫可以这样存在,"我"也可以这样存在,但这都是作者的一次告别,而他愿意这样和往日告别,和未来也告别,正如那些孤独者永远转身离开。与其说是他抛弃了"旧我"投入了"新我",不如说是作者让那个"我"心甘情愿地、"爽快地"这样走自己的路,然后让背后的人也踏上他的路。或许他将沉没,但也还要在沉没中活下去。这决不是一种不负责任的沉沦和自我放逐,相反,正因他对于世界有太多的爱和期待,他才甘愿做一个转身的孤独者。就像篝火边人群中的一员,虽然面向希望或者死亡的火光,但他清楚地知道自己背朝荒野。

（作者学校　华东师范大学）

《红楼梦》太虚幻境中"情"的三重境界

——读《红楼梦》第五章回有感

陈姗姗

　　"情"是《红楼梦》中的重要主题之一，"情"在《红楼梦》第五回太虚幻境中也有着不同的嬗变形式，即太虚幻境中的三重境界。第一重境界为绝假纯真的情痴阶段，第二重境界为皮肤滥淫的迷陷阶段，第三重境界为无谓真假的跳脱阶段。三层境界层层递进，并表达了社会人生中的生活意义和哲学精神。

一、"痴"：绝假纯真的"情痴"

　　太虚幻境是"情"之世界，而"痴"便是得以进入这一幻境的第一重境界。贾宝玉作为"情痴"，正是因为他所有的痴情状态才得以在太虚幻境中出入。"情痴"形象是作者对"痴"勾勒了一个具体形象，也是对太虚幻境中的"情"的特性进行表达的第一层设置了一个具象的符号，并在书中多次直白引用。第五章回前诗云："更有情痴抱恨长"，再有太虚幻境中设有"痴情司"，更有警幻谓宝玉："如尔则天分中生成一段痴情"。而太虚幻境中，秦氏除去作为"情"的符号形象，也不妨视作"情痴"的谐音隐喻。用"秦氏"引梦，又用"秦氏"出梦或可解读为"用情痴引梦，又用情痴出梦"，由此可见，"痴"的状态是进入太虚幻境这一"情"世界的第一重境界。

　　宝玉之"真"，同样也是因为他的"痴"。在第五回贾宝玉初入幻境时中写道："但不知何为'古今之情'？又何为风月之债？宝玉只顾如此一想，不料早把些邪魔招入膏肓了。"未入太虚幻境时,宝玉虽"痴"于情,但未"迷"于情,虽有"痴"性,但不知情,不懂风月情欲。宝玉的"痴"象征着他停留在最初的真、纯的情感境界里,还未为情所迷,为情所困。警幻之"警"便从反面例证了宝玉此时的真、纯的情感状态。何为"警"?"未入而警之"或是"将入而警之"。宝玉此时仅是痴人,天分多情,但不识情欲未入情事,所以警幻授予他云雨之事引他迷陷。那么此时便产生了这样一个悖论:警幻的出现是"警"还是"诱"?而关于这个问题的回答,穿插在每一层境界之中。警幻的目的是使宝玉警醒,实际上却是在做引诱他进入迷津的事情。这实则是作者对于"入则出"的隐性表达,要想"出",必先"入",红尘事也是如此,经历过方才明白。因此在沦陷于"欲"之前,宝玉的"痴"具有"真"的特性。

不仅如此,在第五回中,作者还表达了关于"痴"与"悟"的隐性辩证关系。警幻仙姑带宝玉游太虚幻境的缘由是"应荣宁二公所嘱,使宝玉明白孔孟之事、经济之道。"并说"痴儿竟尚未悟",将"痴"放在了荣宁二公所认为的"悟"的对立面。的确,宝玉在世俗人的眼光看来可谓"愚"和"痴",《西江月》二词说宝玉"潦倒不通事务,愚顽怕读文章"是不务正业的子弟。但恰是这样的不明"世事"、不通"人情"才得以被引入形而上的太虚境界,而在挂有"世事洞明皆学问,人情练达即文章"的房间却难以入梦。通过以上关于"痴"与"悟"的关系可知,宝玉的不"悟"和难以入梦正点出了世事洞明、人情练达的孔孟经济与澄明的太虚幻境的背反。而真正洞见真章的澄明境界正是宝玉所处的"若愚若昏"的浑沌状态。在《齐物论》中庄子也强调以明净之心关照世间万象,这正同贾宝玉的"痴"的"混沌""糊涂"相合,"痴"便是体贴万物、甚至情及草木的真情,宝玉的"痴"即是庄子所谓的明镜之心。由上观之,宝玉之"愚"非世俗人的"智",世俗人之"智"也并非书中所认同的"智"。作者将形而上的理想层与世俗中的现实层拉开差距,并提出了人生中关于"痴"与"悟"、"真"与"假"的悖论,正是作者想借"痴"对社会人生的一种思考。

二、"入":皮肤滥淫的迷陷

王国维对宇宙人生有着"入乎其内,出乎其外"的观点,同样在《红楼梦》中,对待"情"这一命题,作者也表达了"先入后出,入则出"的人生态度。如果说"痴"于情是得以进入幻境的第一层境界,那么"迷"于"欲"便是太虚幻境中"情"世界的第二层境界。而且必须经历过"欲"的迷陷,并从"迷人圈子"中跳出,才能从诸法中了悟实相,即太虚幻境的第三层境界。这正是荣宁二公对宝玉所寄予的期望:"万望先以情欲声色等事,警其痴顽,或能使彼跳出迷人圈子,然后入于正路。"所以警幻授予宝玉以云雨之事,以皮肤滥淫诱惑宝玉,而宝玉对皮肤之欲的沦陷是从第二层境界到达第三层境界的必由之路。

在第二层境界中,"欲"之迷陷的必然,一方面是由于宝玉天生多情的"痴"性。警幻称他为"天下古今第一淫人",并对世人所谓的"色而不淫"进行批驳,更解释说:"好色即淫,知情更淫",可见色与情是连绵相属的关系,并且"由色生情","情"是基于"色"基础上的。而作者所谓的"淫",即意中之"痴",称之为"意淫",不仅脱不了"痴"的"真",还以悦色、恋情为基础,并非皮肤滥淫;他的"淫"还在于是"意"中之淫,即"天分中生成一段痴情",是自天分中、思想中自然带来,非后天形成。彼前宝玉的"痴"并未历经情欲,只是一派天真,也不知晓男女之别,行走坐卧处与女子亲密无间,而知晓情欲是被警幻授予云雨之事后,此时的"淫"才与"欲"联系在一起,开启了宝玉的性启蒙意识,并有了后面和袭人的初试云雨的情节。同时,也应区分世人之"淫"与宝玉之"淫"的不同也源于此,世人之"淫"是未有宝玉之"真"、之"痴",而只沉迷于肉体之欲,直接以"欲"与之混同,书中称之为"皮肤滥淫"。由此,《红楼梦》将世俗人与宝玉作了对比并归为两类人,并对"意淫"与"滥淫"做了高下判断,这也是对精神之爱与肉体之欲进行的价值判断。肉体之欢须以"情"为基础,是"情"的宣泄口,不以真情为前提的肉欲是令人鄙弃的皮肤滥淫。

另一方面则由于欲望本身的迷惑性和引诱性。虽如宝玉一般至真至诚之人世之未有,但如警幻之妹至善至美者世也未有,如同宝玉如此都能陷入诱惑,更何况普通的世人不如宝玉至真至纯,面临着大千世界各种诱惑又如何不误入迷津呢?因此面对欲望,即使至真如宝玉,也不得不承认人在欲望面前的个人意志的消解与抵抗的无力感。如果说与可卿的肉体结合源于警幻所授、所诱,那么与袭人的肉体之欢完全出于宝玉自身欲望的觉醒,这就如同夏娃与蛇,究竟是蛇来自淫邪的引诱使夏娃犯下错误偷食禁果,还是因为夏娃自身的贪婪与好奇?正如王国维在《红楼梦评论》中所说:"所谓玉者,不过生活之欲之代表而已矣……人类之堕落与解脱,亦视其意志而已。"宝玉身上的欲望发掘源于人"天分"之中,沉迷堕落可以说是必然。"沉沦堕落,谁为指迷?谁为拯救耶？"言下之意是世人在面临沉沦的深渊，实际上是无人指引，也无人拯救的，并不会有如同警幻仙姑一样的仙人指路。同时这也点明了"警幻"本身的虚幻性，"警幻"其人不过也只是作者在"境"中创造出来的上帝视角，也是幻。世人不必寄托希望于他人指点迷津，全靠自救才能迷途知返，因此从迷陷中解脱也是取决于个人意志的选择。

从怀抱至真的情痴境界与知晓肉欲的情欲境界，不得不承认作者将两种情感状态进行了二分并赋予了高下之判：在"情"被理解为"本真"，并强调天性、自然的真情阶段，"情"具有一种形而上的超越。但当"情"被认为是私情和个人情欲时，"情"便具有一种强烈的形而下色彩，甚至在书中进行了"去欲化"的表达。作者将自己对于欲望的态度实则也借警幻隐晦地表达出来，欲望是世俗之人不能回避的命题，但需要合理化的指引。

三、"出"：无谓真假的跳脱

警幻之"警"对"情"的指引，一方面肯定了对"情"追求的合理性和指向性，并延伸到了"欲"的层面，另一方面又不能陷入太深，要警惕陷入迷津，须得有"出"。太虚幻境时宝玉所看到的"假作真时真亦假"正揭示了作者对于现实与梦境的真假观：真假之间存在着转换，真假不离，无谓真假。这种真假观更是《红楼梦》对于现实层和理想层的思考。

甲戌本第二回的脂批写到："凡写贾宝玉之文，则正为真宝玉传影。"而宝玉在梦境中唤秦可卿的小名，秦可卿之语也从侧面回应了关于真假之辨的问题："我的小名这里没人知道，他如何从梦里叫出来？"梦中之事一定是虚幻的吗？回答自然不能是完全否定的，不然梦境和现实何以交互呢？以秦可卿之语侧面印证梦非"虚"，正是"作者瞒人处，亦是作者不瞒人处"。以梦见"太虚"寓意"梦太虚"，寓意这个梦境是虚幻的，却以虚道实，寓真于诞。书中第一回也说，看书人须明白"托言梦幻"的书中本旨，而假借梦幻暗喻的实事，这是作者的"不瞒人处"。因此，真与假并不是完全对立的，这两个范畴在小说的不同部分也存在着相互的转换。

太虚幻境的警幻仙姑正是指引宝玉不要因一念迷失本性的存在。警幻"以情欲声色等事警其痴顽"，目的是使宝玉"跳出迷人圈子"，并"知他天分聪明，性情颖慧，恐把天机泄漏"。在这里警幻并不是怕宝玉泄漏天机,而是怕他过"执"于册籍里的真假隐喻。不可"调笑无厌、云雨无时,恨不能天下之美女(以兼美诱之),供我片时之趣兴",其实是在警"幻"。"兼美"其人便具有一定程度上的虚妄。书中对"兼美"描绘成"其鲜艳妩媚,有似乎宝钗,风流袅娜,则又如黛玉",然而"兼美"只能存在于幻境中,而宝玉在现实中必须面临在宝钗和黛玉之间的摇摆。"兼美"代表着极致理想境界的实现,但"叹人间,美中不足今方信"才是实质。正如警幻所言:"不过令汝领略此仙闺幻境之风光尚如此,何况尘境之情景哉?"世上的极致不过如此,历过后方不为所迷。警幻的"警"虽然以"诱"、以"入"为引子,是在用"得其环中"的方法达到"超以象外"的跳出,也是警醒世人懂得"求全之毁,不虞之隙"。因为人世间的极致不过如此,不必因幻生妄,为妄所执。作者通过将太虚幻境这个理想层转化成现实人生的理想层,并在经历过的"入"中完成转换和变形,认清无谓真假的"变"的实质,而不是离开现实人生到另一境界中去,这是太虚幻境所表达的对于"出"的真正意义。

(作者学校　温州大学)

沉默的春

——从萧红《小城三月》一窥"文学的政治"

田童心

　　年轻的姑娘们要在新的春天换上新的春装，她们吵闹着，白天黑夜地忙着、打扮着，而春天是沉默的，它只在翠姨的坟头显出淡淡的青色；大街小巷到处"呜呜呜"的柳哨声，羊咩咩地叫，孩子大声喊着草芽出土……但春天只向人的耳朵吹一句小小的"我来了呵"，便很快地跑走了。这是萧红笔下北方小城里的春，它激得人们恨不得永远这样热情地活下去；可它自己却像腼腆的小姑娘，悄悄地来，快快地走，一年又一年，重复着短暂的命运。

　　如今又是三月，万物复苏，就在这样一个特别的春天，人们依旧忙着赋予春天"希望"的象征。然而春天自身不是任何象征，与人类相比它是"沉默"的，它不会言语，不懂书写，更无法唱诵任何赞歌。它只让生命存在又逝去，它亲历所有苦难或欢乐，太多的秘密藏于其中，而解谜的钥匙并不能在单纯的书写中找到。

　　如果论证萧红的文字有某种政治性，或许选择《生死场》《马伯乐》甚至《呼兰河传》都会比《小城三月》更具说服力，是的，翠姨似乎只是低配版的现代林黛玉，她代表着一个接受了新思想的传统女性凄婉的命运，一言以蔽之，是封建包办婚姻与追求婚姻自由的冲突。然而至此远远不够，这种简化仍然将萧红的文字置于"文学描写—社会控诉"的模式之中，于是，她写作的文学意义不是一种对外的社会介入，就是一种对内的散文式精神追求，非此即彼，抑或"既是又是"。但事实上，苦难和黑暗还在不断到来，这或许是书写永远无法改变之事，文学不是钢铁，无法立即推动生产力发展，文学不是号子，也并不能即刻产生振奋的力量。二元对立式的划分遮蔽了真正的文学，而文学的力量就如同沉默的春天,写那些被遗弃的细节,让本不可见的新芽变得可见,每一年都重复,却每一年都格外动人;就如同长夜仍然漫漫,但永远有人惦记,愿意走六小时寂寞的长途,在你头边放一束红山茶。①

一、 绒绳鞋——沉默的目光

却并不止于一双绒绳鞋。

还有枣红色的大披肩,钉着光片的、带着琉璃的花边,银灰色市布大衫,繁华的绣花大袄,蓝色缎子满是金花的夹袍,搽着白粉的脸,染得桃红的嘴,男孩子们的西装⋯⋯从前"我们"多谈论这些。小城之家虽抵不上曹府的规格,却还培养得起大小姐的眼光,因此,这眼光不挑便宜的,只搜寻"好看的、贵的值钱的,平常绝对的用不到想不到的"②,这眼光也不考虑为什么会有钱的,只拿了钱,往更美好的地方望。这纯粹的眼光,只得"我"和翠姨共享,旁人买来用或者赶时髦,都不能算真正拥有了心爱的东西——这拥有是静观的、沉默的、凝视的,它是一种悄然开化了的审美体验,超脱了世俗的"占有",向爱与美走着。或许是因为常和"我"在一起,又或许是由着天生的气质,聪明的翠姨把她的爱、把她对美的向往藏在自己漂亮又沉静的行走里,藏在带有一种平静感情的言语里。她不愿被大家说得没了主意,她宁愿永远珍藏在心里,因此保持着得体的沉默,直到因为一双绒绳鞋,这秘密泄露了出来。

买绒绳鞋的情节无疑是小说的一个关键点,当翠姨说着"我的命,不会好的",故事被推向第一个高潮,开头明媚的春光似乎一下被纷纷的落雪打了大半。原来这里大多是冬天,凄凉隐默在看起来天真烂漫的文字背后。翠姨不多说,她习惯迟疑与观察,而"我"不仅一直观察着,更愿意把那些沉默背后的秘密急急地说出或写在纸上,并固执地相信翠姨的那些小心思少不了"我"这个"知己"去体察。但买鞋竟是一波三折的,在上街之前,"我"猜测"也许她心里边早就喜欢了⋯⋯她必得等到许多人⋯⋯才稍稍有些动心"③;第二天意想不到的买鞋之行在翠姨的扭捏和我的否定之中也结束了,"原

---

① 《萧红墓畔口占》,戴望舒在萧红去世两年后(1944 年 11 月)去她墓前凭吊所写:"走六小时寂寞的长途,到你头边放一束红山茶,我等待着,长夜漫漫,你却卧听着海涛闲话。"
② 萧红. 小城三月[M]. 南京:凤凰出版社,2010:345.
③ 同上,346.

本就不十分喜欢，没有好的，为什么要买呢?"①当我早忘了这件事，也不过两天以后，翠姨却又忽然提议了买鞋之事——翠姨总是沉默的，但我偏偏也对那些指向沉默之外的言语极其敏感，再一次，只有我窥到了翠姨的心，解开了两个相互交织的秘密：原来她早就爱上那绒绳鞋了，原来那个故事开头便摆上的"定论"早有了逻辑上可以肯定的结果，原来她竟然如此执着，执着到我装不出大人的安慰。"也许"就是"大概"，②堂哥就和那绒绳鞋一样，早早地就享有了翠姨沉默的凝视；也和那得不到的绒绳鞋一样，翠姨早早地就明白了命运的暗示。

其实还有另一条路，即与绒绳鞋相对的高跟鞋。翠姨可以不是杜十娘也不是林黛玉，她可以选择做摩登的、前卫的女子，她是本街上第二个穿高跟鞋的姑娘，聘礼铺开的路足以承载高跟鞋的锐气。况且，她也跟着我们家的男孩子们一起打网球，一起玩乐器，一起逛花灯，甚至最终读书的要求也被满足了——还有什么不满意呢？她已经做足了尝试，什么事情也都问到了，③一切看来尚且美好，她显然已分享着一切合乎现代女性的生活。

但"我"和翠姨心里都清楚，翠姨永远不可能成为我：她没有像我一样好的家庭做支撑，她没有读过书，她走不出小城……此时的翠姨已是被启蒙了的女性，分享了如我一般审美眼光的她再也不能回到聘礼铺开的路上，她终将走上一条单向的不归路，这路引她走向唯一的可能，就是一双完美绒绳鞋象征的悲剧。但寻不到的绒绳鞋在文本中并不仅限于翠姨命运的象征，更多的体悟与观察发生在"我"的身上。唯一的追求，过于坚定的信念，衬得翠姨太固执，这是有多种道路的"我"所不能体会到的，然而作者通过书写调整了"单向不归路"的视角：因为孩子的"我"不是作者的"我"，或者说，作者的"我"选择了孩子的"我"，借助孩子身份叙述者沉默的目光打量这个世界，因此这个世界不仅为翠姨的死落泪，为翠姨的命运抗争，还为买到一双可爱的绒绳鞋默默许下真诚的祝愿。

① 萧红.小城三月[M].南京：凤凰出版社,2010：346.

② 同上,342.

③ 同上,361.

二、 三月——沉默的春天

　　围绕在翠姨周边的人们也分享了她的沉默,沉默是所有人的生存方式。

　　哥哥的沉默,在于好久好久地盯住翠姨躲闪的帘子,会对翠姨比对我们稍稍客气一点,会用输棋的方式哄着妹妹别多嘴。他沉默到底,绝不主动捅破窗户纸,也保持着打牌下棋的心情,他只懂得默默流泪,他的感情也就止步于行动的沉默。

　　母亲是沉默的。她很久前就在心里猜疑着他们了,但她也和大家一样都说是"念书累的",她善良地找借口让哥哥去探望翠姨,甚至忏悔般地向我说道:"假如他们当我说……"①母亲是故事里长辈们的象征,他们并非不善良,他们未必不知道翠姨为什么死,但"大家只都心中纳闷",这沉默得体又讽刺。沉默像镜子,我们在其中窥见了人性与环境的矛盾,窥见了翠姨不得挣脱的枷锁,甚至于此观照到了百年前木石前盟悲剧终结的缘由。

　　"我"也是沉默的,但作为整个故事的叙述者,我自认为并不在"大家"之列,落在纸上的书写并不限于"我"的眼睛所见,"我"替所有人抖开沉默,串起前因后果。这个用转述而非直接引语陈述一切的"我",模糊了作为故事叙述者之"我"与作者之我的界限。因为事实上,"我"和翠姨并不沉默,"我们"每每躺下谈到半夜都谈不完,但"我们"又是沉默的,对于哥哥的话题永远是"我"不断地目光追寻、推理与观察,翠姨从不向我吐露,有时候"我"也装作不知情。因此,选择沉默与否的,与其说是故事里的"我",不如说是故事外的作者本人,通过沉默的留白,模糊了过去与现在,真实与虚构的界限——这叙事过程的细枝末节并不那么重要,重要的是书写本身。

　　"妹妹的丈夫,翠姨是看过的,没有什么好看",她那时候太年轻了,想不到什么丈夫、结婚,可不过一年,翠姨未来的丈夫就成了"我见过……人长得又矮又小"。叙事者的"我"没有再提年轻之类,因为"我"太确信了,自己不会重复翠姨的路。"我"当然是幸运的,翠姨是"她","我"是"我","我们"之间有着不可模糊的界限,"我"只是一直凝视着翠姨,但"我"绝不会在她身上看见自己。果真如此吗? 或许于今天的我,一个从

----

① 萧红.小城三月[M].南京:凤凰出版社,2010:363.

小接受教育的女孩而言，绝不会将自己联系到无法婚姻自由的翠姨，因为婚姻自由，似乎已是无需多言的共识。但果真如此吗？且不说这样的共识在今天是否普遍适用，当萧红书写《小城三月》的时候，翠姨仅仅只是另一个反抗失败的、存在于平行时空的自己吗？并非如此。在飞驰着去买绒绳鞋的那一天，"我"的沉默达到了顶峰，因为那一刻"我"失去了语言：我"默默的祝福"，我"从心里愿意她得救"，我"没有等到找出什么适当的话来，眼泪流出来了"。我失去了语言，因为"我"不再只是叙事之中的女孩子，翠姨也不再只是故事的女主人公，"我"成为了挥笔书写的萧红，成为了正在阅读的我。

初读之时，尚且无法明白除却故事的开头结尾，"三月"有何寓意。搁置了一段时间，待到小城真的进入了三月，看柳树发芽和世界的苦难混杂在一起，我终于明白，三月没有任何寓意，它就是一个乍暖还寒的时刻，所有人都会在一生中经历的时刻。三月之春是含混的，它有着包孕性，不为自己制定必然的"希望"，而是有着千万种方向；三月之春是留白，是沉默，因为故事总是发生在冬天，它的基调是雪，真正的春天总是"正在到来"。当萧红在重病中回忆小城三月，回想颠沛流离的二十多年，是否真得比翠姨遇见哥哥更幸运？应当是更幸运一点，因为她还拥有书写下春天的权力，她的文字意示着未来春天的庆典。

三、 小城——存在者的悲光

沉默的文学并不为自己划界，萧红后期以《呼兰河传》《小城三月》为代表的作品，是自传、小说、散文、抒情诗，都像，又都不全是。这是一种超前的文学，它不能与一种既定的书写程式相融，也似乎与同时代文学的政治性理想相悖。譬如，胡风在萧红去世后批评她后期的精神落寞，认为这是因为她远离了朋友和民众，也远离了时代和生活；茅盾则在为《呼兰河传》做的序中，一连用了 28 个"寂寞"，他认为是个人的"寂寞"让萧红脱离了抗战文学应有的方向，写出了"退步作品"。《生死场》曾确凿无疑被理解为"政治的"，而后在轰轰烈烈投奔革命圣地和热情四溢书写抗战文学的年代里，相隔没几年，书写小城的故事却被视为不具有同等的力量，关乎"个人"的书写成为了脆弱的代表。这种判断无疑有着历史的局限，即使翻案，也往往走向另一个极端，当萧红在"现时文艺活动与《七月》座谈会"上说出"作家不是属于某个阶级的，作家是属于人类的。现在或者过去,作家们写作的出发点,是对着人类的愚昧!"①的时候,她并不是走向了文学社会性的对立面,在去阶级性的人性论之中——她仍然秉持着一种"政治",而她书写的不是"政治的文学",而是一种敞开的、不断延展的"文学的政治"。

法国思想家朗西埃也曾讨论过文学与政治的关联。当文学意图达到某种政治诉求,它常常也沦为表达政治诉求的载体,而失去了文学性;而当文学封闭耳目,向自身寻求意义,从而企图实现某种超越时,它又成为了自娱自乐的游戏——看似对立的两种走向,实际都源于将文学的政治性与自身的文学性相对立的二分法,这种二元对立的实质都赋予了文学的词语本身过高的权力和期望——但现实中伟大的文学作品无疑比这两种可能更多,它们的动人之处"不是词语,而是滋养了他们付出的劳动,肥沃了他们拥有的田地的水流"②。如果文学与政治存在一种联系,那么这种联系是由"歧感"造就的,而所谓"歧感",即为"一种感性呈现及其意义感知方式之间的冲突,不同感知体制和/或'身体'之间的冲突"。歧感源于主体间的"异",而非"和",它允许人物的多样性而非单一,它允许"个人"存在于"众人"的共同体之中。

一生颠沛流离的萧红在病中要反复去怀念后花园,或者回到三月的小城,甚至,她不遗余力地去回忆那流行的枣红色大披肩,那天买的钉着光片的、带着琉璃的花边,翠姨穿过的银灰色市布大衫、蓝色缎子满是金花的夹袍,那些热闹的乐器和花灯……无论是想象之中还是真实存在的世界,这些看似多余的物件并非简单的再现式罗列,它们既是他者存在过的痕迹,也是存在于作者沉默目光里的永恒怀念,它们不带有象征或过重的意义,只是真实的真实。是作家的书写让这些本被遮蔽的物件重新显现出来,就如同绒绳鞋一样,它与翠姨原本无法诉说的命运系联,是作家归还了他/它们存在的可能。

如果存在一种"文学的政治",它必定是一种沉默的文学——它既不说教,也没有任何目的。这种文学必定有着萧红孩童般的眼光,这眼光并不高于她书写的对象,"不哀其不幸,不怒其不争",因为她也正生活在这个世界之中,与他们命运与共;它像春天一样,孕育在词语之外,酝酿着打破既定秩序的力量,年复一年,却时时如新。

(作者学校　华东师范大学)

---

① 现时文艺活动与《七月》:座谈会记录[J]. 七月,1938,3(3).
② [法]雅克·朗西埃. 词语的肉身[M]. 朱康,朱羽,黄锐杰,译. 西安:西北大学出版社,2015:157.

美学再造——读《美的历程》

王雪聪

80 年代留给我们的遗产里面，这本小书自有它的可贵位置。它自如地呈现了其理论之纯粹与自足，并佐之以社会历史的事实。这本书因此可以作为超越时代的一本著作，它的思想自可以引起时移境迁的后世读者心中的涟漪，即便只是一见之明的，也的确揭开了作者谓之艺术社会学与审美心理学的天幕一角。如作者说，历程指向未来，美学拯救的逍遥历程，文明再造的苦心尝试，都为此书作了序跋，我们将不谓此书有终始，因美学始终是复归与超越的永恒。

所以名之历程者，乃一种流动之谓，也即一种历史感。如黑格尔所说，历史哲学是对历史的深思。名之曰"美的历程"，所要呈现的正是作者的美学思考及艺术史的印证。我们无需强说历史有其目的，只需对着它的源流作一番观照，便可少一些无明。如刘勰在《文心雕龙·序志》中所说的："振叶以寻根，观澜而索源。"这样的态度正暗合了作者在结语中所提的思路："……因为所有这些，提示人们的只是不应作任何简单化的处理，需要的是历史具体的细致研究。"

本书的基本美学思想是将克莱夫·贝尔（Clive Bell）的"美"是"有意味的形式"（Significant form）的观点和审美积淀论作了综合之后得到的产物。前者的不足在于缺少社会历史的眼光而只观照艺术的形式方面，往往只能用"审美感情"（Aesthetic emotion）和艺术形式互相引证，陷入循环论证的泥淖而不能自拔，为此需要后者作一纠偏补足。审美积淀说看到了社会历史的内容在美的精神形成过程中的作用，即所谓美的形式，原是从社会生活的内容而来，看起来竟是纯形式的，其实内容（意义）已积淀在形式中。如此，方成为一种"有意味的形式"，正因为有社会历史内容的共情，审美感情也因此可以得到解释。这种艺术的观照的眼光要求着我们有历史的语境。例如，原始的巫术礼仪的图腾，其抽象几何纹饰不应作形式美看，而有其观念、想象之意在焉。

作者将社会历史如此契合地引入到文艺的世界当中来，此一学说之典范性在于其为我们拂去了美学圣像前的许多埃尘。尤其在艺术或古典艺术的永恒价值面前，他们的"灵韵"常使社会学家和崇尚实证的学者不得其要。历史、文明更迭，然而希腊艺术的永恒价值并不随之而逝，这原是马克思所赞叹过的，也更引起了我们同样的惊叹与困惑。此一问题涉及艺术的本体，不易言明，然而李泽厚先生从审美心理的角度为我们开了一重视界。人之心理结构即是历史积淀的产物，艺术的永恒性正呼应着人心的历史，或即人性。审美心理发明并对象化了艺术，那种"有意味的形式"，兼有着自由和美的形式。艺术也永远留存着、创造着人的心理结构。艺术和心理正如此相互塑造了彼此。

我们还可以知道，艺术对社会历史的反映，当然不是取消它的自立的地位的意思。恰相反，如李可心先生所言，这本身既构成对立，又构成对待。在文中作者如是说道："形式一经摆脱模拟、写实，便使自己取得了独立的性格和前进的道路，它自身的规律和要求便日益起着重要作用，而影响人们的感受和观念。后者又反过来促进前者的发展，使形式的规律更自由地展现。"故此，我们可说文艺实在是永远占着时代之先声，其情形恰如哲学代表着时代的灵魂。

我们对艺术与社会的能动关系有所把握以后，便可以顺着作者的思路作一番博物馆式的巡礼了。每个时代有它自己的主题或问题，当时必要解答之，于我们后人则更添一种理解或共情的可能，在这理解美的历史的过程中，也即在理解我们自身的历史，或我们自己本身。凡此种种，于我们不过是追溯一样地，历数自己所不知道的自己，以此达成一种"回忆"，以此完成更高意义的复归，更明了我们今天时代的主题与应对。这种学习对艺术家而言可说是必要的，然而对每一个试图把握时代精神的人而言，也是一条必由之路。

作者以极富洞见的史笔追溯了自史前到清末的"美的历程"，如冯友兰以为的那样，该书实是一本大书，体量实大，包容既广，体察精深，凡每一方面的主题，都可以留待各种学科之专家讨论，非此处所敢道，故可以存而不论。然作者的手法亦在撮要而言之，且部分社会历史的事实或是标举是否适当都有商榷的余地，这里亦恕不能细论，因为它们都只算本书的枝叶。作者力图揭开时运的神秘面纱，探索其与艺术的具体的联系,我们的方法,亦需要关注和理解这两者。

在《青铜饕餮》章中,作者以一种凌厉的史笔,展现青铜时代的景观,真是为我们理解其时的艺术提供了可能。凡有着青铜文物的博物馆里,我们必体会着一种莫能名状的威严,有时我们对这种艺术的实情并不了解,只晓得它的质料的沉重和高贵,然而我们从何理解它呢?这青铜时代正是野蛮时代的象征,器皿所代表着的是早期宗法制社会的统治者的威严、力量和意志。我们要体会它,我们必先觉得恐怖,才能明白它的意思。我们需明白,它们所代表着的美,恐怕是对我们现代"读者"而言的,我们早已只能用艺术的眼光看它了。在宗法制时期,它们不是"审美观赏对象",而是起着"恐吓"和"保护"作用的宗教礼器,今天那样的时代我们不能复知了,但我们尽可以从这些遗留物中看到其中崇高的"深沉的历史力量",一种"被神秘化了的客观历史前进的超人力量",一种在野蛮时代靠着勇武和威严创设秩序的政治想象,一如我们读到阿喀琉斯的愤怒时所感受到的可怕力量一样。在此,我们在我们身上认识到另一个我,不妨引博尔赫斯的诗来传达,是"一个来自荒原的死者"。

同样感人的笔触可以在《明清文艺思潮》章中看见。李泽厚先生确乎不同于一般讲授美学的教授,他是随着浪漫的洪流而来,凭着感知艺术的天才而带我们回到无限而具体的历史情境的。我们只要看看他在"市民文艺"这一节里表现的对艺术的气息敏锐的洞察和鉴赏。在诸种艺术形式共创的繁荣局面里,他特别注意到了戏曲的形式的特殊,惟此能特别体现中国的民族性的一极。作者在此颇动情地咏唱:"能不对昆曲、京剧中那种种优美的唱段唱腔心醉动怀?能不对那袅袅轻烟般的出场入场、连行程也化为S形的优雅动作姿态叹为观止?"这样的例子仿佛告诉我们,在付诸学理的思辨以前,与艺术的广泛而真诚的接触是我们立意研究美学必修的功课。然而在这里我们不禁检讨,所谓"程式化的""有意味的形式"的旧话,在多大程度上切中了戏曲中的民族性的核心?周作人在《中国新文学的源流》里已提到中国人嗜好节调的一种本性,这和汉字本身的腔调有关,"只是在抑扬顿挫的歌声中间三魂渺渺七魄茫茫地陶醉着了",这毕竟和艺术本身的形式有很密切的联系,不是靠着简单的社会现实所能解释清楚的,这也是狭隘的反映论的局限,故此,仍需特别回到艺术自身来。

在《盛唐之音》章里作者区分了两种唐音的典范。前一派更多即兴的天才,后者更多格律的标准。叶适在《水心诗话》中说:"少陵与唐音终隔一层,杜诗兴而天下尽废唐人之学矣。"其实艺术的嬗变有其必然,不必厚此而薄彼,尽管李白的淋漓尽致、不可有二的艺术形迹的时代过去了,正如人最闪耀的青年时期的确如是短暂,而接着起来的谨严、模范、标准的杜甫的典范亦将被后人再次树立,此二者并无高下,而是两种美的类型、天才的类型。李白在《客中作》中写道:"兰陵美酒郁金香,玉碗盛来琥珀光。但使主人能醉客,不知何处是他乡。"像这样沉醉的年代、梦想的艺术,一种畅快尽意、不知何夕的日子,这样的浪漫的顶峰的日子,转瞬即逝,新的典范的时代必须树立,这也合乎人的心理。后者的代表即是"杜诗""颜字""韩文",他们成为新的美学标准,"戴着镣铐跳舞",在格律的有限或人生的有限里肆意抒发着艺术的无限。当我们看到七律的格式在杜甫手里大成,并直到近代一直成为诗中的主流,我们便明白这种典范是何等地贴合时人的趣味了。这样的诗更能满足世俗的意愿和趣味,也更容易为大家所效仿,尽管它反而更要求着天才,在某种意义上也更难超越杜甫了。当艺术溺于一种慵懒的调子时,它离开真实义或者时代的精神也就太远,必亦唤起新的变革。

我们知晓了我们史前的历史,更不忘记我们自己正在这洪流中,有时我们常不记得这一点。李泽厚先生的书既有着如是的现实关怀,我们很明白的是时代亦有自身的使命。置身于历史的洪流中,究竟自己这一湾要朝着何方?这是李泽厚先生所留给我们的向着更远的方向的思考。惟先把握时代的精神,然后占文艺之先声,求古源而作新声,开风气而垂轨范,终能再造美艺,文明亦所以不朽。

（作者学校 华东师范大学）